KB128945

A Clinician's
Guide to Practicing
Compassion-Focused Therapy

CFT
Made Simple

임상가를 위한
자비중심치료 가이드북

Russell L. Kolts 저 | 박성현 · 조현주 · 문정신 · 류석진 공역

학지사

CFT Made Simple:

A Clinician's Guide to Practicing Compassion-Focused Therapy

by Russell L. Kolts, Ph.D.

Copyright © 2016 by Russell L. Kolts

New Harbinger Publications, Inc.

5674 Shattuck Avenue, Oakland, CA 94609

www.newharbinger.com

Korean Translation Copyright © 2021 by Hakjisa Publisher, Inc.

The Korean translation rights published by arrangement with

New Harbinger Publications, Inc.

역자 서문

　　동양의 명상수행이 서양의 심리학과 만나 심리치료의 새로운 흐름을 일으키고 있다. 이 분야를 대표하는 핵심 개념은 1990년대부터 활발히 연구되어 온 마음챙김(mindfulness)이라고 할 수 있다. 마음챙김은 매 순간 몸과 마음에서 일어나는 현상을 판단하지 않고 알아차리는 주의 양식으로서, 지혜를 계발하는 불교 위빠사나 수행에 그 뿌리를 두고 있다. 자비(compassion)는 불교의 사무량심 수행에서 나온 것으로 자신과 타인의 고통에 대해 느끼고 이해하며 도우려는 정서와 동기로 정의된다. 자비에 대한 심리치료적인 적용 연구가 본격적으로 시작된 것은 채 20여 년에 지나지 않는다.

　　최근 자비를 토대로 한 몇몇 심리적 프로그램들이 개발되고 보급되고 있으나 대부분의 프로그램은 일반인을 위한 심리적 치유나 성장을 목표로 두고 있다. 이에 비해 Paul Gilbert 박사가 개발한 자비중심치료(CFT)는 임상적 문제를 가진 내담자를 위한 심리치료에 자비를 적용했다는 점에서 독보적인 가치를 지녔다고 볼 수 있다. 그간 역자들은 Gilbert 박사의 철학을 담은 책을 연이어 번역하는 행운을 누려 왔다. 『자비중심치료』(2014, 학지사)는 자비중심치료를 뒷받침하는 핵심 이론과 치료 원리, 치료 기법을 정리한 교과서와 같은 책이다. Gilbert 박사가 명상 지도자인 Choden과 함께 쓴 『마음챙김과 자비』(2020, 학지사)는 심리학자와 명상 수행자의 깊은 대화를 통해 명상의 두 날개라고 할 수 있는 마음챙김과 자비가 어떻게 서로 의지하면서 치유적인 작용을 돕는가를 개인적인 체험을 공유하며 잔잔하게 써내려 간 책이다. 이 두 책은 자비란 무엇이며 자비 훈련이 어떤 맥락에서 치료적 작용을 하는가를 이해하는 데 큰 도움을 준 것이 사실이지만, 자비중심치료를 실제 상담 장면에서 어떻게 적용할 수 있는가에 대해서는 여전한 궁금증이 남아 있었다.

이번에 번역한 Russell L. Kolts 박사의 『임상가를 위한 자비중심치료 가이드북』은 이러한 궁금증을 말끔하게 해결해 준 책으로, 역자들은 이 책을 통해 자비중심치료의 진면목을 새롭게 느낄 수 있었다. 이 책은 자비중심치료의 핵심 원리를 쉽고 간결하게 정리했을 뿐 아니라, 다양한 실제 상담 사례를 통해 자비중심치료가 어떻게 상담 회기 안에서 적용되고 있는가를 생생하게 보여 준다. 자비중심치료는 인지행동치료의 제3의 물결에 포함되는 치료로서, 객관적이고 과학적인 태도를 강조하는 전통적인 인지행동치료의 다소 딱딱한 이미지와는 전혀 다른 치료적 분위기를 갖고 있다. 자비중심치료의 치료자는 따뜻함이나 온화함으로 표현되는 자비로운 태도로 내담자와 관계를 맺으며, 내담자가 자기 내면의 자비로운 품성을 키워서 자신을 고통스럽게 했던 문제들을 부드럽고 따뜻하게 대하도록 돕는다. 자비중심치료에서 내담자는 수치심과 자기에 대한 비난으로 고통받고 있지만, 지혜롭고 자비로운 존재로 성장할 잠재력을 가진 존재이다. 이러한 내담자의 근본 성품은 마음챙김과 자비 훈련을 통해 현실로 드러날 수 있다.

자비중심치료는 수치심과 자기-비난 성향을 거의 모든 정신병리의 근저에 놓인 요인으로 보며, 이러한 성향들을 진화심리학, 애착이론, 사회적 정신화, 정서신경과학 등의 이론을 통해 이해하려 한다. 앞에 기술한 현대 심리학 이론들이 마음챙김이나 자비와 같은 동양적 접근과 어떤 방식으로 어우러져 통합적인 치료이론과 실제로 체계화되는가를 보는 것도 이 책의 재미 중 하나이다.

무엇보다 자비중심치료의 핵심적인 철학은 '당신의 잘못이 아니다.'라는 울림 있는 문장 속에 담겨 있다. 자비중심치료는 내담자가 가진 문제가 되는 정서 패턴이나 관계 패턴을 내담자의 삶의 역사 속에서 환경에 적응하기 위해 진화적으로 혹은 사회적으로 조형된, 그러나 내담자가 설계하지도 선택하지도 않은 것으로 보며 이러한 사실을 내담자가 인식하도록 돕는다. 인간의 뇌와 신경 체계, 애착 체계, 정서 체계는 어떤 개인의 선호나 선택과는 상관없이 환경에 적응하고 생존하기 위해 특정한 반응 패턴을 만들어 낸다. 폭력적인 부모 밑에서 자란 아이는 자신의 의도와는 상관없이 투쟁-도피 반응이 주로 작동하는 정서 패턴을 갖게 되며, 권위적인 성인과의 관계에서 불편감을 느낄 것이다. 이러한 고통에 더해 쉽게 불안해지고 관계를 맺는 데 미숙한 자신에 대해 비난하고 수치심을 가질 경우 내담자의 고통은 배가된다. 내담자가 자신의 선택이나 의도와 무관하게 반응하고 있는 자신의 패턴을 비난하지 않도록 돕는 것, 즉 '당신의 잘못이 아니다.'라는 것을 인식하게 하는 일은 자신에 대한 자비로운 태도를 개발하는 첫걸음이자 모든 자비중심치료 과정의 배경과 맥락을 이룬다.

자비중심치료는 인간 존재의 신체-심리적 차원뿐 아니라 심리-영적 차원을 포함한 치료라고도 할 만하다. 이는 인간 존재의 본성으로 지혜롭고 자비로운 '참나'를 인식하고, 인간 존재가 겪는 모든 아픔과 고통이 가진 목소리와 사연을 인정하고 들어 주고 수용하며, 자신의 고통뿐 아니라 타인과 세계의 고통에 관심을 갖고 모든 존재가 고통에서 벗어나기를 염원하는 의식의 확장을 도모하기 때문이다. 이 책의 독자라면 자아 너머의 참나를 추구하는 동양의 명상이 서양의 심리학적인 발달 이론과 만나 탄생한, 이전에 볼 수 없었던 새로운 치료 양식을 경험할 것이라 믿어 의심치 않는다.

의식, 영성, 명상과 같이 심리학이 도전해 오고 있는 새로운 분야의 책들을 펴내는 데 한결같이 지원을 아끼지 않으시는 학지사 김진환 사장님과, 졸고를 세심하고 꼼꼼하게 교정하고 아름다운 책으로 디자인해 준 백소현 차장님께 마음 깊은 감사를 전한다.

2021. 10.
역자 일동

서문

이 아름답고 솜씨 있게 쓴 책에서, Russell Kolts는 자신의 경험을 녹여내어 자비중심치료(CFT)의 핵심 주제들을 서술했다. 자비에 초점을 둔 심리치료가 사람들이 자신과 타인에게 친절하도록 돕는 접근이란 점은 매우 쉽게 생각할 수 있다. 실제로, 자비의 핵심은—특히 치료 장면에서—용기이다. Russell은 분노 문제를 가진 수감자와 작업해 왔으며, 그가 진정한 힘(true strenghth) 프로그램이라고 명명한 CFT 접근을 개발했다. 이 프로그램은 자신과 타인의 고통을 향해 힘과 용기로서의 자비를 보내는 것을 강조한다.

나는 솔직히 '치료를 간소화하는 것(making therapies simple)'에 대해 미심쩍어했다는 것을 고백해야겠다. 이런 식의 작업은 치료를 지나치게 단순화하기 쉽기 때문이다. 어떤 면에서 자비중심치료가 매우 복잡하다는 것을 인식하는 것이 중요하다. 자비중심치료는 과학적으로 입증된 심리적 과정과, 이러한 심리적 과정 안에서 정서, 동기, 인지가 작동하는 방식 그리고 사회적 관계를 통해 인간 내면에 깊이 내장되고 조직된 행동 방식에 기초해 있기 때문이다. 따라서 당신이 '간략하게 만들어진(made simple)'이란 원서의 제목을 단 이 책을 읽을 때, Russell이 자비중심치료를 '간략한' 것이라고 말한다고 생각해서는 안 된다. 오히려, 그는 CFT의 핵심 개념을 요약한 책이 당신에게 유용할 것이며 이 치료를 더 공부하도록 자극할 것이라는 희망에서 이러한 작업을 했을 것이다.

나는 Russell이 내가 해낼 수 없는 방식으로 자신의 목표를 훌륭하게 이루어 냈다고 말할 수 있어서 매우 기쁘다. 나는 단순성보다는 복잡성을 보려는 경향이 있는 부류의 사람에 속한다. 이 책은 CFT의 딱딱하고, 어렵고, 복잡한 내용들을 소개한 훌륭한 안내서이다. 그러나 Russell이 말한 바와 같이, CFT는 비교적 명료하고 이해하기 쉬운 단계적인 방식으로 조직된 치료이다.

이 책에서 설명하는 것처럼, CFT는 1980년대에 상대적으로 간단하고 직접적인 방식으로 시작되었다. 이 치료법은 사람들이 스스로를 돕고자 시도할 때 그들의 머릿속에서 만들어 내는 감정 톤을 이해하는 것이 중요하다는 인식에서 시작되었다. 예를 들어, 우울감을 느낄 때 당신이 도움이 되는 생각을 만들어 내기 위해 노력하는 장면을 상상해 보자. 그러나 마치 당신이 마음속에서 그 생각을 말하는 순간 짜증나고 경멸하는 것처럼 적대적인 방식으로 이러한 생각들을 '듣고' 경험한다고 상상해 보라. 어떤 일이 일어날 것 같은가? '너는 할 수 있어!'와 같은 격려의 말조차도 적대적인 마음의 '목소리 톤'으로 말할 때는 독이 될 수 있다. 당신 자신에게 경멸스럽고 적대적인 방식으로 말해 보고 어떤 느낌이 드는지 살펴보라. 격려받는 느낌이 드는지 그렇지 않은지 알아차려 보라. 다음으로 당신이 이 말 속에 담긴 따뜻함과 공감 어린 이해를 진심으로 느낄 수 있다고 상상해 보라. 당신을 진심으로 걱정하는 누군가가 당신이 우울증에서 벗어나기를 바라는 마음으로 그 말을 하는 것을 듣는다면 어떤 느낌이 들지 주목해 보라. 또한 당신이 스스로에게 우울증에서 자유로워지기를 바라는 의도를 갖고 지지적이고 친절하며 타당화하는 목소리로 말하는 것을 듣는다면 어떨지 느껴 보라. 실제로 이런 연습을 하는 것이 도움이 되는데, CFT에서 자신을 향해 이런 연습을 함으로써 개인적인 경험을 쌓는 것은 치료적 기술을 발전시키는 데 핵심적인 요소이다.

그동안 내가 발견한 것은 사람들이 '인지적으로' 새로운 관점이나 대처 사고를 배울 수 있지만, 종종 경멸적이거나 적대적이며 짜증내는 톤으로 그렇게 한다는 것이다. 실제로, 사람들이 자비의 핵심이라고 할 수 있는 두 가지 중요한 측면을 포함하는 대처 사고를 경험하기가 매우 어렵다는 것을 나는 자주 발견한다. 첫째, 그들은 문제의 더 깊은 원인을 다루고자 하는, 공감적인 관심에 기초한 진심 어린 동기(자비로운 동기)를 갖고 스스로를 향해 대처 사고를 보내는 것을 어려워한다. 많은 환자가 실제로 자신을 비난하거나, 자신이 자비를 받을 만하지 않다거나, 자비는 약한 것 또는 너무 부드러운 것이라고 생각한다. 때로 그들은 고통의 원인에 대해 매우 회피적인 태도를 보인다. 예를 들어, 우울증의 원인이 되는 트라우마 경험을 다루기를 원하지 않으며, 삶의 변화가 필요하다는 사실을 인정하지 않는다. 이런 어려운 문제들과 작업하기 위해서는 용기가 필요하다. 둘째, 그들은 마음속에 대처 사고를 만들어 낼 때 지지적이고, 친절하며, 이해하고 타당화하는 감정을 싣는 것(자비로운 행위)을 힘겨워 한다.

따라서 CFT는 내담자들이 **자비로운 동기**와 돌봄을 위한 감정을 일으키고, 이러한 동기하에서 정서적인 균형감을 만들어 낼 수 있도록 돕는 방법을 찾으며 시작된다. Russell이 말하듯이, 우리는 자비의 표준적인 정의를 사용한다. 이 정의는 '고통을 경감하고 예방하려는 책임감을 갖고 자신과 타인의 어려움에 대한 민감성'을 키우려는 의도라고 할 수 있는, 고통을 중단시키고자 하는 진심 어린 소망을 포함한다. 예방은 중요한데, 우리가 하는 훈련은 현재뿐만 아니라 미래의 고통을 감소시키려는 목표를 갖고 있기 때문이다. 첫 번째 자비의 심리학은 시작 시점에서 어떻게 고통을 이해하고 다루는가에 대한 것이다. Russell이 이 책에서 요약하고 있듯이, 우리에게 필요한 많은 역량이 있다. 여기에는 어떻게 고통에 주의를 기울이고, 어떻게 고통과의 접촉을 경험하며, 어떻게 고통을 감내하고, 판단하거나 비난하지 않고 어떻게 고통을 공감적으로 이해할 것인가 등이 포함된다.

두 번째 자비의 심리학은 실제로 도움이 되는 방법을 습득하는 지혜의 계발에 대한 것이다. 진정한 도움을 위해서는 지혜의 계발이 필요하다. 고통과 작업하기 위한 장비를 갖추기 전 우리는 고통의 본질에 대해 이해해야 한다.

마음은 매우 이해하기 어려울 뿐 아니라 갈등하는 동기와 감정들로 가득 차 있다. 따뜻함과 부드러움이 자비의 일부이기는 하지만, 자비는 강함, 단호함, 엄청난 용기를 또한 필요로 한다. 부모는 다이어트를 하거나 밤늦게 외출하는 문제로 아이들과 다투는데, 그것은 갈등이 일어날 수 있음에도 불구하고 아이들을 보호하고 싶기 때문이다. 치료 장면에서 내담자들은 자신의 분노나 불안 혹은 슬픔과 마주쳐 놀랄 수 있다. 치료사는 내담자가 이러한 감정들을 만나는 것을 주저하거나 불편해하더라도 이를 경험하도록 격려할 필요가 있다. 왜냐하면 이렇게 하는 것이 내담자가 어려운 감정들을 경험하고 다루는 방법을 배우기 위해 필요한 것이기 때문이다. 치료사가 언제 어떻게 이렇게 해야 하는가를 아는 것은 치료사의 기술과 지혜에 달려 있다. 몇 해 전 발표된 연구에 따르면 가장 따뜻한 치료사들 중 일부는 행동주의자들이었다! 행동 치료가 내담자들이 접촉하고 싶어 하지 않는 것들에 참여하도록 자주 격려해야만 한다는 사실에 비추어 보면 이런 연구 결과는 일리가 있다.

　CFT는 감정이 어떻게 작동하는가를 이해하도록 돕기 위해 진화적인 기능 분석을 사용한다. Russell이 분명하게 개략하고 있듯이, 우리는 감정을 기능적으로 구분되는 세 가지 유형의 정서 조절 체계와 관련지어 설명한다. 즉, 위협을 다루고 우리를 보호하기 위한 감정들, 우리를 자극해서 자원을 성취하고 획득하도록 이끄는 감정들, 만족, 안전, 이완의 느낌을 일으키는 감정들이다. 이것은 휴식과 소화와 관련되는 부교감 기능과 연결되기도 한다. 우리의 내담자들 중 많은 사람은 이러한 감정이 균형을 잃은 상태이며, 연결감이나 평화로운 느낌을 일으키기가 거의 불가능하다. 부교감 신경 체계에 대한 연구들은 정신건강 문제를 가진 많은 사람의 경우 이 체계가 균형을 잃었고, 감정을 조절하고 균형 잡아 주는 체계가 적절하게 작동하지 않고 있음을 보여 주었다. 이런 경우, 우리는 내담자들이 안전감을 일으킬 수 있도록 도와야 한다. 이완과 그라운딩 능력을 배양하고, 안전감, 연결감, 친화감을 경험하게 하는 것이 CFT의 중심적인 치료 목표이다. 이러한 작업은 사람들이 두려워하는 것들, 즉 그들이 바깥세계나 내면세계에서 접촉해야 할 필요가 있는 것들에 참여할 수 있는 역량과 힘을 키워 준다.

CFT가 진화심리학에 기초한 치료라는 점을 고려하면, 이 치료가 애착 이론과 그로부터 확장된 연구를 토대로 하고 있다는 사실이 놀랍지 않을 것이다. 애착 이론을 통해 우리는 양육자와의 관계가 안정 기지(secure base, 우리가 밖으로 나가 어떤 것을 시도하고 위험을 감수할 수 있게 해 주는 기지로서)와 안전한 피난처(safe haven, 우리가 어려움에 처할 때 위안, 도움, 지지를 주는 안전한 장소로서)를 제공한다는 사실을 알 수 있다. 내담자들은 CFT로부터 내면화된 안정 기지와 안전한 피난처를 경험하고 개발하는 데 도움을 받을 수 있다.

내담자가 이러한 세 가지 유형의 정서 체계의 특성을 이해할 때, 많은 것이 순조롭게 진행될 수 있다. 예를 들어, 군인들이 훈련을 받을 때, 이들의 안정 기지와 안전한 피난처는 가족에서 전우로 바뀔 것이다. 왜냐하면 전투에서 안전의 근원은 전우이기 때문이다. 이들이 전투를 위해 출격할 때는 엄청난 각성상태가 될 것이다. 전투에서 돌아오면 흥분이 가라앉게 되는데 전우들이 있는 부대가 안전한 피난처가 된 것이다. 따라서 이들 뇌의 진정 체계는 전우들과 연결되어 반응하도록 재조정될 것이다. 그리고 막상 자신들의 집으로 돌아왔을 때 이미 자신들의 뇌가 연결했었던 안정 기지와 안전한 피난처를 상실하여 약간의 강렬한 '도파민 러시'를 경험하게 될 것이다. 이들은 물리적으로 안전한 환경 속에서 가족과 함께 집에 있지만, 가족이 지금은 안정 기지나 안전한 피난처가 아니기 때문에 집에 있는 것이 매우 어렵고 심지어 스트레스를 느낄 수도 있다.

CFT는 복잡한 문제를 다룰 수 있는 정서 모델을 포함하고 있기 때문에 이런 종류의 과정을 분명하게 설명할 수 있다. 이 사례는 CFT의 공통적인 작업이 어떻게 일어나는가를 보여 준다. 즉, CFT 치료사는 환자들이 스스로를 어떻게 진정시키고 그라운딩하며, 안정 기지 및 안전한 피난처와 어떻게 연결되며, 두렵고 회피하고 싶은 경험과 접촉하기 위해 필요한 용기를 어떻게 계발할 것인가에 관해 큰 관심을 갖는다. 또한 자신의 내면과 친밀한 관계를 개발하는 것이 중요한데, 내담자는 위협 체계를 자극하는 비난적인 방식이 아니라 우호적이고 지지적인 방식으로 자신과 관계하는 법을 배운다.

좋은 치료사는 자신이 활용하는 치료를 뒷받침하는 증거를 알고 싶어 한다. 이 책의 목표를 고려했을 때, Russell이 압도할 만큼의 증거를 제시하지는 않았지만, CFT에 대한 많은 증거가 과정 증거(process evidence)라는 점은 명백하다. 즉, 우리는 많은 이론적 개념을 갖고 있지는 않지만, 동기나 정서에 대해 과학이 입증해 온 것들을 이해하고 치료에 끌어오려고 시도한다. 예를 들어, 전두엽의 중요성이나 아동기 동안 전두엽의 발달 또는 그것이 트라우마에 의해 어떻게 영향을 받는가에 대해 우리가 알고 있는 것들이다. 우리는 친화적인 관계가 동기나 정서의 매우 강력한 조절자라는 것 또한 알고 있다. 따라서 앞으로 나오겠지만 친화적 관계도 치료적 개입의 목표가 된다.

CFT의 근간은 우리의 뇌가 어떻게 현재의 방식으로 작동하는가에 대한 상세한 지식, 감정의 진화적 기능에 대한 이해, 동기의 핵심 조절 과정과 동기가 자기-정체성과 연결되는 방식에 대한 이해, 그리고 자기-정체성이 치료 과정에서 구축되는 방식에 대한 이해에 기초해 있다. 전 세계에 걸쳐, 우리는 인간의 마음이 진화의 설계에 의해 복잡한 감정과 갈등으로 가득 차 있다는 것을 인식하기 시작하고 있다. 이러한 인식은 디즈니 영화 〈인사이드 아웃(Inside Out, 2015)〉과 같은 대중문화에서조차 널리 반영되고 있다. 인간의 뇌는 매우 다루기 어려워서 쉽사리 자신과 타인에게 해롭고 나쁜 것을 행하도록 사람들을 몰아붙인다. 그러나 자비로운 동기는 이러한 위험을 줄이고 조화를 가져오도록 도울 수 있다.

CFT는 통합적인 치료로서 많은 증거 기반 개입 전략을 사용한다. 여기에는 소크라테스식 대화, 안내를 통한 발견(guided discovery), 안전 행동의 식별, 회피와 노출에 초점 두기, 연쇄 추론(inference chaining), 재해석(reappraisal), 행동 실험, 마음챙김, 신체/정서 자각과 호흡 훈련, 심상 훈련,

성숙을 지지하기(supporting maturation) 등이 포함된다. CFT는 또한 다음과 같은 많은 독특한 특징을 가지고 있다.

- 진화된 '다루기 어려운' 뇌에 대한 심리교육
- 친화(affiliation)와 부교감 신경 체계에 특별한 초점을 둔 정서 조절 모델
- 자기-비난과 자기-의식적 감정의 복잡한 기능과 형태에 대한 상세한 초점, 서로 다른 수치심과 죄책감 유형 간의 차이를 조명
- 내적 조직 체계로서 자비에 초점을 둔 동기, 역량, 정체성을 구축
- 자비로운 동기와 역량을 조직하고 계발하는 수단으로서 자기-정체성을 활용
- 자비, 긍정적 느낌, 특히 친화적 감정에 대한 두려움, 장애물, 저항을 작업

CFT의 핵심적인 특징 중 하나는 동기가 마음의 주요 조직자라는 개념이다. 동기는 현재의 논의의 범위를 넘어서는 복잡한 방식으로 유전의 표현형과 관련되어 있다. 예를 들어, 당신이 어떤 파티에 초대되었고 거기에서 경쟁적인 사회적 계급에 의해 동기화되었다고 상상해 보자. 당신은 그곳에 있는 사람들에게 깊은 인상을 남기고, 실수하거나 거절당하는 상황을 피하려고 한다. 또한 당신은 지배적인 사람들을 확인하고 기회를 잡아 그 사람들에게 잘 보이려고 한다. 이제 동기를 바꾸어 당신이 돌봄이나 우정의 동기를 가졌다고 상상해 보라. 이제 당신의 주의는 누가 지배적인 사람인가 혹은 누구에게 깊은 인상을 남길까(어떻게 그들에 잘 보일 수 있을까)가 아니라, 사람들에 대한 다른 것을 찾으려고 한다. 당신은 가치를 공유하고 우정을 발전시키는 데 관심을 가진다. 당신은 당신이 그들을 좋아하는지 혹은 함께 시간을 보내는 것이 좋은지 그렇지 않은지에 따라 사람들과 관계를 맺을 것이다. 우리가 생각하고, 주의를 기울이고, 행동하는 방식은 동기에 의해 안내된다. 물론, 신념이나 스키마와 같은 것들도 영향을 미친다. 실제로 이것들 또한 동기와 연결

되어 있다. 그러나 핵심적인 문제는 동기이다. 동기가 우리의 마음을 조직하는 데 있어 가지는 강력한 영향력을 인식한다면, CFT에서 자비와 친사회적 동기가 왜 중심적인 주제가 되는가를 분명히 이해할 수 있다.

연구는 정신건강 문제를 가진 많은 사람이 경쟁적인 사회적 계급 체계를 통해 우선적으로 동기화되어 있다는 사실을 보여 주었다. 이 체계는 강렬한 외로움을 동반한 냉혹한 자기−판단, 자기−비난, 열등하거나 무능력하게 보일지 모른다는 걱정과 거절에 대한 걱정과 연관되어 활성화된다. 이런 사람들은 자신이 낮은 계급, 낮은 지위 혹은 바람직하지 않은 직위에 갇혀 있다고 느낄 것이다. 물론, 지배적인 위치를 차지하는 데 과잉 초점화되어 그것이 타인들에게 미칠 영향을 무시한 채 출세와 통제감을 얻는 데 혈안이 된 사람들도 있다. 돌봄에 초점을 둔 동기나 자비로운 동기로 전환하는 것은 이러한 내담자들에게 어떤 계시가 될 수도 있지만 매우 놀라운 일이 될 수도 있다. 다양한 유형의 내담자들은 경쟁적인 사회적 계급에 초점을 둔 동기가 아닌, 자비롭고 친사회적인 동기를 배양하는 것에 대해 저항을 경험할 수 있다. CFT는 사람들에게 다양한 동기적 · 정서적 상태를 알려 주고 이들을 전환하는 연습을 한다. 우리 안에 있는 지혜롭고, 강하며, 자비로운 동기를 창조하고 이 동기를 자기감의 중심으로 자리 잡게 하는 방법을 배울 때, 우리는 매우 다른 방식으로 자신과 타인의 고통을 대하면서 삶의 위기를 지혜롭게 다루는 방식을 알 수 있게 된다. 또한 스스로를 고통으로부터 해방시키는 길과 바꿀 수 없는 것을 인내하는 법을 배울 수 있음을 발견한다. 〈목소리들에 대한 자비(Compassion for Voices)〉라는 매우 짧은 영화는 자비로운 자기감의 계발이 왜 중요한가에 대한 매우 단순하지만 본질적인 표현을 담고 있다. 이 영화는 자기 내면의 여러 목소리를 듣는 사람이 어떻게 자비로운 자기를 계발하는가에 관한 내용을 담고 있다(https://www.youtube.com/watch?v=VRqI4lxuXAw).

Russell은 우리가 신체에 주의를 기울여 우리 안에서 정서/동기적 체계가 어떻게 작동하는가를 배우고(마음챙김 자각을 계발하지 않는다면 자동적으로 활성화된 동기는 우리의 생각과 행동에 대해 상당한 통제력을 행사한다), 표준 치료, 명상 전통, 행동 전통으로부터 가져온 다양한 기법을 사용하여 돌봄에 초점을 둔 동기, 정서, 자기-정체성을 계발하는 방법을 독자들에게 안내한다. Russell이 명백히 밝혔듯이, CFT의 세세한 내용은 매우 복잡하지만, 이 책에서 제시하고 있는 단계적인 접근을 통해 단순하고 이해 가능한 방식으로 CFT의 복잡한 내용을 익힐 수 있을 것이다. 나는 Russell이 명료하고 이해하기 쉽게 단계적인 방식으로 이 책을 썼다는 것을 기쁘게 생각한다. 당신이 이 책을 통해 더 깊이 공부함으로써 더 많이 연습하고 당신 안에 있는 자비로운 동기를 좀 더 깊이 있게 계발하는 데 동기부여가 될 수 있기를 희망한다. Russell이 지적하고 있듯이, 이러한 과정들이 어떻게 일어나는가를 볼 수 있는 방법은 개인적인 연습과 통찰 외에는 없다.

지금 내가 할 수 있는 것은 저자의 재능 있고 능력 있는 솜씨에 당신을 맡기는 것뿐이며, 이 책을 통해 당신이 자비의 본성과 자비를 치료에 활용하는 방법, 그리고 삶의 모든 측면에 자비를 적용하는 법을 배울 수 있기를 희망한다.

-Paul Gilbert, PhD, FBPsS,

대영제국 4등 훈장 수훈자

(Officer of the Order of the British Empire: OBE)

차례

CFT Made Simple

서론

그러자 한 여인이 말했다. "고통에 대해 말씀해 주십시오."

그는 대답했다.

"그대의 고통은 그대의 앎을 둘러싸고 있는 껍데기가 깨지는 것이다.

열매의 씨를 깨뜨려야 그 알맹이가 햇빛을 쬘 수 있는 것처럼, 그대는 고통이란 그러한 것임을 알아야 한다.

그대가 그대의 하루하루의 삶에서 흘러나오는 기적을 경이로움으로 마음속에 간직할 수 있다면, 그대의 고통도 기쁨만큼이나 경이로운 것이 되리라.

그러면 그대는 들판 위로 지나가는 계절을 언제나 받아들이듯, 그대 가슴속에 지나쳐 가는 계절을 받아들이리라.

그리하여 그대 슬픔의 겨울들을 고요하게 바라보게 되리라."

－『예언자』, 칼릴 지브란

자비는 고통에 대한 민감성과 고통을 경감하고 예방하고자 하는 동기를 포함한다. 자비는 우리 모두는 행복을 바라며 고통을 원하지 않는다는 사실에 대한 깊은 인식의 산물이다. 이 책에서, 당신은 자비중심치료(CFT)에 대해 배울 것이다. 이 치료는 자비와 자비로부터 흘러나오는 기술과 힘을 배양하고, 이것을 인간 고통에 효과적으로 적용하는 방법에 초점을 둔다. 우리가 봉착한 문제를 바라볼 때—인간의 삶을 가진 덕분에 우리 모두가 처한 상황—일어나는 깊은 깨달음이 있다. 모든 사람들이 직면해야 할 모든 고통과 투쟁에 있어서, 유일하게 의미 있는 대응은 자비이다.

우리에게 자비가 왜 필요한가? 삶이 힘들기 때문이다. 상대적으로 나은 조건에서 태어나 음식, 편안한 삶의 터전, 자신을 사랑하는 사람들, 교육과 성공의 기회를 더 많이 가진 사람들조차—이 모든 것을 소유했다 하더라도—삶에서의 엄청난 고통을 피할 수 없을 것이다. 우리 모두는 병에 걸리고, 늙어가며 죽음을 맞이할 것이다. 우리 모두는 사랑하는 사람을 잃을 것이다. 우리 모두는 때로 필사적으로 매달리는 목표를 향해 최선을 다하겠지만 실패할 것이다. 우리 대부분은 여러 차례 실연의 아픔을 겪을 것이다. 인간으로 산다는 것은 우리 모두가 고통을 피할 수 없다는 의미이다. 고통은 인간의 삶에 참여하는 대가로 지불하는 입장료이다. 삶은 모두에게 힘겨운 것이다.

그러나 우리는 이런 사실을 망각한다. 우리는 우리 모두가 상처받으며 이런 느낌이 우리를 인간으로서 하나로 묶는 보편적인 것임을 잊는다. 우리들 중 많은 사람들 그리고 우리가 도움을 바라는 많은 사람들 또한 이러한 어려움을 경험하고 고립감과 같은 감정을 느낀다. 이런 느낌은 나에게 무언가가 **잘못되고** 있다는 징후이다. 도움을 구하는 대신, 우리는 사람들로부터 물러난다. 자신을 지지하고, 격려하며, 안심시키는 대신, 우리는 비난과 공격, 수치심으로 자신과 싸운다. 많은 것을 안다고 하더라도, 안심을 느끼는 것은 쉽지 않을 수 있다. 인간으로 존재하는 것은 실로 어려운 일이다. 심리치료를 찾아오는 내담자들에게 삶은 훨씬 더 어렵다.

자비중심치료

나의 친구이자 동료인 Paul Gilbert는 앞에 설명한 자신의 발견에 영감을 받아 자비중심치료를 개발했다. CFT는 내담자들이 수치심을 갖지 않고 정신적 고통을 이해하도록 돕고, 고통을 효과적으로 다룰 수 있는 방법을 제공하기 위해 설계되었다. 지난 여러 해에 걸쳐, CFT는 정신건강 전문가들에 의해 점점 더 많이 활용되고 있다. CFT가 개발된 영국에서부터 처음 시작하여 점차 세계의 다른 나라들에서 활용이 늘고 있다. CFT는 또한 증가하고 있는 경험적인 연구에도 관심을 두고 있다.

CFT는 무엇이며 어떻게 유용한가

CFT는 인간 조건을 이해하기 위해 다양한 과학적 접근을 통합하고, 수천 년의 역사를 가진 마음 훈련 연습들을 사용한다. 진화심리학, 정서 신경과학(특히 '친화감'에 대한 신경과학), 애착의 과학, 행동주의와 인지행동치료(CBT), 그리고 마음챙김과 자비 연습의 효과를 지지하는 많은 문헌들로부터 가져온 과학적 기반 위에서, CFT는 내담자가 자신의 어려움과 자비로운 방식으로 관계하도록 돕고, 힘든 감정과 상황을 다룰 수 있는 효과적인 방법을 제공하는 데 초점을 둔다.

CFT는 원래 수치심과 자기-비난 성향을 가진 환자들을 위해 개발되었다. 이들은 CBT와 같은 증거-기반 치료 프로토콜에 참여하는 동안에도 치료가 쉽지 않다(Gilbert, 2009a; Rector et al., 2000). 예를 들어, 이 환자들은 일어난 일이 나의 잘못이 아니었다는 것을 알고 있다와 같은 생각을 만들 수는 있지만, 이런 생각에 의해 편안함을 느끼기가 어렵다. CFT의 초점은 내담자가 생각하는 것(예: 도움이 되는 생각)과 느끼는 것(예: 편안한 느낌) 간에 정서적인 일치를 만들어 내는 것이다. CFT는 환자들이 따뜻하고, 수용적이며, 격려하는 방식으로 자신과 타인의 어려움에 관여하는 법을 배워서, 힘겨운 감정과 삶의 난관들을 다룰 때 스스로 안전감과 자신감을 느낄 수 있도록 돕는다. CFT는 우울증(Gilbert, 2009a; Gilbert, 2009b), 정신증(Braehler et al., 2013), 폭식 장애(Kelly & Carter, 2014; Goss, 2011), 불안(Tirch, 2012), 분노(Kolts, 2012), 트라우마(Lee & James, 2011), 사회 불안(Henderson, 2010), 성격 장애(Lucre & Corten, 2013)를 포함하는 많은 문제들에 적용되고 있다.

CFT 접근

증가하고 있는 경험적 연구들이 심리치료에서 자비 개입의 잠재적인 유용성을 지지하고 있다(Hofmann, Grossman, & Hinton, 2011). 자비를 포함하고 있는 다른 치료들과 CFT를 구별 짓는 한 가지는 내담자들이 진화의 맥락에서 자신의 어려움을 이해하도록 돕는 것이다(기본 동기와 감정을 생산하도록 뇌가 진화된 방식). 여기에는 뇌 안에서 감정이 움직이는 역동적인 방식, 자기를 형성하는 사회적 요인들(특히, 어린 시절의 삶)에 대한 이해도 포함된다. 이러한 요인들의 어떤 것도 내담자가 선택하거나 설계한 것은 아니지만, 이것들은 내담자의 문제에서 엄청난 역할을 한다. 이 책에서, 당신은 내담자들이 이러한 이해를 자신의 문제에 적용함으로써 자신의 실수가 아닌 것에 대해 스스로를 공격하고 수치심을 느끼는 것을 멈추고 더 나은 삶을 위해 책임질 수 있도록 돕는 법을 배울 것이다. 수치심은 내담자의 문제에 기여하는 회피와 연관되지만(Carvalho, Dinis, Pinto-Gouveia, & Estanqueiro, 2013), 자비는 수용과 따뜻함을 갖고 어려움에 접근하는 방법을 제공해 줌으로써 어려움을 직면하고 다룰 수 있게 한다.

CFT에서, 내담자들은 다양한 감정과 기본 동기들이 특정한 기능을 위해 어떻게 진화되었는가를 배우며, 이러한 감정들이 현대적 환경과 심상, 의미

형성, 상징적 사고를 위한 신뇌의 능력과 결합될 때 어떤 흥미로운 문제들을 일으키며 작동하는가에 대해 탐색한다. 예를 들어, 내담자들은 불안이나 분노와 같은 위협적인 감정들의 혼란스러운 역동이 진화의 렌즈를 통해 볼 때 어떤 의미를 갖는가를 배운다. 이러한 이해를 통해 내담자들은 위협적인 감정들에 왜 그렇게도 쉽게 '걸려드는지'를 알 수 있고, 이런 감정들 때문에 자신에게 수치감을 느끼는 경향으로부터 벗어날 수 있다. CFT는 또한 사회적 맥락과 애착 관계가 어떻게 문제 행동과 감정의 기저에 있는 유전적 잠재력을 변화시키는 데 기여하는가를 탐색한다. 이러한 탐색을 통해 내담자들은 자기−자비가 뿌리를 내릴 수 있는 맥락을 창조하고, 자신의 문제를 일으키고 유지하는 많은 요인들이 자신의 선택이나 설계가 아니라는 것, 즉 자신의 잘못이 아니라는 것을 깨닫기 시작한다.

CFT에서 수치심으로부터 벗어나는 과정은 자비의 배양을 통해 책임감과 용기를 키움으로써 이루어진다. 환자들은 삶의 어려움에 접근하고 적극적으로 참여할 때, 안전감과 자신감을 느낄 수 있도록 진화된 정서 조절 체계와 작업하는 법을 배운다. CFT에서 강조하는 것은 내담자들이 자신이 선택하거나 설계하지 않은 것들로 인해 스스로를 비난하기를 멈추고, 삶의 어려움을 다루며, 충만하고 의미 있는 삶을 창조하기 위해 필요한 기술들을 배움으로써 자신이 영향을 미칠 수 있는 요인들과 능숙하게 작업하는 법을 배우도록 돕는 것이다. 앞으로 탐색하겠지만, 이런 과정은 치료적 관계나 안내를 통한 발견에 대한 치료적 강조와 같은 치료의 암묵적인 측면과 더불어, 심상화, 자비 배양 연습, 자비로운 추론(compassionate reasoning)의 개발과 같은 특정 기법들을 통해 이루어진다.

CFT의 증거 기반

지난 세기에 걸쳐 정신건강 분야에서 가장 중요한 움직임 중 하나는 견고한 과학에 바탕을 둔 치료를 강조하는 것이다. CFT를 지지하는 증거 기반에는 두 가지 측면이 있다. 첫째, CFT 개입의 효과를 지지하는 연구들이 증가하고 있다. 둘째, CFT 이론뿐 아니라 치료 과정-수준의 요소들의 과학적 기초를 제공하는 상당량의 문헌들이 있다. 이 책의 초점이 치료를 학습하는 것이기는 하지만, 간단하게나마 CFT의 토대가 되는 과학에 대해 소개한다.

CFT 개입에 대한 증거

물론, 고려해야 할 첫 번째 질문은 'CFT는 효과가 있는가?'이다. CFT 개입의 효과를 보고하는 연구들은 상대적으로 적지만 빠르게 늘어나고 있다. 연구들은 CFT가 자기-비난, 수치심, 스트레스, 우울, 불안을 줄이는 데 도움이 되었음을 보여 준다(Gilbert & Proctor, 2006; Judge, Cleghorn, McEwan, & Gilbert, 2012). 또 다른 연구들은 CFT가 정신증적 장애(Braehler et al., 2013; Laithwaite et al., 2009), 섭식 장애(Kelly & Carter, 2014; Gale, Gilbert, Read, & Goss, 2014), 성격 장애(Lucre & Corten, 2013), 문제가 되는 분노(Kolts, 2013), 외상성 뇌 손상(traumatic brain injury; Ashworth, Gracey, & Gilbert, 2011), 그리고 안구운동 민감 소실 재처리 과정(eye movement desensitization and reprocessing)과 함께 트라우마 치료(Beaumont & Hollins Martin, 2013)에 긍정적인 결과를 보고했다.

CFT의 효과를 지지하는 현행 문헌의 일차적인 제한점은 무작위 통제 연구(randomized controlled trials: RCTs)가 상대적으로 적다는 것이다. 현재 두 개의 RCT 연구가 출판 중에 있다. 이 중 하나의 연구(Kelly & Carter, 2014)는 폭식 장애를 가진 사람들에게 CFT를 실시한 결과, 폭식, 전반적인 섭식 장애 병리, 섭식과 몸무게에 대한 걱정은 줄어들고 자기-자비는 유의하게 증가했음을 보여 주었다. 두 번째 연구(Braehler et al., 2013)는 통제군과 비교하여 정신증으로 고통받는 입원 환자들의 임상적 개선에 대한 CFT의 효과를 보고했다. 이에 따르면, 자비의 증가는 우울증과 지각된 사회적 소외의 감소와 관련되었다. CFT 연구물들에 대한 최근의 체계적인 리뷰는 (Leaviss & Uttley,

2014) CFT가 심리적 장애들, 특히 높은 자기-비난 경향을 가진 사람들의 치료에 있어 유망한 결과를 보이고 있다고 결론지었다. 그러나 CFT가 증거 기반 치료 접근이라는 확고한 진술이 이루어지기 위해서는 보다 수준 높은 임상 연구들이 필요하다. CFT 공동체 안에 있는 우리는 이러한 평가에 동의하고, 어떤 치료 모델도 그것을 뒷받침하는 과학에 의해서만 좋은 모델이 될 수 있다고 믿으며, CFT의 효과를 입증하는 엄격한 연구 성과를 생산하는 데 헌신하고 있다.

CFT 모델의 기초 과학

CFT를 뒷받침하는 과학과 관련한 두 번째 질문은 'CFT의 근거는 무엇인가?'이다. CFT를 개발하면서, Paul Gilbert의 목표는 다른 치료 모델과 경쟁하는 전적으로 새로운 심리치료 모델을 만드는 것이 아니었다. 그의 목표는 어떻게 인간이 현재와 같은 모습을 갖게 되었으며, 일이 잘못되었을 때 고통에 빠진 사람들을 도울 수 있는 최선의 방법은 무엇인가에 대해 현존하는 과학이 말해 주는 사실들을 통합하고 구축하는 것이었다(개인적 서신, 2009). 이와 같이, CFT는 다양하고 풍부한 과학적 연구에 토대를 두고 있으며, 여기에는 정서와 친화의 신경과학(예: Depue & Morrone-Strupinsky, 2005; Cozolino, 2010), 진화된 기본 정서 조절 체계의 존재와 역동(예: Panksepp, 1998; Panksepp & Riven, 2012), 애착 관계를 통한 자기의 사회적 형성(예: Schore, 1999; Siegel, 2012) 등이 포함된다.

정서의 역동을 이해하는 데 있어, CFT는 행동주의(예: Ramnerö & Törneke, 2008)와 암묵적/외현적 기억과 정서 시스템의 작동에 대한 인지과학의 연구에(예: Teasdale & Barnard, 1993) 크게 의존하고 있다. 또한 치료 접근을 구축하기 위해, CFT는 정서의 사회 조절(예: Cozolino, 2010; Porges, 2011), 자비 연습의 사용을 지지하는 많은 증거들(Hofmann, Grossman, & Hinton, 2011), 그리고 우리가 이 책에서 앞으로 살펴볼 마음챙김, 정신화(mentalization) 및 여타의 개입법과 같은 심리적 혼란의 치료 전략에 대한 과학적 연구들을 활용한다. 이 책의 목적이 CFT의 **적용**에 관한 것이므로, 우리는 여기에서 자비중심치료의 과학적 기초에 대해 너무 깊이 들어가지는 않을 것이다. CFT의 이론적 기초와 과학적 토대를 상세하게 기술한 자료들이 있다(Gilbert, 2009a; 2010; 2014를 보라).

CFT의 연습

이 책을 쓰는 나의 목적은 당신이 CFT를 학습하고 적용할 수 있는 실용적인 안내를 제공하는 것이다. 『자비중심치료 가이드북』은 우선적으로 CFT 모델을 배워서 자신의 임상 현장에 적용하기를 원하는 정신건강 전문가들을 위한 입문서로 설계되었다. 이 책은 또한 내담자뿐 아니라 CFT에 흥미를 느끼고 치료에서 이 치료법이 사용되는 방식을 더 배우고 싶은 사람들에게도 도움이 될 것이다.

단계적 과정과 연습

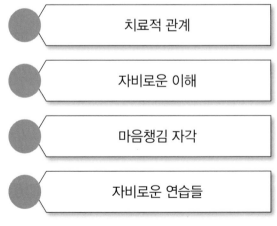

[그림 1] CFT의 단계적 과정과 연습

나의 희망은 이 책을 읽고 난 후, 당신이 CFT를 기법 모음집이 아닌 일련의 단계적인 과정과 연습으로 이해하는 것이다. 각각의 과정과 연습들은 상호 작용하며 서로를 강화한다. 단계적 과정과 연습의 목표는 내담자들이 두 가지의 공통 주제를 확립하고 공고히 할 수 있도록 돕는 것이다. 두 가지 주제는 자신과 타인에 대한 자비를 계발하고 고통과 용기 있게 작업하기 위한 자비로운 역량을 배양하는 것이다. 이 책은 CFT에 대한 단계적 접근을 보여 주기 쉽게 구성되었다. 많은 내담자들은 깊이 내재된 수치심과 자기−비난을 갖거나, 혹은 위협적이고, 정서적으로 거리를 두며, 불안정하고 양가적인 삶의 경험을 갖고 치료를 찾아온다. 치료의 시작 시점에서, 이러한 내담자들은 전통적인 자기−자비 연습으로부터 이득을 얻을 준비가 되어 있지 않다. 숙련된 정원사가 하듯이, CFT의 첫 번째 몇 단계는 토양을 준비하기 위해 설계되었다. 이러한 작업 이후 심어진 자비의 씨앗이라야 잘 자랄 수 있을 것이다. 이 단계를 살펴보자.

1장에서 CFT의 기원과 기초 개념에 대해 간단히 소개한 후, 2장에서는 앞으로 다룰 내용에 대한 맥락을 제공하기 위해 자비가 무엇이며 CFT에서 자비를 어떻게 조작화하는가를 설명한다. 3장에서는 첫 번째 단계로서 치료적 관계에 초점을 둔다. 무조건적으로 따뜻한 치료적 관계의 맥락에서 내담자는 안전감을 느끼는 것을 배우며, 치료사는 자신을 치료 과정에 맞추어 참여한다. 이 장에서는 또한 CFT 치료사가 제공하는 현존과 역할 그리고 CFT에서 사용되는 안내를 통한 발견과 같은 일반적인 치료적 접근을 살펴본다. 이러한 관계는 CFT에서 첫 번째 자비의 단계를 구성하며, 내담자는 치료사와의 관계 안에서 점차 안전감을 느끼는 방법을 배우고 자신에게 들어오는 자비를 경험하게 된다.

4장에서 6장까지는 CFT에서 자비의 두 번째 단계인 자비로운 이해에 대해 탐색한다. 우리는 내담자가 비난하지 않는 자비로운 방식으로 자신의 감정과 삶의 경험을 이해하도록 CFT가 어떻게 도울 수 있는가를 학습할 것이다.

이 작업은 내담자의 마음과 삶이 자신이 선택하거나 설계하지 않은 힘들—진화, 사회적 형성, 그리고 이들의 상호작용—에 의해 어떻게 만들어지는가에 대한 이해를 발전시킴으로써 이루어진다. 우리는 이 주제를 13장의 CFT에 기초한 사례 공식화 모델을 소개하면서 다시 다룰 것이다.

7장에서는 CFT의 세 번째 단계인 자비로운 마음챙김 자각에 초점을 맞춘다. 여기에서 우리는 내담자가 자신의 감정, 사고, 동기에 대한 자각을 증진시킬 수 있도록 돕는 전략을 살펴볼 것이다. 또한 마음챙김을 배우는 초보자를 자주 방해하는 장애물에 내담자가 갇히지 않도록 돕는 방법을 고찰할 것이다.

8장에서 15장까지는 네 번째 단계인 고통과 작업하기 위한 자비로운 연습에 대해 살펴볼 것이다. 8장에서는 내담자가 자신의 어려움과 작업하면서 자기비난으로부터 자비로운 관점으로 동기를 바꾸도록 돕는 방법을 탐색한다. 9장에서는 내담자가 **자비로운 자기**를 계발하도록 돕는 방법을 배운다. 자비로운 자기는 지혜롭고, 친절하며, 용기 있고, 적응적인 자기 자신의 버전으로서 내담자들은 자비로운 자기 작업을 통해 자신이 두려워하는 것과 작업할 때 용기와 자비로운 힘을 계발할 수 있다. 다음 10장에서는 자비로운 사고와 추론을 배양하는 방법을, 11장에서는 자신을 진정시키고 자신과 타인에 대한 자비를 심화시키기 위한 자비로운 심상화 작업을, 12장에서는 내담자가 자비로운 자기를 삶의 중심 역할로 삼을 수 있도록 강화하는 의자 작업과 조망 수용 연습을 소개한다. 14장에서는 자비를 어려운 감정과 상황에 보내는 강력한 방법인 다중 자기 연습을 탐색한다. 15장에서는 CFT가 제공하는 자비로운 관점이 당신이 치료 현장에서 이미 사용하고 있는 방법들과 조화를 이루고 더 나은 개선을 제공할 수 있는가를 살펴본다.

이러한 단계들은 CFT 학습 그리고 행동 활성화나 노출과 같은 경험적으로 지지되는 변화 기법과 함께 CFT를 사용하는 방법에 대한 틀을 제공한다. 당신이 CFT가 단순히 불교에서 가져온 몇 가지 자비 연습을 추가한 인지행동

치료의 재활용 형태가 아니란 것을 알게 되기를 기대한다. 우리는 내담자가 위협에 초점을 둔 방식으로부터 삶의 어려움을 용기 있고 직접적으로 다루기 위한 효과적인 기술들을 활용하는 친절하고, 지혜로우며, 자신감 있는 관점으로 변화하도록 돕기 위해 일련의 상호작용하는 과정들—관계 형성, 강력한 이해, 자각의 심화, 자비로운 힘의 배양—을 단계적으로 작업한다.

내담자가 진화를 믿지 않는다면 어떻게 해야 하는가

CFT를 다른 치료 모델과 구분 짓는 하나의 요인은 진화적 맥락에서 인간의 감정, 동기, 행동을 고려한다는 점이다. 이러한 이해는 자신과 타인에 대한 자비를 촉진할 수 있는데, 이러한 경험들이 우리 안에서 작동하는 방식은 진화의 역사를 고려할 때 매우 일리가 있다. 현재 서양의 문화적 환경을 감안할 경우, 만약 진화 이론에 동의하지 않는 사람과 작업한다면 무엇을 해야 할지 생각해 보는 것이 필요하다. 뉴스 기사에 따르면, 미국인들의 대략 3분의 1은 진화 이론을 믿지 않고 인간의 기원을 신의 행위에 돌린다. 실제로, 어떤 집단에서는 진화를 믿는 비율이 줄어들고 있다는 증거도 있다(Kaleem, 2013). 따라서 진화 이론에 동의하지 않는 내담자를 언젠가 만날 가능성이 있다. 나는 확실히 그런 경험이 있다.

이것이 CFT에 문제가 되는가? 그렇기도 하고 아니기도 하다. 분명 CFT 치료사는 도전적인 내담자의 영적 신념이나 종교에 대한 행동 방침을 갖고 있지는 않으며, 많은 CFT 치료사들은 자신의 종교적 신념을 가지고 있다. 진화론을 거부하는 사람의 마음을 바꾸려고 시도하는 것은 아마 도움이 되지 않을 것이며, 치료적 관계를 심각하게 해칠 수도 있다. 이런 문제를 다룰 수 있는 몇 가지 방식이 있다. 이런 내담자를 진화를 강조하지 않는 접근을 활용하는 임상가에게 의뢰하는 것이다. 많은 치료사들이 진화에 대해 전혀 말하지 않기 때문에 이것은 매우 쉬운 방법이다. 또 다른 방법은 진화를 언급하지 않고 CFT를 진행하는 것이다. 그러나 나는 이 두 가지 방법 모두 적절하지 않다고 생각한다. 진화를 믿지 않는 많은 사람들이 있지만, 그들도 CFT로부터 도움을 받을 수 있다. 진화는 CFT에서 **사소한** 부분이 아니다. 즉, 진화는 뇌, 마음, 그리고 내담자가 가져오는 문제를 개념화하는 데 있어 중요한 역할을 한다.

　나는 절충안을 제안하고 싶다. 이 방법은 치료에서 만날 수 있는 어려운 문제들을 다루는 방식에 관한 모델을 세울 수 있도록 도울 수 있을 것이다. 상황을 정확히 말하고 문제에 대해 솔직하게 논의하라. 그리고 그 문제를 어떻게 다룰지에 관해 내담자의 협조를 구하라. 또 하나의 방법은 여러 종에 걸친 진화에 대한 이야기는 생략하거나 줄이고, 대신 인간 종 내에서의 적응을 강조할 수 있다. 즉, 우리가 가진 문제적 특성들이 현대적인 삶에는 적절하지 않게 작용하더라도, 인간 조상들에게는(현재의 우리보다 매우 어려운 위협과 힘든 요구를 해결해야 했을) 꽤 유용했을 수 있음을 언급할 수 있다. 여기 대화가 어떻게 이루어지는가에 대한 하나의 사례가 있다.

치료사: 에반, 우리가 감정과 그것이 작동하는 방식에 대해 계속해서 살펴보았는데, 진화에 대해 이야기할 것이란 걸 말하고 싶어요. 특히, 우리가 진화적 맥락에서 볼 때 감정을 어떻게 이해할 수 있는가에 관해서요. 나는 진화 이론을 받아들이지 않는 사람들이 있다는 걸 알아요. 그래서 그것에 대한 당신의 생각을 듣고 싶었어요.

에반: (약간 경직되며) 저는 진화를 믿지 않아요. 나는 신이 인간을 지금 모습대로 창조했다고 믿어요.

치료사: 좋아요. 내가 분명하게 알고 싶었던 거예요. 나는 우선 누군가의 종교적 신념을 변화시키거나 도전할 의향이 전혀 없다는 것을 말하고 싶어요. 사람들은 다양한 믿음을 가지고 있고, 우리가 어떻게 여기에 왔고, 그리고 우리가 어떻게 지금의 방식을 갖게 되었는가를 이해하는 여러 가지 방식이 존재해요. 그래서 나는 당신에게 어떤 믿음을 강요하려는 것이 아닙니다.

에반: (눈에 띄게 안심하며) 좋아요. 썩 잘 될 것 같지는 않지만요.

치료사: (따뜻하게 웃으며) 나도 이것이 쉬운 이야기라고 생각하지는 않아요! 그래서 내가 당신의 믿음을 존중하고 있다는 점과, 동시에 우리가 하려는 치료는 과학에 토대를 두고 있고, 때때로 내가 과학적 관점에서 어떤 것을 말할 수도 있다는 점을 당신이 알아주었으면 해요. 이것이 감정이 작동하는 방식을 이해하도록 도와주니까요. 당신이 우리가 말하고 있는 진화 이론을 받아들일 필요는 없어요. 당신이 받아들였으면 하는 것은 우리의 뇌와 마음은 이해하기 어려운 방식으로 작동하면서 때로 다루기 힘든 감정을 만들어 낸다는 사실입니다. 이 말이 어떻게 들리나요?

에반: 그 말은 받아들이기 어렵지 않아요. 나는 바로 그 다루기 어려운 감정에 시달려 왔어요.

치료사: 우리들 대다수가 그렇습니다. 나는 때때로 진화에 대해 이야기할 겁니다. 내가 과학적 관점으로 훈련받았고, 그것이 내가 문제를 이해하는 방식이기 때문입니다. 내가 그렇게 할 때, 나는 '과학적 관점으로부터' 그것에 대해 말할 것이지만, 당신은 거기에 동의할 수도 있고 무시할 수도 있어요. 도움이 되는 것은 취하고 나머지는 무시하란 이야기죠. 어떤가요?

에반: 좋습니다. 해볼 만할 것 같아요.

치료사: 우리는 또한 우리 사회가 변화해 오면서 오랜 세월 동안 그러한 감정들이 인간에게 어떻게 작용하고 있는가에 초점을 둘 거예요. 우리의 뇌는 우리 조상들에게 도움이 되는 방식으로 작동했을 거예요. 말하자면, 실질적인 신체적 위협들로 둘러싸인 혹독한 세계의 고립된 부락에서 살았던 사람들에게요. 그러나 이것은 현대 세계에서는 덜 유용할 수 있어요. 우리가 만나는 대부분의 위협들은 그때와 매우 다르니까요. 어떻게 생각하나요?

에반: 모두 맞는 말이에요. 인류가 오랜 시간에 걸쳐 다른 방식으로 살아왔다는 것은 저도 알고 있어요. 내가 믿지 않는 것은 '원숭이에서 진화했다는' 말도 안 되는 소리죠.

치료사: 우리가 함께 작업할 수 있는 많은 공간이 있는 것 같군요. 이 주제가 치료를 방해하는 것처럼 보인다면, 당신이 그것에 대해 나에게 말해 주면 좋겠어요. 그런 일이 일어난다면, 우리는 함께 그것에 대해 탐색하고 그 문제를 다루는 방법을 생각해 볼 수

있을 거예요. 내가 일어나지 **않기를** 바라는 것은 당신이 치료에서 불편하거나 행복하지 않는데도 내가 그것을 알아차리지 못하는 상황이에요.

에반: 좋은 생각입니다.

나는 내담자들이 그들 나름의 믿음을 가질 권리를 존중하고 그것을 바꾸려고 하지 않는다는 것을 이해할 때, 진화적 관점이 큰 문제가 되지 않는다는 것을 알게 되었다. 나는 또한 '과학적 관점으로부터……'라는 말을 사용하는 것이 이 책에서 탐색하려는 주제들에 대해 계속 이야기할 수 있게 하고 내담자들도 이것을 잘 받아들인다는 것을 발견했다. 서로 다르지만, 일리 있는 관점들이 있다는 것을 우리가 인식하고 있기 때문일 것이다. 나는 "이 까다로운 뇌는 신이 나에게 풀어 보라고 낸 수수께끼 같아요."라는 생각을 내놓은 내담자를 만나기도 했다. 때로, 나는 내담자들이 내가 제공하는 정보가 자신의 생생한 체험과 들어맞거나 감정이 움직이는 방식을 이해하는 데 도움이 될 때, 진화적 관점에 대해 누그러진다는 것을 (자신의 종교적 신념을 포기하지 않고도) 발견했다.

진화의 개념을 거부하는 내담자들조차도 인류 안에서 일어나고 있는 적응이 인류 역사의 어느 때에서는 더 적응적이며 좋은 것이라는 점에 대해 기꺼이 동의하곤 한다. 진화적 관점이 단지 우리가 감정을 갖게 된 이유를 설명함으로써 감정에 대해 수치스럽게 생각하지 않도록 하려는 것만은 아니다. 진화적 관점을 통해 우리는 또한 다양한 감정들이 우리 안에서 작동하는 방식에 대해 명료하게 이해할 수 있다. 분노나 불안과 같은 감정들이 위협을 확인하고 재빨리 그 상황에 필요한 행동을 하기 위해 진화된 것이라는 점을 생각해 보면, 우리가 위협을 지각할 때 이와 관련된 주의, 생각, 이미지들이 그 상황이 해소될 때까지 위협에 반응하기 위해 일어날 것이란 점을 분명히 이해할 수 있다. 우리의 조상들이 직면했던 혹독한 세계에서, 위협이 될 수 있는 요인을 무시하는 것은 부상이나 죽음을 의미했을 것이다. 문제는 이러한 위협 반응들이 권태나 관계 문제와 같이 현대인들이 일상으로 부딪히는 위협 보다는 사바나나 숲에서 살았던 우리의 조상들이 직면했던 문제들에 더 적합하다는 사실이다. 더구나 이러한 위협 반응들은 우리 '신뇌'가 생각, 이미지, 공상을 통해 만들어 내는 비현실적인 갖가지 위협들에 대해서는 전혀 쓸모가 없다.

CFT와 다른 치료들

내가 CFT에 대해 가장 좋아하는 것 중 하나는 이 치료가 다른 치료 모델과 함께 사용될 수 있다는 점이다. 우리는 책의 마지막 장에서 이러한 양립 가능성과 과정에 대해 탐색할 것이다. 당신이 'CFT 치료사'가 되고자 하는가 아니면 단순히 당신의 현재 치료 양식 내의 작업을 개선하고 심화하기 위해 자비를 사용하고자 하는가와 무관하게, 나는 당신이 이 책을 통해 활용할 수 있는 많은 것을 발견하기 바란다.

CFT는 완전히 새로운 치료 모델이라기보다는 심리적 어려움을 자비롭게 이해하고 작업하는 것에 기초를 둔 치료 양식이라고 할 수 있다. 다른 치료와 비교했을 때, 당신은 CFT가 자비뿐 아니라 인간 문제를 진화와 관련하여 개념화하는 데 강조점을 둔다는 면에서 차이가 있음을 발견하게 될 것이다. 감정과 기본 동기들이 우리의 뇌 혹은 마음 안에서 작동하는 방식, 우리를 두렵게 하는 것들과 직면하고 작업할 때 안전감을 느낄 수 있도록 스스로를 돕는 방법이다. 기법수준에서, 당신은 여러 새로운 치료도구를 이곳에서 발견하게 되겠지만 이것들 역시 다른 치료에서 왔다는 것을 알게 될 것이다.

나는 CFT가 수용전념치료(ACT), 변증법적 행동치료(DBT), 기능 분석 심리치료(FAP), 마음챙김 인지치료(MBCT), 정서중심치료(EFT)와 같은 행동치료와 인지행동치료의 '제3의 물결'에 부합되는 치료라고 생각한다. 이런 치료들과 같이, 우리는 행동 원리에 의존하고, 문제가 되는 인지나 정서를 변화시키려고 하지 않으며, 이러한 정신적 경험들과의 **관계를 변화시키려고도 하지 않는다**(대신, 보다 도움이 되는 방식의 주의와 사고를 배양한다). 이러한 다른 접근들처럼, 마음챙김은 CFT에서 주요한 역할을 한다. 나는 CFT에서 사용하는 체험에 대한 강조와 조망 수용 연습이 ACT의 연습들과 잘 조화될 것이라 생각하며, DBT와 마찬가지로, 우리는 매우 어려운 감정 경험과 작업하기 위한 고통 감내 학습과 같은 것들을 중요하게 생각한다.

오랫동안에 걸쳐 인지 치료사들은 사고 작용에 접근할 수 있는 새로운 방법을 발견하였으며, 내담자들이 자신을 안심시킬 수 있는 새로운 안심시키는 사고를 개발하여 생각과 감정을 일치시킬 수 있도록 도울 수 있었다. 당신은 CFT 치료에서 자비를 사용하는 방식이 노출 치료와 같은 오래된 접근들에 내담자가 더 쉽게 참여하게 하고 치료사는 더 편안하게 작업할 수 있도록 '치료적 분위기를 만들 수 있다'는 것을 발견할 것이다. 나는 또한 치료사들이 CFT가 자신의 현재 치료 작업을 개선하고 심화시킬 수 있는 다음과 같은 요소들을 발견할 것이라고 생각한다. 진화적 맥락에서 감정과 동기에 대해 탐색하기, 안전감을 창조하기 위해 내담자가 진화된 정서 체계와 작업하도록 돕기, 고통과 직접적으로 작업하려는 자발성과 능력을 키우기 위해 자비를 배양하기와 같은 것이다.

우리의 현재 접근

특히 심리치료에서, 학습 과정이 학습되는 내용을 형성하고 강화하는 것은 멋진 일이라고 생각한다. 이것이야말로 이 책에서 하려고 하는 것이다. CFT의 과정—내담자와 지금 어떤 작업을 하고 있던 간에—은 따뜻함, 안내를 통한 발견, 용기, 헌신을 특징으로 한다.

당신은 이 책이 상당히 많은 체험적 연습을 담고 있다는 것을 알게 될 것이다. 가끔 나는 당신에게 CFT 치료사가 내담자에게 해 보도록 요청하는 것을 당신이 해 보도록 요청할 것이다. 나는 당신이 내담자에게 연습을 시키기 전에 당신 스스로 모든 연습들을 해 볼 것을 진지하게 권고하고 싶다. 우리는 자비, 마음챙김, 안전감과 같은 것들에 대해서 배울 수 있다. 그러나 우리가 이런 것들을 진정으로 알고 싶다면, 그것들을 **체험**할 필요가 있다. 개인적인 연습을 통해 우리는 이런 연습들에 관해 다른 방식으로는 얻기 어려운 미묘한 뉘앙스, 장애요인, 장애를 극복하는 방법에 대해 깊은 이해를 할 수 있다.

이러한 점을 염두에 두면서, 나는 불교 스승들부터 배운 경험으로부터 동기를 구축하는 훈련으로 이 책을 시작할 것이다. 불교 스승들은 어떤 활동에 참여하는 이유인 동기나 의도는 그 활동의 결과와 밀접하게 연관된다고 믿었다. 내가 이미 언급했듯이, 동기는 자비의 핵심 요소이며, 내담자가 배양하도록 도와야 할 요소이기도 하다. 이제 함께 이 작업을 해 보자.

동기와 의도 작업

삶을 지나오면서, 우리는 여러 가지 이유로 여러 가지 것들을 한다. 우리의 행위는 때로는 의무감에서 비롯되기도 하고, 때로는 흥분이나 야망에 의한 것일 수도 있다. 우리는 비유적으로(때로는 문자 그대로) 해야 할 다음의 일을 위해 단순히 어떤 것을 하면서, 삶의 리스트에 있는 항목들을 확인하며 하루하루를 살아간다. 그러나 동기와 의도는 우리가 작업할 수 있는 삶의 측면이다.

지금. 나는 당신이 이 행동을 하고 있는 자신의 동기에 대해 생각해 보기를 바란다. 당신은 왜 이 책을 읽고 있는가? 당신은 CFT에 대해 들어봤고 더 공부하는 것에 관심이 있었는가? 당신의 치료 작업을 심화하거나 생동감 있게 만들 수 있는 방법을 찾고 있었는가? 당신은 CFT를 사용하는 치료사의 내담자로서 이 치료에 대해 더 알기를 원했는가? 책 표지의 어떤 내용이 당신의 눈을 사로잡는가.

아니면 내가 종종 그러듯이 단순히 무슨 책인가 보려고 서둘러 책을 샀는가?

자비로운 동기는 우리가 선택해서 키울 수 있는 것이다. 여기 함께 있는 자신을 발견했다면, 자비중심치료를 탐구해 나가면서 우리가 친절하고, 참여 지향적인 동기를 길러낼 수 있는가를 살펴보자.

- 치료 상황을 생각해 보라. 내담자들은 가장 취약한 상태로 치료를 찾아온다. 자신의 어려움과 고통을 이야기하며, 내담자들은 "당신이 나를 도울 수 있나요?"를 묻는다. 누가 이보다 더 큰 명예를 우리 치료사들에게 줄 수 있겠는가? 내담자들이 이러한 고통을 다룰 수 있도록 돕고자 하는 느낌에 당신의 마음을 열어라.
- 우리가 내담자와 자신 그리고 세계의 고통을 줄이려는 깊은 헌신으로부터 이 일, 즉 나는 생각하고, 조직하고, 쓰며, 당신은 읽고, 성찰하며 연습하는 것이 가능한가?
- 우리가 진정으로 고통을 줄이는 데 헌신하는 마음을 느낀다면, 다시 말해 고통과 싸우고 있는 사람들을 도우려는 깊은 소망을 느낀다면 어떤 일이 일어날까?
- 당신이 지금 이런 느낌을 느끼고 있는지에 대해 걱정하지 말라. 대신, 당신이 진정으로 이러한 느낌–고통당하는 사람들을 도울 수 있는 당신의 능력이 더 커지기를 바라는 깊은 소망–을 느낀다면 무슨 일이 일어날까에 대해 단순히 상상해 보라.
- 위에서 상상한 것이 우리의 동기라면 어떤 일이 일어날까? 이러한 동기는 우리가 CFT를 배우고 연습하기 위해 참여하는 방식에 어떻게 영향을 줄까?

이 책을 공부해 나가면서 우리가 자비로운 동기를 함께 가지고 갈 수 있는가를 살펴보자.

CFT Made Simple **1장**

기원과 기본 주제들

이 장에서는 자비중심치료(CFT)의 기원을 간단히 살펴보고, 수치심과 자기비난으로 고통받는 사람들을 돕기 위해 CFT가 개발된 과정을 다룰 것이다. 더불어 CFT 접근의 기본 개념들을 탐색하고, 진화심리학, 정서 신경과학, 애착 이론, 행동주의, 그리고 강력한 자비 훈련에 토대를 둔 CFT의 이론적 근거들이 어떻게 치료에서 실천으로 이어지는지를 살펴본다.

CFT의 기원

CFT의 시작은 1980년대, 영국 심리학자 Paul Gilbert가 치료 작업 중 관찰한 것들로부터 시작된다. Paul은 심리치료를 인지 행동 치료, 융학파 분석, 진화심리학, 신경생리학 및 애착 이론을 아우르는 다양한 수련 배경을 가지고 접근했다(Gilbert, 2009a). 치료 작업을 통해 Paul은 내담자 중 상당수가 마음속 깊은 곳에 자기-비난, 수치심, 자기-혐오를 가지고 있음을 알게 되었다. 그는 또한 이런 환자들에게 인지적 재구조화와 같은 전통적인 인지치료 작업이 별 효과가 없음을 발견했다. 예를 들어, 내담자들은 자신의 부적응적 신념을 알아내고, 그것이 비합리적이라는 것을 확인했으며, 나아가 그것들이 가진 인지적 오류를 분별할 수도 있었다. 그들은 자신의 삶의 현실을 볼 수 있었고, 보다 합리적이고 근거에 기반한 대안적 사고를 만들어 낼 수 있었다. 하지만 문제가 있었다. 이 모든 작업에도 불구하고, 그들은 더 나아졌다고 느끼지 않았다(Gilbert, 2010). Paul은 이런 내담자들로부터 생각한 것과 느낀 것 간의 일치감의 결핍을 관찰했다. 이러한 인지−정서 부조화는 그들의 치료를 저해했다. 그는 내담자들이 안심시키는 생각을 통해 실제로 안심을 느낄 때만 도움이 된다는 것을 발견했다. 그리고 자기−비난이 매우 심한 내담자들에게는 대개 치료가 도움이 되지 않았다.

이러한 관찰을 통해 Paul은 내담자들과의 인지 행동 치료를 활성화할 수 있는 방법을 찾기 시작했고, 비록 CBT 훈련에서 자주 언급되지는 않지만, 내담자들의 경험에 아주 강력한 영향을 미치는 역동을 보기 시작했다. 일례로, 그들의 경험을 더 주의 깊게 들여다보며, Paul은 비록 많은 내담자들이 새롭고 근거에 기반한, 유용해 보이는 생각을 만들어 낼 수 있었음에도 그 생각들이 표현되는 정신적인 '목소리 톤'이 종종 가혹하고 비난적임을 발견했다.

이러한 관찰의 결과로 Paul은 점진적으로 자비중심치료를 발전시켰다. 그는 치료사들이 변화의 기술을 사용하여, 내담자가 자신의 경험에 보다 따뜻하고 자비로운 방식으로 관계하는 것을 도울 수 있는 방법을 찾았다. 발전하고 있는 이 접근법은 내담자들이 스스로 안전감을 느끼도록 돕기 위해 자신의 감정을 이해하고 다루는 방법을 가르치며, 자신의 어려움에 접근하고 효과적으로 작업할 수 있도록 자비로운 힘을 키우는 것을 강조한다.

CFT: 핵심 개념들

CFT의 핵심을 구성하는 기본 개념들이 있다. 여기에서는 이 중 몇 가지 개념들을 소개할 것이다.

수치심과 자기-비난은 성장을 저해한다

앞에서 언급했듯이, CFT는 기본적으로 수치심과 자기-비난으로 고통받는 개인을 돕기 위해 만들어졌다(Gilbert, 2010). 수치심은 자신에 대해 나쁘고, 매력이 없고, 어딘가 부족하며, 가치가 없다는 부정적 평가와 관련한 매우 고통스러운 정서적 상태로 정의될 수 있다(Tangney, Wagner, & Gramzow, 1992; Gilbert, 1998). 내재화된 수치심과 외재적 수치심을 구분할 수 있는데, 전자는 우리가 스스로에 대한 부정적인 평가를 하는 것이고, 후자는 다른 사람들이 자신을 열등하고, 결점을 가진, 매력 없는 존재로 인식하는 것을 말한다(Gilbert, 2002).

점점 더 많은 문헌들은 수치심과 자기-비난이 우리에게 매우 좋지 않은 영향을 미친다는 것을 보여 주고 있다. 연구들은 수치스러운 기억이 우리에게 외상적 기억과 비슷한 방식으로 작용하여, 우울, 불안, 스트레스, 외상후 스트레스 반응과 연관된 방식으로 개인 정체감의 중심에 자리 잡을 수 있음을 보여 준다(Pinto-Gouveia & Matos, 2011). 수치심과 자기-비난은 다양한 정신건강 문제와 연관되어 있다(Kim, Thibodeau, & Jorgenson, 2011; Kannan & Levitt, 2013). 우울증(Andrews & Hunter, 1997; Andrews, Quian, & Valentine, 2002), 불안(Gilbert & Irons, 2005), 사회 불안(Gilbert, 2000), 섭식 장애(Goss & Allan, 2009), 외상 후 스트레스 장애(PTSD; Andrews, Brewin, Rose, & Kirk, 2000), 경계선 성격 장애(Rusch et al., 2007), 전반적인 심리적 부적응이 여기에 포함된다(Tangney, Wagner, & Gramzow, 1992). 심리적 과정을 살펴볼 때, 수치심은 감정과 같은 개인의 사적인 경험과 접촉하지 않으려는 경험 회피와 연결되며, 이는 다양한 정서적 어려움과 관련된다(Carvalho, Dinis, Pinto-Gouveia, & Estanqueiro, 2013).

이와 같은 부정적인 자기−판단은 치료의 과정에도 영향을 미치는 것으로 나타난다. 수치심과 관련된 경험인 자기−낙인은 내재화한 부정적인 집단적 편견과 관련하여 스스로에게 부정적 판단을 내리는 것으로(Luoma, Kulesza, Hayes, Kohlenberg, & Latimer, 2014), 이는 심각한 정신 질환을 앓는 환자들의 높은 입원치료 수준과 연관되어 있으며(Rusch et al., 2009), 조현병 진단 환자들의 낮은 처치 준수 경향(Fung, Tsang, & Corrigan, 2008), 낮은 약물 치료 준수 경향(Sirey et al., 2001), 중독 거주 치료에서의 장기간의 거주 경향(Luoma, Kulesza, Hayes, Kohlenberg, & Latimer, 2014)과도 연관되어 있다. 이러한 결과는 이 연구의 참여자들이 정신 질환이나 중독에 대한 집단적 편견과 동일시하면서 자기−낙인을 경험했기 때문에 특히 중요하다. 이는 자신의 심리적 문제에 대해 스스로를 비판하고, 창피해하고, 낙인찍는 환자들에게 보이는, 정신 질환을 악화시키고 과장하는 수치심의 영향력을 설명해 준다. CFT의 근본적인 목표는 내담자들이 자신의 어려운 생각과 감정을 비난하고 판단하는 관점에서 전환하여 자비로운 이해와 도움이 되는 행동에 대한 참여로 옮겨 갈 수 있도록 돕는 것이다. 이를 통해 자기에 대한 공격과 회피는 따뜻함과 책임감으로 대체된다.

수치심이 어떻게 어려운 감정들을 다루는 데 걸림돌이 되는지 예를 들어 살펴보겠다. 한 아버지가 아이들에게(그 아이들의 공포에 질린 얼굴을 보며 더 부추겨져서) 소리 지르고 있는 자신을 보고 있다고 상상해 보자. 그는 '난 형편없는 아버지야.'라고 생각하며 격심한 감정적 고통인 수치심을 느낀다. 그것은 그를 더 힘들게 할 수 있는 고통스러운 생각이다. 우선, CFT의 관점에서는 가혹한 자기−비난이나 자신에 대한 수치심을 강력한 위협의 촉발요인으로 본다. 이것들은 우리를 위협감 속에 계속 가둠으로써, 더 나은 양육 방식과 같은 긍정적인 변화를 만들기에 좋지 않은 상태로 마음을 조직한다(이에 대해서 뒤에서도 다룰 것이다). 그 아버지는 아이들에게 소리 지르지 않기 위한 보다 효과적인 대처 방식을 배우는 데에 집중하는 것이 아니라, 자신의 부적절성에 더 집중하게 된다.

수치심과 함께 오는 감정적인 고통은 또한 회피를 키울 수 있다. '난 형편없는 아버지야.'와 같은 수치스러운 생각에 따라 오는 느낌이 너무나 고통스럽기 때문에, 아버지는 그것을 재빨리 피하려고 할 것이다. 다른 일들로 주의를 분산하거나, 자기 행동을 합리화하거나, 아이들의 반응을 탓하거나, 혹은 다른 무엇이라도 해서 그 경험에서 벗어나고자 하는 것이다. CFT는 내담자들이 그러한 회피를 극복하고, 수치스러운 관점에서 자비로운 관점으로 전환하여 어려움에 접근하고 다루게 되도록 돕는 것을 강조한다.

나아가 수치심과 자기-비난의 **경험**을 수치스러운 것으로 여기고 낙인찍지 않는 것이 중요하다. 우리는 내담자들이 수치심을 느끼는 것에 대해서 수치스러워하기를 원하지 않는다. 그들이 그런 방식으로 대처하게 배워 온 것은 그럴 만하다. 대부분의 사람들은 스스로를 공격하며 문제를 만들려고 하지는 않을 것이다. 그러나 우리가 살고 있는 문화는 사람들이 어떤 식으로 보이고, 느끼고, 행동해야 하는가에 대한 이상화된 이미지들을 제시하는 메시지로 가득하다. 이런 이미지들은 쉽게 내재화되며, 우리가 거기에 도달할 가능성은 거의 없는 것들이다. 이런 저주받을 비교는 우리가 다른 사람들의 경험과 자신의 내적 경험을 지각하고 비교할 수 있는 능력으로 인해 증폭될 수 있다. 우리는 어려운 감정들, 과제나 동기로 인한 고민, 혹은 자신의 가치에 부합하지 않는 생각이나 행동과 같은 자기 자신의 문제들에 거의 **제한없이** 접근할 수 있다. 반면에, 다른 이들의 내적 경험에 대해서는 매우 제한적인 접근만 가능하다. 우리는 대부분 그들이 보여 주기로 선택한 것들만을 보게 되는데, 그들은 우리와 마찬가지로 능력 있고 지적이며 매력적으로 보이길 원한다. 우리는 모두 시합에 임하는 것처럼 그럴싸해 보이는 태세를 취한다. 자기 안의 혼란과 분투를 보면서, 그리고 모든 것을 다 갖춘 것처럼 보이는 사람들에게 둘러싸인 채, 내담자들은 수치스럽고 고립된 느낌을 갖기 쉬우며 내게는 어딘가 문제가 있다고 결론을 내리게 된다. 이에 더해서 내담자들의 수치심의 경험에 기여하는 많은 구체적인 요인들은 트라우마나 집단 괴롭힘의 기억, 가혹한 양육 환경, 학습의 역사, 낙인 집단에 속하는 것 등이 관련 있다. 이 모든 것을 고려할 때, 내담자들이 스스로를 창피하게 여기고 공격하는 것은 충분히 이해할 만한 일이다.

수치심과 자기-비난에 대한 CFT의 관점이 도움이 되는 자기-평가를 인정하지 않는다는 의미는 아니다. 때로 내담자들이 문제가 되는 행동을 하고 있으며, 다른 방식으로 행동해야 할 필요가 있다는 것은 분명하다! 단지 이러한 자기-평가는 위협 반응에 압도되지 않도록 따뜻한 방식으로 제시되었을 때 훨씬 효과적이다. 예를 들어, 자비로운 자기-교정은 해롭거나 도움이 되지 않는 행동을 할 때 그것을 알아차리고, 스스로 죄책감을 느끼는 것을 허용하며, 미래에 더 나은 방향으로 나아가도록 초점을 전환하는 것을 포함한다. '나는 형편없는 아버지야.' 대신에, 자비로운 교정은 이런 식이다. '아이들에게 소리를 지르게 되는 것이 내 삶의 어떤 경험 때문이란 것을 알게 되었어. 그렇지만 이것이 내가 되고 싶은 아버지의 모습은 아니야. 내 아이들이 배우길 바라는 것을 모범으로 보여 주기 위해 아이들과 새롭게 관계하는 법을 최선을 다해 시도해 보자. 이렇게 하려면 어떻게 하는 것이 도움이 될까?'

자비: 고통을 향해 다가가는 힘

수치심이 사람들로 하여금 어려움과 고통으로부터 문을 닫고 등을 돌리게 할 수 있기 때문에, 우리에게는 내담자들이 고통을 **향해** 다가가고 도움이 되는 방향으로 작업할 수 있도록 도울 방법이 필요하다. CFT에서는 마음챙김과 특히 자비를 계발함으로써 이를 달성한다. 여기서 던질 수 있는 하나의 질문은 왜 **자비인가?**이다. 세상에 도움이 되는 덕목들은 많이 있다. 우리는 왜 이 치료의 중심으로 자비를 선택하는가?

CFT에서, 우리는 자비를 정의하고, 조작화하며, 내담자에게 적용하기 위해 많은 시간을 보냈다. 자비에 대해 일반적으로 받아들여지는 정의는 다음과 같다. 고통에 대한 민감성과 고통을 줄이고자(혹은 예방하고자) 하는 동기(Gilbert, 2010). 이 정의는 **민감성**과 **동기**라는 두 가지의 개별적이고 중요한 요소를 가지고 있다. CFT는 자비를 매우 강조하는데, 자비는 고통, 어려움, 그리고 괴로움이 닥쳐올 때 우리가 취할 수 있는 실제적이고 실행 가능한 지향이기 때문이다.

이 간단한 정의 안에는 많은 것이 담겨 있다. 우선, 괴로움에 대한 **접근 중심적인** 지향성을 제공한다. 여기에는 고통 발생에 대한 **민감성**과 고통을 향해 움직이는 것에 대한 강조가 포함된다. 이러한 접근은 많은 내담자들을 어려움으로 몰고 가는 회피와는 매우 다른 것이다. 자비는 또한 고통을 **도우려**는 동기라는 점에서 따뜻함을 포함한다. 따뜻한 동기와 정서적인 분위기는 우리가(그리고 우리가 돕는 이들이) 어려움에 직면할 때 안전감을 느낄 수 있게 하며, 위협−중심적인 관점으로부터 개방적이고 성찰적이며 유연한 마음 상태로 이동할 수 있게 한다.

자비의 정의에 대해 보다 깊이 들여다본다면, 자비에는 다른 도움이 되는 역량도 포함하고 있다는 것을 발견할 것이다. 우리가 고통에 대해 따뜻하고 접근 지향적인 태도를 유지하기 위해서는 그것을 감내할 수 있어야 한다. 따라서 변증법적 행동 치료(DBT; Linehan, 1993)와 마찬가지로 CFT는 고통 감내와 정서 조절을 강조한다. 자비로운 행동이 진정으로 도움이 되려면, 그것을 **능숙하게** 활용할 수 있어야 한다. 이를 위해 CFT는 내담자들이 공감, 정신화, 조망 수용과 같은 능력들을 배양하도록 돕는다.

마지막으로, 많은 내담자들, 특히 심각한 수치심과 자기−비난을 갖고 치료에 오는 사람들은 자기 자신에 대한 매우 부정적인 경험을 가지고 있다. CFT에서 우리는 내담자들이 자비를 배양할 수 있도록, 우리가 **자비로운 자기**라고 부르는, 자비의 다양한 특성들에 대한 통합적인 틀을 제공하려고 한다. 자비로운 자기는 자기의 적응적인 버전으로서, 우리가 치료에서 기르고자 작업하는 자비의 다양한 특성들을 보여 준다. 이것은 처음에는 메소드 연기와 비슷하게 심상적인 조망 수용 연습의 형태를 취한다. 내담자는 자신이 최상의 친절과 자비, 지혜와 확신을 모두 가졌다면 어떨까를 생각하면서 자신의 최선의 모습을 상상한다. 다음으로 이러한 자비로운 버전의 자기가 어떻게 느끼고, 주의를 기울이며, 생각하고, 어떤 동기를 갖고 행동할지 상상한다.

치료가 진행되면서, 내담자는 계속해서 자비로운 자기의 관점으로 이동하는 것을 배우며, 자비로운 관점으로부터 자신의 어려움을 이해하고 다룰 수 있는 방법을 익히게 된다. 치료 기간 동안, 내담자는 자비로운 힘을 키우고 그것을 습관화한다. 시간이 지나면서, 내담자의 나에 대한 개념과 **자비로운 자기** 사이의 공간이 점차 줄어들면서, 이러한 능력들은 자연스럽게 일상적인 삶의 일부가 된다. 이런 식으로, CFT는 ACT나 다른 긍정심리학 운동과 함께 공유하는 토대를 가진다. 치료의 초점은 단순히 증상을 경감시키는 것이 아니라, 내담자의 가장 긍정적인 열망과 가치들을 반영하는 적응적인 삶의 방식을 실현할 수 있도록 힘을 키우는 데 있다.

자비를 위한 토대 구축하기: 판단에서 이해로 전환하기

앞서 살펴본 것처럼, 매우 자기-비난적이며 수치심을 느끼기 쉬운 내담자들은 자신의 감정과 생각, 자신의 반응과 관계의 문제 등을 관찰하면서 스스로를 공격한다. CFT의 주된 목표가 자신과 타인을 위한 자비이기는 하지만, 초기에는 내담자들과 자비에 대해서 이야기하는 시간보다는 자비를 일으키기 위해 필요한 무대를 마련하는 데에 더 많은 시간을 들이게 된다. 내담자들이 어려운 감정, 동기, 행동을 이끄는 요인들을 이해하도록 돕는 것이 그 방법이다. 내담자들로 하여금 자신과 타인에게 자비를 가져야 함을 설득하려 하기보다는, 진실로 인간의 삶을 살며 겪게 되는 어려움을 이해하게 될 때, 내담자들은 자비가 왜 필요한가를 알게 되며, 설득할 필요도 없이 자비를 기르는 것에 대해 동의할 것이다. 물론 우리는 자비가 무엇이며, 무엇이 아닌지, 그리고 그것이 왜 도움이 되는가에 대해 말할 것이지만, 우선 이해의 맥락을 만듦으로써 자비를 위한 무대를 세우려고 한다.

CFT에서는 우리가 가진 많은 문제들이 우리가 선택하거나 설계하지 않은 것들로부터 기인할 수 있다는 것을 아는 것이 중요하다고 생각한다. 이는 우리가 내담자들이 만들기를 바라는 큰 전환의 일부이다. 여기서 전환이란 내담자들이 비난하고, 수치스러워하는 위협−기반의 관점으로부터 도움이 되는 것을 인식하고 이해하려는 자비로운 태도로 이동하는 것이다. 사람들의 이야기를 자세히 들여다보면, 우리의 경험을 형성하고 어떤 사람이 되어 갈지에 영향을 주는 많은 요인들은 우리가 선택한 것이 아님을 알게 된다.

진화된 뇌의 도전

CFT에서, 인간의 감정과 인지 기능은 진화의 맥락에서 이해된다. 우리는 감정을 진화상의 기능에 따라 세 종류로 나눌 수 있는데, 위협을 감지하고 대응하는 것에 중점을 둔 감정과 동기들, 목표 달성을 위한 추구와 보상에 초점이 맞추어진 것들, 그리고 흔히 타인들과 연결된 느낌과 관련 있는 안전감, 만족감, 평화로움과 같은 정서적 경험들이 있다. 복잡한 감정, 동기, 행동들은 진화에서 그것이 담당한 기능과 우리 선조들의 생존을 위해 그것들이 지닌 가치를 살펴보면 훨씬 쉽게 이해가 된다. 흔히 드는 예 중 하나는 달고, 짜고, 기름진 음식이 당기고 그로부터 위안을 얻는 것이다. 많은 이들이 충동적인 식습관으로 곤란을 겪으며, 피자나 단 것을 갈망하듯이 브로콜리를 향한 식욕이 당기기를 바란 적이 있을 것이다! 하지만 우리 선조들이 살아야 했던 환경에서는 상대적으로 열량과 영양이 희박했고, 설탕과 소금, 기름은 생존 가치가 높았다. 그래서 그것들을 얻었을 때 재빨리 먹었던 조상들이 후대로 그 유전자를 퍼뜨릴 확률이 높았을 것이다. 진화론적 관점에서 갈망(그리고 우리가 어려워하는 다른 많은 감정들)을 가지는 것은 매우 타당한 것이며, 이러한 갈망은 주변 어디에서나 짜고, 달고, 기름진 음식을 싸게 구할 수 있는 현재의 환경에서조차 줄어들지 않는다.

이렇게 뇌와 마음이 진화한 방식은 우리에게 문제를 일으킬 수 있다. 구뇌의 정서와 서로 다른 것들의 관련성을 자동적으로 학습하게 하는 신뇌의 상징적 사고 능력 간에는 복잡한 상호작용이 존재한다. 이러한 상호작용은 우리가 선택하거나 설계하지는 않았지만 다루기가 매우 어려운 마음의 작동 방식들을 만들어 낸다. 이러한 인식은 감정과 경험을 병리화하는 것을 막고 자기-자비의 맥락을 만들어 내도록 도울 수 있다. 이러한 인식이 없을 경우, 감정과 경험들은 **잘못된** 것으로 느껴질 수 있지만, 실제로 이것들은 현대 사회에서 인간으로 살아가는 삶에 있어 피할 수 없는 것이다.

사회적으로 형성되는 자기

앞서 살펴본 것처럼, 인간의 삶을 산다는 것은 때로 다루기 어려운 강력한 감정과 동기를 경험할 수 있다는 것을 의미하며, 특히 트라우마나 다른 삶의 어려움들에 직면했을 때 우리는 이러한 사실에 직면하게 된다. 초기의 사회적 경험은 우리의 많은 특징들과 함께 스스로 안전감을 느끼고 감정을 조절하는 능력을 형성하는 데 있어 강력한 영향력을 발휘한다. 예를 들어, 어린 시절의 지속적인 애착 경험은 다른 이들과의 관계에서(위협받는 느낌과는 반대로) 안전하게 느끼는 능력에 강한 영향을 준다. 또한 타인들로부터(해코지나 무시가 아닌) 지지와 양육을 기대하고, 스스로를(사랑스럽지 않고 고립된 것이 아니라) 사랑과 돌봄을 받을 만한 가치가 있다고 이해하는 데 있어서도 그러하다(Wallin, 2007).

대개 이런 환경들은 우리가 선택하거나 설계한 것이 아님에도 불구하고, 우리의 뇌가 학습하는 방식과 강력하게 상호작용하며, 때로 엄청난 영향을 미친다. 반응/고전적 조건화와 조작적 조건화, 사회적 학습의 과정을 통해서 혹은 관계 틀 이론과 같은(Hayes, Barnes-Holmes, & Roche, 2001; Torneke, 2010) 현대의 정교한 학습 이론을 통해서, 우리는 환경이 대인관계를 안전한 느낌이 아닌 두려움으로 만들 수 있고, 이후 삶에서 성장을 저해할 행동을 형성하도록 체계적인 영향을 줄 수도 있음을 알 수 있다.

CFT에서 우리는 내담자가 느끼는 것과 그것에 반응하도록 학습한 많은 방식들이 자신의 선택이나 설계가 아니었음을 이해하도록 돕는다. 이런 것들은 그들의 잘못이 아니다. 이러한 '당신의 잘못이 아니다.'라는 표현은 누군가의 잘못을 사면해 주거나 행동의 책임으로부터 면하게 한다는 뜻이 아니다. 단지 우리 삶의 어떤 요인들은 통제할 수 있지만, 어떤 것들은 그러지 못하다는 것에 대해 솔직해지자는 것이다. 실제로 우리가 통제할 수 없는 바로 그 요인들이 있기 때문에 마음을 이해하고 우리가 영향을 미칠 수 있는 것을 다루는 방법을 배울 필요가 있는 것이다. 내담자들이 특정 상황과 마주쳤을 때, 학습 경험에 의해 형성된, 치명적인 공포와 불안을 만들어 내는 뇌를 선택했을 리는 없다. 그러나 우리는 그들이 이런 상황과 감정을 효과적으로 다루고, 스스로를 인정하고 지지하는 능력을 기르도록 도울 수 있다.

영화 〈굿 윌 헌팅〉에는 로빈 윌리엄스가 분한 심리학자가 그의 내담자(맷 데이먼이 분한 윌 역)가 어린 시절 겪은 수년간의 아동 학대 기록이 담긴 파일을 집어 드는 감동적인 장면이 나온다. 그들의 대화는 이와 같았다. "윌, 난 잘 알지 못하지만, 이것만은 알겠어요." 그가 파일을 집어든다. "이 모든 빌어먹을 것들 말이죠. 이건 당신 잘못이 아니죠. 이건 당신 잘못이 아니에요."

이 장면에서 그는 이 구절을 여러 번, 따뜻하게 반복한다. 윌은 처음에는 그 생각에 저항하며 약간 맞서려 하는데, 우리와 내담자들 또한 그럴 수 있다. 우리 삶에서(그리고 우리 마음이 작용하는 방식에서) 우리가 통제할 수 있는 것이 많지 않음을 인정하기는 쉬운 것이 아니다. 그리고 월과 같이 우리 내담자들의 인생 또한 트라우마, 분투, 괴로움으로 가득 차 있었다면 이러한 인식은 깨달음만큼이나 가슴을 아프게 할 수 있다. 하지만 우리가 내담자들의 삶에서 그들의 잘못이 아닌 것들(그들이 선택하지 않은 경험, 예상 밖에 생겨난 강력한 감정들, 자신의 가치관과 반하는 즉흥적 생각들, 바꾸려고 노력했지만 실패한 습관들)을 정직하게 인식할 수 있게 돕는다면, 그리고 그런 경험들로 인해 스스로를 공격하거나 비난하는 것을 멈추게 돕는다면, 변화를 가능케 하는 맥락을 만들 수 있을 것이다.

CFT에서 우리는 내담자들이 앞에서 묘사한 것 같은 인식을 할 수 있게 돕고자 한다. 그러나 장황한 설명은 대개 효과적이지 못하며, 우리는 대개 〈굿 윌 헌팅〉과 같이 내담자들을 구석에 몰고 가서 "당신의 잘못이 아닙니다" 하고 반복해서 말하지도 않는다. 앞으로 논의하겠지만, CFT는 안내를 통한 발견의 과정을 지향하며, 소크라테스식 대화, 사고 실험, 조망 수용, 의자 기법과 같은 체험적인 연습을 광범위하게 활용하여, 내담자들이 자신의 경험에 대한 이해를 발전시키고 그것을 다루는 방법을 익히도록 돕는다.

안전감 학습의 중요성

앞서 언급한 바와 같이, CFT는 정서 신경과학 연구로부터 많은 영향을 받았다. 인간에게는 선조들과 공유하는 진화된 정서 조절 체계가 존재하며, 이러한 기본 감정과 동기가 우리 뇌와 마음에서 작동되는 방식에 대해 보고하는 풍부한 과학적 문헌들이 있다(Panksepp & Biven, 2012). 이것은 CFT를 뒷받침하는 이론일 뿐만 아니라, 치료에서 직접 적용되는 것이기도 하다. 내담자들은 다양한 정서 조절 체계와 함께 기본 동기와 감정이 어떻게 주의와 추론, 신체 반응 등의 패턴을 형성해서 우리의 몸과 마음을 조직하는가에 대해 배운다. 또한 감정을 조절하고 내담자들이 원하는 마음의 상태를 배양하기 위해 이러한 체계들과 작업하는 방법을 익힌다. 이러한 학습을 통해 자기-자비의 토대를 마련할 수 있으며, 내담자들은 힘든 감정 경험이 '어떻게 그리고 왜' 일어나는가를 이해하고 그 의미를 발견할 수 있게 된다.

5장에서 우리는 기본적인 정서 조절 체계에 대해 자세하게 살펴볼 것이다. 하지만 처음부터 CFT의 상당 부분은 내담자들이 위협에 초점을 둔 감정들, 목표 추구에 초점을 둔 감정들, 그리고 안전감과 평화와 관련된 감정들 간의 균형을 찾도록 도울 수 있는 내용을 포함하고 있음을 알아둘 필요가 있다. 이 감정들은 다양하고 강력한 방식으로 우리의 정신적인 경험을 특징짓는다. 예를 들어, 분노, 불안, 공포와 같이 많은 내담자들의 경험을 장악하곤 하는 위협 감정들은 주의의 협소화, 인지적 유연성의 감소, 위협감을 진정시키기보다는 강화하는 반추와 같은 전략을 사용하는 경향과 관련된다(Gilbert, 2009a). 이와 달리, 우리가 안전감을 느낄 때 마음은 완전히 다른 방식으로 조직되는데, 주의와 생각의 범위는 확장되며, 진정되고, 평화롭고, 성찰적이며, 친사회적으로 바뀐다(그리고 CFT는 어려운 감정을 더 잘 다룰 수 있게 된다고 주장한다; Gilbert, 2009a). 불행하게도, 많은 내담자들은 거의 언제나 위협적인 경험을 하며 살아간다. 따라서 CFT의 주요 치료 목표는 내담자들이 안전한 느낌과 그에 따라 오는 정신적 전환을 경험하도록 돕는 것이다.

이러한 치료 과제는 도전적일 수 있다. 인간은 기본적으로 타인들과 연결된 소속이라는 맥락에서 안전감을 느끼도록 진화했다(Gilbert, 2009a). 초기의 사회적 관계와 타인들과의 양육 관계 경험은 인지적 틀(Bowlby, 1982; Wallin, 2007)과 그 기저의 신경학적 구조에 영향을 미쳐서 안전감을 느끼고 감정을 성공적으로 조절하도록 돕는다(Siegel, 2012; Cozolino, 2010). 학대, 방관 혹은 다른 형태의 불안정 애착을 경험한 사람들은[DBT의 비타당화 환경(invalidating environments)의 사례와 같다; Linehan, 1993] 대인관계를 위안과 안전감이 아니라 위협이나 실망과 연결하는 암묵적 학습을 했을 수 있다. 이러한 암묵적 연합은 치료사들에게 일차적인 도전이 될 수 있다. (친밀한 관계와 같이) 안전감을 느끼는 데 도움이 되어야 할 관계로부터 오히려 위협감을 경험한 내담자들에게 어떻게 안전감을 느끼는 방법을 가르칠수 있는가?

CFT에서, 우리는 치료의 내용과 과정 모두에 안전감을 불어넣으려 한다. 이 개념은 이후의 장들에서 충분히 탐색할 것이다. 우리가 CFT의 중심에 자비, 즉 고통과 작업하는 따뜻하고, 민감하며, 도움이 되는 접근을 위치시킨 이유 중 하나는 내담자들이 안전감의 경험을 확장하는 데 도움이 되는 방식으로 자신과 타인을 대하는 습관을 개발하고, 또한 미래에 안전감의 경험을 지원해 줄 기저의 신경 체계를 발달시키도록 하기 위해서이다.

내용 수준에서, 내담자들은 자신의 문제에 자비로운 방식으로 관계하고 안전한 느낌을 경험하게 하는 여러 가지 전략들을 배울 것이다. 과정 수준에서, CFT의 치료적 관계와 치료 환경은 내담자들이 안전한 느낌과 정서적 균형을 이끌어 낼 수 있도록 설계된다. 치료사는 자비로운 태도로 협력적이고, 따뜻하며, 수치스럽지 않고 격려하는 방식으로 내담자와 관계한다. 3장에서 우리는 CFT 치료사들이 맡게 되는 역할을 다루면서 치료적 관계가 어떻게 이루어지는가를 살펴볼 것이다.

이 장에서, 우리는 CFT의 핵심이 되는 많은 주제들을 탐색했다. 치료 회기에서 이러한 주제들이 어떻게 서로 엮어지는가를 사례를 통해 살펴보자.

치료사: 제니, 우리는 당신이 다른 사람들 앞에서 뭔가 부끄러운 행동을 할까 두렵고 그것이 어떻게 당신의 사회생활에 영향을 미치는지 어느 정도 이야기해 보았죠. 여기에 대해서 당신은 꽤 수치스러워 하는 것같이 들려요. 제가 제대로 이해했나요?

제니: 맞아요. 전 정말 멍청이에요. 멍청한 짓을 할까 너무나 두려워서 결국 아무것도 안 해요. 친구들이 같이 놀자고 초대하지만, 언제나 마지막 순간에 발을 빼요. 전 형편없는 친구죠. 애초에 친구가 있는 게 신기해요.

치료사: 당신은 나가 놀 계획을 만들어 놓고는 마지막 순간에 취소하는군요?

제니: 네. 재밌겠다고 생각하며 계획을 짜요. 그런데 내가 만일 가게 되면, 옷을 잘못 입을

것이고, 멍청한 말을 해서 다른 사람들을 불쾌하게 할 것이라는 생각을 하면서 시간을 보내요. 너무나 두려워져서 밖에 나가 논다는 생각을 견딜 수 없게 되고요. 그래서 취소하고 그냥 집에 있지요. 전 겁에 질려 있고 나약해요. 다른 사람들은 이런 일을 두려워하지 않아요. 그들은 그냥 나가서 재미있게 놀아요.

치료사: 제니, 질문 하나 할게요. 뭔가 부끄럽거나 불쾌한 일을 할 거라는 두려움이 생길 때, 당신은 두렵게 느끼기로 **선택**하나요? 당신은 그런 식으로 느끼는 것을 **결정**하나요?

제니: 무슨 말인지 잘 이해하지 못하겠어요.

치료사: 음, 어떤 생각이 떠올랐다고 가정해 보죠. '나는 어떤 부끄러운 일을 할 거고 모든 사람들이 나를 머저리라고 생각할 거야.' 그 생각이 일어난 후에, 당신은 이제 '난 그 일이 벌어질 것에 대해 아주 두려워하는 게 좋겠군.' 하고 생각하나요, 아니면 두려움이 그저 당신에게 일어나나요?

제니: 그런 것들이 두렵긴 하지만, 제가 그렇게 느끼고 싶어서 그러는 건 아니에요. 누군들 그러기로 선택하겠어요?

치료사: 맞아요. 제가 느끼기로는 '내가 어떤 부끄러운 짓을 할 거야.' 라는 이 생각이 당신에게는 아주 강력한 위협 기제인 것 같아요. 그런 생각이 들면 당신의 뇌는 '아, 위협이 오는군!' 하고 인식하며 두려움이 일어나는 거죠. 말이 되나요?

제니: 그런 것 같아요.

치료사: 그렇다면 당신이 그토록 수치심을 느끼고 있는 이런 공포를 느끼도록 결정한 게 아닌데, 그 공포가 당신의 잘못인가요?

제니: 아니겠죠. 그런데 그렇게 앉아서 절 두렵게 하는 생각들을 한 것은 저 자신이에요. 그건 제 잘못이죠.

치료사: (부드럽게 미소 지으며) 그런가요? 그럼 당신은 그저 앉아서 이렇게 결심하는군요. '자, 친구들과 밖에 나가서 행복한 저녁 시간을 보낼 수도 있겠지만, 그것보다는 그렇게 했을 때 내가 피할 수 없이 마주치게 될 굴욕감에 대해서 깊게 한 번 생각해 보자…….'

제니: (약간 웃으며) 무슨 말인지 알 것 같아요. 그런 것들도 제가 선택한 게 아니군요. 그런데 전 그것들을 하고 있어요.

치료사: 우리가 이야기했던 것처럼, 진화를 하면서 우리 뇌는 우리를 위협하는 것을 아주 민감하게 인식하도록 변해 왔죠. 그럴 때면 우리를 보호하기 위해서 뇌에서 아주 강력한 감정을 만들어 냅니다. 이런 기제가 우리 조상들을 생존하게 해 줬고, 위협을 알아차리고 반응하는 것을 **아주 잘** 합니다. 달리 말해서, 만약 당신 친구들이 같이 놀자고 초대한 다음에 **아주 위험한** 일을 하자고 한다면, 예를 들어 악어로 가득 찬 연못에서 수영을 하자거나 헤로인을 맞자고 하면 당신이 겁을 먹는 것이 말이 되겠죠?

제니: 물론 그렇죠!

치료사: 제가 보기에 당신은 어떤 식으로든 공공연하게 망신을 당하는 것이 **아주 위험한** 거라고 학습한 것 같아요. 그래서 단지 놀러 나가자는 초대만으로도 당신을 공포에 떨게 하는 그 부끄러운 일을 할 수 있다는 생각이 촉발되는 것이죠.

제니: 어릴 때. 제가 6학년 때 우리 가족이 이사를 갔어요. 새로운 학교에서 저를 싫어하는 여자애들 무리가 있었어요. 아직도 왜 그랬는지는 모르겠어요. 그 애들은 저를 항상 놀렸어요. 저에 대한 소문을 퍼뜨렸고, 욕을 했고, 아무도 절 좋아하지 않는다고 계속해서 말했어요. 몇 주 동안이나 그렇게 했어요. 저는 매일 몇 시간씩 울었고, 학교에 가서 겪어야 할 일들을 생각하는 것만으로도 구토가 나기 시작했어요.(훌쩍이며, 잠시 멈춤) 제가 뭘 잘못한 건지 알아낼 수 없었어요. 저에게 무슨 문제가 있길래 그 애들이 절 그토록 싫어하는 건지 알 수 없어요.

치료사: (침묵 후 친절하게 말을 꺼내며) 끔찍하군요, 제니. 그런 일이 일어났다니 정말 안타까워요.

제니: (눈물을 흘리며) 진짜로 끔찍했어요. 제 생에 최악의 기억이에요.

치료사: 그렇다면 사회적 상황들이 당신에게 아주 위험한 것으로 학습될 수 있었다는 것이 이해가 가나요? 지금까지도, 당신은 그런 식의 따돌림이 다시 일어날 수도 있다고 상상하고 그런 상상이 당신을 공포에 질리게 할 수 있는 것이 이해가 가나요?

제니: (고개를 들고, 다소 밝아진 표정으로) 그러네요.

치료사: 당신의 잘못인가요?

제니: 아뇨. 그건 제 잘못이 아니에요.

위의 사례에서, 우리는 앞에서 언급한 몇 가지 주제들이 작용하는 것을 볼 수 있다. 제니는 내재적 수치심('나는 문제가 있어.')과 외재적 수치심('다른 사람들이 나를 좋아하지 않을 거야.') 모두의 영향으로 어려움을 겪고 있으며 이는 수년 전에 일어났던 사회적 배제 경험과 연관되어 있다. 이 수치심과 관련된 공포는 제니로 하여금 자신에게 아주 도움이 될 만한 사회적인 활동을 회피하게 하는 결과를 가져왔다.

이 사례에서, 치료사는 제니의 감정과 그것을 촉발시키는 생각들을 두 가지 방식으로 재빠르게 탐색하고 탈병리화하고 있다. 우선, 치료사는 제니의 마음에서(그녀가 두렵게 느끼기로 선택한 것이 아니라는) 감정의 역동이 어떻게 일어나는지 인식하게 유도했다. 또한 진화 모델을 참조하여 제니가 자신의 감정이 개인적인 결점이 아니라 위협을 감지하고 반응하도록 진화한 뇌의 타당한 대응임을 이해할 수 있게 했다. 두 번째로, 치료사는 제니가 겪은 사회적 배제의 경험을 고려했을 때 그녀의 두려움이 이해할 만한 것임을(어떻게 그 경험이 사회적 상황에서 실수하는 것을 매우 두렵게 만들고 타인들이 그녀를 배척할 것이라는 생각을 학습하도록 했는가를) 탐색하도록 촉진했다. 그렇게 함으로써 치료사는 사회적인 조건이 생각과 감정에 강력한 영향을 줄 수 있다는 사실을 그녀에게 가르치기 시작했다.

'자비'가 언급되지는 않지만, 우리는 대화의 전반에 걸쳐 암묵적인 과정과 명시적인 내용 모두에서 자비가 어떻게 적용되고 있는가를 볼 수 있다. 제니의 경험이 얼마나 끔찍했을지에 대한 친절한 인정, 그녀가 경험한 공포를 자세하고 용기 있게 살펴보려는 의지, 경험을 판단하고 낙인찍는 관점으로부터 이해하려는 관점으로의 전환, 그리고 제니의 감정적 반응이 어떤 의미를 갖는가에 대한 탐색의 과정과 내용에서 우리는 자비를 발견할 수 있다. 마지막으로, 우리는 이러한 대화의 전개 과정이 제니가 안전감과 용기를 느낄 수 있게 하고 있으며, 또한 그녀가 피하려고 했었던 수치스러웠던 트라우마 경험을 자연스럽게 떠올리고 탐색하도록 돕고 있음을 볼 수 있다.

요약

이 장에서, 우리는 CFT의 기원과 치료를 이끌어 가는 몇 가지 핵심 주제를 살펴보았다. 내담자의 경험을 수치스럽지 않게 탈병리화 하기, 고통에 접근해서 작업하기 위한 자비와 용기, 판단에서 이해로의 관점 전환, 그리고 안전감의 경험을 촉진하기와 같은 주제들은 CFT의 과정과 내용에 깊이 녹아들어 있다. 2장에서 우리는 자비라는 주제를 더 깊이 탐구하고 치료 회기에서 그것이 어떻게 적용되는가를 알아볼 것이다.

CFT Made Simple 2장

자비에 관하여

CFT에서 자비는 고통에 대한 민감성과 고통을 경감하고자 하는 동기로 정의하며, 이는 사전적 정의와 달라이 라마가 말한 자비의 의미와 모두 일치한다. CFT의 맥락에서, 자비는 내담자들이 추구해야 할 여러 가치들 중 단지 하나에 불과한 것이 아니다. 물론, 누군가는 자비를 일생 동안 추구할 가치로 선택할 수 있을 것이다(우리는 분명 그것을 장려할 것이다). 다른 무엇보다도, CFT에서 자비는 **고통을 향한 지향성이다.** 자비는 고통을 다루고 경감하려는 유익한 동기를 갖고 **고통에 다가가도록** 우리에게 힘을 불어넣어 준다. 잠시 이 정의를 분석해 보자.

자비의 맥락에서, 민감성은 **고통을 자각하는 능력이며,** 또한 이러한 자각을 통해 **고통을 기꺼이 느끼려고 하는 자발성이라고** 할 수 있다. 만일 우리 마음이 균형을 잃고 위협이나 추동에 강하게 사로잡혀 있다면, 고통을 의식하지 못하고 있는 자신을 발견하게 될 것이다. 이것은 우리가 고통에 관심을 갖지 않는다는 뜻이 아니다. 우리가 위협에 강렬하게 집중되어 있거나 목표를 추구하는 데 온통 사로잡혀 있을 경우, 다른 사람의 고통을(혹은 자기 자신의 고통

마저도) 감지하지 못한다는 의미이다.

내담자들이 위협 경험에 몸과 마음을 장악당한 채로 세상을 살아간다면, 고통을 직면하는 것은 감당하기 어려운 일이 될 것이다. 이런 상황에서 우리는 왜 내담자들이 강렬한 고통을 줄이기 위해 회피 전략을 사용하는가를 이해할 수 있다. 반대로, 내담자들이 회피하지 않고 감정을 관찰하는 마음챙김 능력과 안전감을 경험하는 능력에 의해 위협과 추동의 감정들을 완화하고 조절할 수 있다면, 자신의 고통을 알아차리고 압도되지 않으면서 따뜻하게 접근하는 방법을 배울 수 있을 것이다. 회피는 주의 깊고, 자발적이며, 자비로운 자각에 길을 내어 줄 것이다. '나는 지금 무척 마음이 아파. 배우자와의 말다툼으로 버림받을지 모른다는 공포를 느끼고 있어. 내가 감당하기 어려운 상황이야.' 이러한 가능성을 염두에 둔다면, 내담자가 계발하도록 도와야 할 자비의 첫 번째 요소는 **정서적인 용기**임을 알 수 있다. 이것은 이런 경험들과 작업하기 위해, 어려운 느낌들과 기꺼이 접촉하고 연결하고자 하는 용기이다.

자비의 두 번째 요소는 괴로움을 줄이고 예방하기 위한 친절한 동기이다. 괴로움이 닥쳐 올 때, 그것을 줄이기 위해 도움을 구하는 것이 당연해 보이지만, 수치심과 자기-비난의 오랜 내력을 가지고 있는 내담자들에게는 그렇지 않다. 이러한 내담자들은 자신에게 어려움과 고통이 일어났을 때 도움을 구하기보다는 자신을 공격한다. 이들은 이런 경험을 '나는 뭔가 잘못됐어.'라고 생각하며, 자신이 나쁘고, 문제가 있고, 가치가 없다는 것을 입증하는 증거로 해석한다. 다른 내담자들은 이런 경험과 융합되어 반추와 위협에 초점을 둔 생각과 정서에 사로잡힌 채, 경험으로부터 빠져나와 고통에 도움이 될 만한 행동을 하지 못하게 된다.

여기서 다시, 우리는 내담자들이 자신의 경험과 수치스럽지 않은 방식으로 관계하도록 돕는 것이 왜 중요한가를 보게 된다. 수치스럽지 않은 방식이란 위협 반응이 일어나기 시작할 때 그것을 주의 깊게 관찰하고, 스스로를 안전감과 연결하는 것이다. 이러한 방식은 자비로운 추론을 가능하게 한다. '난

이걸 견딜 수 없어.'와 같은 반추적 사고 대신 '이 괴로운 경험을 다루는 데 무엇이 도움이 될까?'와 같은 자비로운 질문이 일어나는 것이다. 더하여, 내담자들이 고통에 접근해서 작업하려는 유익한 동기를 갖도록 도우려면, 도움이 되는 활동에 참여할 수 있는 자신감을 키울 필요가 있다. 자신감은 삶의 고통과 작업할 수 있는 유용한 기술을 얼마나 갖고 있는가에 달려 있다. 우리는 내담자들에게 잘 기능하는 도구와 전략, 연습을 제공할 필요가 있다.

자비의 속성

자비의 정의에 대한 탐색을 했으므로, 이제 CFT에서 자비가 어떻게 조작화되는지 더 살펴보자. 자비의 조작화는 [그림 2-1]의 자비의 원에 시각적으로 묘사되어 있다. 이 그림에서 자비는 다양한 자비로운 기술들의 훈련을 통해 배양되는 속성들의 집합이며, 모든 속성들은 **따뜻함**으로 정의되는 치료적 맥락 안에서 일어난다.

CFT에서 자비는 고통과 어려움, 괴로움에 대해 능숙하고, 접근-중심의 지

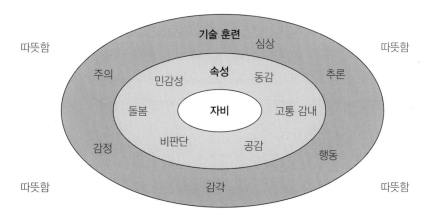

[그림 2-1] 자비의 원: 자비로운 속성과 기술들

(Gilbert, *The Compassionate Mind* [2009]에서 Little, Brown Book Group의 허락하에 발췌)

향을 촉진하는 다양한 속성들의 함양을 포함한다. 서로 상호작용하는 이러한 속성들은 내담자가 자비로운 용기를 발달시키도록 돕는 데 초점이 있다. 이를 통해 내담자들은 피하고 싶은 어려운 감정과 고통에 접근하고 다룰 수 있게 된다. 이 속성들을 간단하게 살펴보자.

민감성

앞서 말한 것처럼, 민감성은 자비에 대한 우리의 정의에서 핵심 요소이다. 이 맥락에서, 민감성은 내담자들이 고통스럽고 괴로운, 어려운 경험에 주의를 기울이도록 돕는 것을 말한다. 이러한 개방성은 내담자들의 습관적인 대처 방식이라고 할 수 있는 회피와 극명한 대조를 이룬다. 민감성은 이러한 경험들을 알아차림으로써, 내담자들의 의식에 이러한 경험들이 포착되는 것을 말한다. 삶의 어려움을 회피하는 대신, 우리는 내담자들이 적극적이고 능동적으로 고통에 주의를 기울이고 접촉할 수 있도록 돕는다.

동감

자비의 맥락에서 민감성은 모든 일이 원하는 대로 되지 않는다는 현실을 냉정하게 알아차리는 것이 아니다. 그것은 자신 혹은 다른 고통받는 존재와 연결되는 느낌을 포함하는 따뜻함으로 채워진 자각이다. 동감은 고통받는 존재에 대해 아파하는 느낌을 포함한다. 즉, 우리는 그들의 고통을 느낀다. 동감은 내담자들이 치료에 자주 가져오는 자기-비난이나 수치심과 극명하게 대비된다는 점에서 중요하다. 동감은 자기 대 자기와 자기 대 타인의 관계를 부드럽게 만들어 준다. 내담자들이 자신에 대한 공격을 멈추고 자신의 고통(혹은 타인의 고통)을 느낄 수 있을 때, 쉽지 않은 일이라는 것을 인식하면서도, 고통과 직면해서 작업할 수 있는 동기가 일어난다. 자비를 통해 우리는 아픔을 느끼고 도우려는 마음을 내게 된다. 이것은 다음 속성으로 이어진다.

자비로운 동기

자비는 고통을 예방하거나 경감하고자 하는 진심어린 동기를 포함한다. 자비와 함께, 우리는 고통에 휩싸이지 않고 그것을 기꺼이 수용하고 관여할 수 있다. 자비로운 동기를 계발함으로써, 우리는 내담자들이 고통의 원인과 조건을 이해하려는 특별한 의도를 갖고 고통에 접근할 수 있는 동기와 용기를 키우도록 도울 수 있다. 이를 통해 내담자들은 고통을 예방하거나 경감하는 데 도움이 되는 행동에 참여할 수 있다. 우리는 내담자들이 돌봄과 관련된 사회적 정신틀(social mentality[1], 이에 대해서는 뒤에 논의할 것이다)로 전환하도록 가르치고 격려할 것이다. 이를 통해 내담자들은 위협감에 의해 소진되는 것이 아니라, 자신의 주의, 생각, 동기, 행동을 자신과 타인을 돕기 위해 사용할 것이다. 이러한 동기는 어려움을 향해 직면할 용기를 불러일으킬 수 있다. 돌봄의 동기는 무에서 창조되는 것이 아니다. 우리는 내담자들 안에 있는 자연스러운 돌봄과 양육의 역량을 일깨우기 위해 작업한다. 이러한 역량은 포유류 선조들로부터 진화된 것으로 어린 자손들의 생존을 지키기 위해 엄청난 고생과 위험을 무릅쓰게 했던 능력이다.

고통 감내

CFT는 변증법적 행동 치료와 같은 다른 치료 모델에서처럼(Linehan, 1993), 함양해야 할 주요 역량 안에 고통 감내를 포함한다. 고통과 그것을 초래한 요인을 직접적이고 적극적으로 다루기 위해서는 치료사와 내담자 모두에게 그

---

1) [역자 주] social mentality는 '사회적 정신틀'로 번역하였고, mentalization/mentalizing은 '정신화'로 번역하였다.

과정에서 오는 불편을 감당하는 능력이 필요하다. CFT에서 고통 감내는 불편을 기꺼이 견디려는 자발성과 자기를 진정시키는 능력의 함양 모두를 포함한다. 고통을 감내할 수 있는 능력은 고통에 접근해서 작업할 때, 우리가 안전감을 느끼고 보다 편안하게 삶을 유지할 수 있도록 돕는다.

비판단

CFT에서 자비는 내담자의 마음챙김 자각 능력의 계발 또한 포함한다. 앞서 기술한 민감성—알아차림—에 더해서, 자비는 자신의 경험과 수용적이고 비판단적인 방식으로 관계할 수 있는 능력을 포함한다. 자비를 키우면서 내담자들은 고통스러운 경험에 동반되는 판단, 낙인, 자기-비난 대신 이러한 경험을 이해하려는 자비로운 자각으로 대체하는 것을 배운다. 이는 자비의 마지막 속성인 공감으로 이어진다.

공감

동감이 고통을 함께 느끼는 것인데 반해, 공감은 고통받는 존재의 관점에서 그 고통을 이해하려는 노력을 말한다. 우리는 내담자들이 자신과 타인에게 일어나는 다양한 감정들을 깊이 들여다보도록 돕는다. 나는 진실로 무엇을 느끼고 있는가? 나의 이런 느낌을 어떻게 이해할 수 있는가? 자비로운 접근은 판단을 보류하며, 치료와 삶을 가로지르고 있는 감정이 보여 주는 풍경을 이해하려 애쓴다.

종합해 보면, 자비로운 속성들은 고통을 향한 강력한 지향성을 형성하며, 고통에 대한 자각에서 행동에 이르는 요소들을 아우르고 있다. 자비를 통해, 우리는 고통을 알아차리고, 느끼며, 도우려 한다. 이를 위해, 우리는 **고통을 감내**

하고, 고통과 어려움을 일으키는 원인과 조건을 비판단적이고 공감적으로 이해하기 위해 작업해야 한다. 이와 같은 동기와 이해가 만들어졌다면, 내담자와 치료사는 심리적 고통을 다룰 수 있는 다양하고 강력한 기법들을 활용할 수 있는 준비를 갖추었다고 말할 수 있다. 이것은 CFT가 일차적으로 다른 방법론에 기반한 치료 작업을 하는 치료사들에게 보조적으로 도움이 될 수 있는 이유이기도 하다.

자비로운 마음 훈련

자비로운 속성들을 기르도록 돕기 위해, CFT는 내담자들에게 자비로운 기술들을 훈련시킨다. 내담자들이 자비로운 속성들을 함양하도록 돕기 위한 기술-훈련에는 어떤 것이 있는지 살펴보자.

자비로운 생각과 추론

CFT에서 자비로운 사고 작업은 두 가지 차원을 가지고 있다. 먼저, 내담자들이 자신의 생각을 마음챙김의 방식으로 관계하도록 돕는다. 마음챙김은 생각을 비판단적으로 알아차리며, 밀쳐 내거나 사로잡히지 않고 그것을 단순히 정신적 활동으로 수용할 수 있게 한다. 두 번째는, 자비로운 방식의 생각, 추론, 이해를 발전시킨다. 이는 고통을 타당화하고, 진정시키며, 고통과의 작업을 격려하고, 능숙하게 집중할 수 있도록 돕는 사고방식이다. CFT에서 자비로운 사고방식은 유용성(helpfulness)으로 정의할 수 있다. 이러한 사고방식은 우리가 이 책에서 취하고 있는 단계적 접근의 여러 영역에서 나타날 것이다. 우선, 내담자들이 자신의 마음과 감정 그리고 자신의 삶에서 그것들이 어떻게 현재의 모습을 갖게 되었는가를 자비롭게 이해하도록 돕는다. 이후, 우리는 내담자들이 자비로운 사고방식을 함양할 수 있도록 돕는 데 초점을 맞춘다.

주의와 감각 초점화

CFT의 일차적인 목표는 내담자들이 주의를 능숙하게 다룰 수 있도록 돕는 것이다. 우선, 우리는 내담자들이 7장에서 소개하는 마음챙김의 함양을 통해 자비로운 자각을 계발하도록 돕는다. CFT에서 중심적인 역할을 차지하는 마음챙김은 내담자가 자신의 마음 안에서 생각과 감정이 일어나고 작용하는 방식을 더 잘 알아차리도록 도우며, 이러한 정신 활동들을 수용적이고 비판단적인 방식으로 다루고 관계할 수 있도록 돕는다.

CFT 치료사들은 또한 내담자들이 위협 감정의 관성적인 작용을 완화하고, 신체를 진정시키며, 자비로운 마음 상태를 준비할 수 있도록 특별한 감각-초점화 연습을 활용한다. 이 중 가장 많이 사용되는 연습은 4장에 소개되는 진정 리듬 호흡이다.

심상

CFT는 내담자가 힘겨운 감정과 작업하고 자신의 삶에서 자비를 계발하고 적용하도록 돕기 위해 심상을 폭넓게 사용한다. 9장에서 소개하는 자비로운 자기 연습이 가장 좋은 예라고 할 수 있다. 이 연습은 내담자들이 자비롭고 적응적인 버전의 자기를 계발하는 것을 목표로 한 심상 기반의 메소드 연기 연습으로서, 일련의 자비로운 힘을 발달시키기 위한 조직적인 틀을 제공한다. 또한 내담자들이 자기를 진정시키고 안전감을 만들어 내도록 돕기 위해 심상 연습을 사용한다.

느낌과 감정

CFT를 다른 인지 행동적 접근들과 구별 짓는 하나의 요인은 감정과의 작업에 큰 중요성을 둔다는 점일 것이다. 다른 치료들과 같이, CFT의 치료 작업 또한 내담자들이 어려운 감정을 다룰 수 있도록 돕는 것에 주안점이 있다. 그러나 CFT는 따뜻함, 친절, 용기, 친화감(자기 자신과 타인에 대한), 안전감과 같은 자비로운 느낌을 의도적으로 기르도록 하는 데 초점을 둔다. 이러한 작업들은 모두 앞서 언급한 다음과 같은 치료의 여러 층위 속에 내포되어 있다. 안전한 관계의 발달을 위한 기초로서의 치료적 **관계**, 감정과 그것이 작동하는 방식에 대한 자비로운 이해와 마음챙김 **자각**, 그리고 정서적 진정과 힘든 감정과 경험과의 작업을 위한 의자 작업, 노출 연습, 심상화 작업과 같은 **자비로운 기술의 배양** 등이다.

행동

자비의 두 번째 구성요소인 고통을 다루고 예방하려는 동기는 **자비로운 행동**이 없이는 완성될 수 없다. CFT는 내담자가 자비로운 행동의 레퍼토리를 개발하도록 돕는 것을 매우 강조 한다. CFT의 행동 작업은 내담자들이 고통의 원인을 이해하고 능숙하게 다룸으로써 의미와 충만감, 좋은 관계로 가득한 삶을 세워 나갈 수 있도록 돕는 데 초점이 있다. 이 작업에서, CFT 치료사는 행동주의 학습 이론을 통해 내담자의 어려움을 지속시키는 과거 내력과 조건을 이해하고, 내담자들이 자신의 고통을 자비로운 방식으로 관계하도록 돕는다. 이 작업을 통해 내담자들은 자신의 어려움이 스스로 선택하거나 통제할 수 없었던 사회적 힘에 의해 형성된 **학습된 반응**이나 대처 전략 때문이라는 것을 이해하게 된다.

추가적으로, CFT 치료사들은 내담자들에게 필요하다고 판단된다면, 경험적으로 지지된 다양한 행동적 개입을 활용한다. 여기에는 행동 활성화, 노출 작업, 사회 기술 훈련 등이 포함될 수 있다.

CFT에서 이와 같은 모든 전략들은 자비로운 동기와 이해를 조직하는 틀 내에서 사용된다. 위협적인 경험들을 완화하고 내담자의 동기와 활용도를 높이는 것이 이러한 기법들을 준비하는 핵심적인 이유이다. 우리는 내담자들이 이러한 행동과 전략들을 해야만 하는(그러나 별로 하고 싶지 않은) 것이 아니라, 자비로운 동기를 갖고 스스로를 돌보고 좋은 삶을 살기 위한 힘과 능력을 키우기 위한 노력으로 인식하기를 바란다.

요약

우리는 이 장에서 자비의 작업적 정의를 소개하고, 치료에서 계발하려고 하는 속성들 그리고 특정 기술들과 관련하여 CFT가 자비를 조작화하는 방식을 탐색했다. 서론에서 말했듯이, 이 책은 치료적 관계, 자비로운 이해의 계발, 마음챙김 자각의 함양, 그리고 자비의 계발과 적용과 같이 단계적인 치료적 접근을 취하고 있다. 각각의 단계들은 내담자들의 삶에서 자비가 발현될 수 있는 기반을 닦는 데 중점을 두고 있다. 여기에는 안전한 관계로 정의되는 치료적 환경 만들기, 자신의 경험을 형성해 왔던 자신이 선택하지 않은 생물학적, 사회적 힘들이 자신의 잘못이 아니라는 점에 대한 내담자의 이해를 촉진하기, 경험을 수용적이고 비판단적으로 자각하는 힘을 기르기, 자비로운 힘을 실천하기 위한 레퍼토리를 개발하기 등이 포함된다. 다음 장에서는 이 단계들 중 첫 번째로 CFT의 치료적 관계를 살펴본다.

자비로운 관계 맺기:
CFT에서 치료사의 역할

치료적 결과를 예측할 수 있는 가장 중요한 요인 중 하나가 환자와 치료사의 관계라는 사실은 잘 알려져 있다(Martin, Garske, & Davis, 2000). 치료 과정은 내담자들의 삶에서 가장 문제가 되고 자신에 대해 가장 좋지 않게 느끼는 점을 직면하고 탐색하도록 하기 때문에 두렵고 어려울 수 있다. 좋은 치료 관계는 상황이 어려워지더라도 내담자들이 어려운 감정과 외상적인 기억을 탐색하고 다루도록 용기를 북돋우고, 그들이 되고 싶은 자신과는 맞지 않는 행동을 직면하기 위해 필요한 자기-수용과 자신감을 지원하며, 다른 사람들과 어떻게 좋은 관계를 맺고 유지할지에 대한 귀중한 모범을 제시한다(Kohlenberg & Tsai, 1991; Tsai et al., 2009, Holman, Kanter, Kohlenberg, & Tsai, 2016).

많은 내담자들은 누구와도 신뢰 있고 안전한 관계를 맺어 본 적이 없었을 뿐 아니라, 타인과의 관계에서 안전하지 않은 느낌을 학습했을 수도 있다. CFT의 여러 치료적 과업 중에는 치료사들이 치료적 관계의 맥락 안에서 수행해야 할 다양하지만 연관되어 있는 역할들이 있다. 이 장에서 우리는 CFT

에서 치료사의 다양한 역할과 CFT 치료사가 그것을 어떻게 몸에 익힐 수 있는가에 대해 다룬다.

다양한 과제들을 위한 다양한 역할들

전형적인 CFT 치료에서 치료사가 촉진하고자 하는 중요한 몇 가지 과정들이 있다. CFT의 전반적인 과정은 안내를 통한 발견이라고 할 수 있으며, 내담자들은 자신의 감정이 어떻게 그리고 왜 그러한 방식으로 작동하는가를 배우고, 어떻게 그 경험과 자비롭게 관계를 맺고 작업할지를 배우게 된다. 내담자들은 두려움을 느끼는 감정과 삶의 상황들을 탐색하고 작업할 수 있도록 허용하는 안전한 치료적 관계의 맥락 안에서 자비와 마음챙김을 배운다. 이런 식으로, CFT의 과정과 내용은 일관성을 가지며 서로를 심화하고 강화한다. CFT에서 치료사들은 진화론적 모델을 가르치는 교사이고, 안내를 통한 발견 과정의 촉진자이며, 탐색의 안정적인 기반이자, 자비로운 자기의 모델로서 기능한다. 이러한 역할들을 탐색해 보자.

CFT 모델의 교사

CFT를 통해 내담자들은 아주 많을 것들을 배울 것이다. CFT를 다른 접근들과 구분하는 한 가지는 진화론적 모델에 단단히 뿌리내리고 있다는 점이다. 4장과 5장에서 살펴보겠지만, 치료의 초기 목표는 내담자들이 자신의 기본적인 동기와 감정들을 진화의 맥락에서 이해하도록 돕는 것이다. 진화의 렌즈를 통해서, 내담자들은 혼란스러운 감정과 동기들이 가진 의미들을 더 많이 이해할 수 있다. 내담자들은 이것들을 개인적인 결점이 아니라, 우리 조상들에게 엄청난 생존 가치가 있었기 때문에 우리에게 유전되어 온 것으로 보게 된다. 또한 다양한 감정들의 진화적인 기능을 배우고, 이러한 감정들이 주의, 생각과 추론, 정신적 심상, 신체적 경험, 동기, 행동에 어떠한 역할을 하는가를 알게 된다. 내담자들은 또한 '구뇌'의 정서와 동기가 정신적 심상, 상징적 사고, 반추와 같은 '신뇌'의 역량과 상호작용하는 복잡한 방식과, 이러한 역동이 성장 과정의 사회적 힘들에 의해 어떻게 형성되는가에 대해 배운다. 이러한 인식을 통해 내담자들은 자신과 타인에 대한 자비의 토대를 마련할 수 있으며, 자신의 정신적 경험과 발달에 강력한 영향을 준 요인들이 자신의 선택이나 설계가 아니었다는 자각을 키워 나가게 된다(Gilbert, 2009a; 2010; 2014).

내담자들이 자신과 자신의 마음을 더 잘 이해하도록 도우면서, 우리는 내담자의 애착 내력이나 학습 이력, 그리고 사회적으로 자기를 형성하는 데 기여한 다양한 요인과 경험들 또한 탐색할 것이다. 각 단계에서 우리는 내담자들이 현재의 자기와 자신의 마음이 작동하는 방식에 영향을 주었던 원인과 조건들에 대한 보다 깊은 통찰을 계발하도록 돕는다. 또한 우리는 내담자들에게 자비는 무엇이고 무엇이 아닌지, 어려운 감정과 삶의 상황을 다루기 위해 자비를 어떻게 적용할 수 있는지를 가르칠 것이다.

특히 치료의 초기에 CFT 치료사는 내담자들이 위에 기술한 통찰을 하도록 돕기 위해 교사의 역할을 하기 때문에, CFT가 다른 치료 모델에 비해 다소 내용이 많다고 느껴질 수 있다. 당신이 상상할 수 있듯이, 이러한 교육이 능숙하게 이루어지지 않는다면, 내담자들의 경험을 비타당화하는(invalidating) 결과를 낳을 수도 있다. 두렵지만 용기를 내어 치료를 결정하고 치료사에게 삶의 가장 어려운 부분을 이야기하려고 마음먹었는데, 겨우 진화에 대한 강의를 듣는다고 상상해 보라! 이러한 이유로 내담자들이 자신의 마음에 대해 배우도록 돕는 것뿐 아니라, 그들의 경험을 타당화하고, 자비를 전달하며, 치료적 관계를 확립하고 강화하도록 도울 수 있는 교육 방법을 발견하는 것이 중요하다. 이와 같은 방법들에 대해 탐색해 보자.

CFT 모델을 내담자의 삶의 경험과 연결하기

기능 분석 심리치료(FAP)와 같은 다른 치료 모델과 마찬가지로, CFT 모델을 가르치는 최선의 방법은 상호작용 과정을 통해서일 것이다. 상호작용 과정을 통해 우리는 내담자들이 CFT 모델을 자신의 감정, 동기, 사회적 내력에 관한 삶의 경험과 연결하도록 돕는다(Kohlenberg & Tsai, 1991; Tsai et al., 2009; Holman et al., 2016). 이것은 우리가 진화적 기능 분석(Gilbert, 2014)이라 부르는 작업을 포함하는데, 이 분석을 통해 내담자들은 자신의 감정이 현재의 삶에서 어떻게 작동되고 있는가를 감정의 진화적 기원과 관련지어 고찰하게 된다. 이러한 방식으로, 내담자들에게 진화 모델을 교육하는 것은 내담자의 호소 문제에 대한 상세한 기술과 같은 가장 기본적인 치료 요소들과 엮일 수 있다. 이에 대해 앞으로 더 상세히 다루겠지만, 하나의 예를 들자면 내담자들은 어려워하는(두려움이나 분노와 같은) 감정의 역동들이 진화적 맥락을 고려했을 때 어떻게 그럴 만한지 이해하도록 안내된다. 예를 들어, 위협 감정들은 지각된 위협의 원천을 향해 주의와 추론을 협소화시킨다. 그 위협이 며칠 전 일어났던 사회적 상호작용이고, 그 상황에 대한 반추적인 생각을 멈출 수 없을 때 이러한 협소화는 좌절스러울 수 있다. 그러나 우리는 이러한 협소화가 우리 조상들이 가진 생존 가치라고 볼 수도 있다. 우리 조상들은 살아남아서 유전자를 후손에게 물려주기 위해서 신체적인 위협을 줄 수 있는 대상을 향해 즉각 주의를 기울여야 했을 것이다.

이러한 과정은 매우 강력할 수 있다. 치료사의 신뢰에 관한 연구와 일관되게 나는 내담자에게 감정이 마음속에서 작용하는 방식에 대한 정보를 제공하고, 그것이 그들의 경험과 일치할 때(그리고 그 이유에 대해 깊이 있게 이해할 때), 치료사로서 나에 대한 신뢰가 급격히 상승하고 치료적 영향력도 증가한다는 것을 발견했다(Hoyt, 1996). 치료사가 내담자들의 삶의 경험과 일치하는 이야기를 할 때, 내담자들이 어려운 감정을 치료사와 함께 나눌 가능성은 훨씬 더 커진다.

　　CFT에서 내담자들에게 자비에 대하여 가르칠 때, 우리는 다양한 심상 작업이나 조망 수용 연습과 함께 현재 순간의 정서적인 작업을 치료에서 활용한다. 세심한 주의를 기울인다면, 우리는 내담자들이 자신이나 타인이 과거에 경험했던 고통을 **지금 이 순간**에 느끼고 있음을 관찰할 수 있다. 자비의 렌즈를 통해 깊이 들여다본다면, 우리는 내담자가 느끼는 슬픔, 비탄, 심지어 분노와 같은 감정들을 자비의 첫 번째 구성요소인 고통에 대한 민감성의 훌륭한 예로서 볼 수 있으며, 이러한 사실을 내담자에게 알려줄 수도 있다.

치료사: 당신은 자라면서 얼마나 힘들었는지를 이야기할 때 감정적이 됩니다. 학교에서 따돌림을 당할 때, 그리고 집에서 아버지의 분노를 마주할 때 얼마나 끔찍했는지에 대해서요.

조쉬: 네, 끔찍했어요. 아시겠어요, 전 그저 아이이길 원했어요. 전 그저 뛰어놀고 싶었을 뿐이고, 항상 두렵지 않기를 원했어요. 누가 나를 때리지 않을까 걱정하지 않기를요. (수심에 잠긴 표정을 짓고, 머리를 천천히 앞뒤로 흔든다.)

치료사: 가슴이 아파 오지 않나요, 어릴 적 당신의 모습을 떠올리면요…… 그 어린 소년은 그저 놀고, 친구를 사귀고, 안전하기를 원했던 거죠. 그 아이에게, 어린 시절의 당신에게 그것이 얼마나 끔찍했는지를 알아차리면 가슴이 미어지지요.

조쉬: (조용해지며) 그런 식으로 생각한 적은 없어요. 아마 끔찍했던 것 같아요. 어떤 아이든 그런 일을 겪어서는 안 돼요. (고개를 흔들고, 약간 눈물짓는다.)

치료사: 제가 짐작하기로는 당신이 싸우고 있는 분노 뒤에는 많은 상처와 슬픔이 있는 것 같아요. 어린 시절의 당신이 겪어야만 했던 것들에 대한 슬픔이요.

조쉬: 맞아요, 슬픈 것 같아요. 왜 나를 돌봐주는 아버지가 없었을까, 그리고 나를 괴롭히는 양아치들이 아니라 나랑 함께 노는 친구가 왜 없었을까? 어떤 아이라도 그보다 못하지는 않았을 거예요.

치료사: 그 말 들리나요, 조쉬? 당신이 방금 한 말이요. 그게 바로 자비예요. 바로 그겁니다. 자비는 우리의 마음을 어린 소년의 고통에, 당신의 고통에 열리게 합니다. 그리고 우

리가 그 아이를 위해 무언가 해 줄 수 있기를 바라죠. 당신이 느끼는 분노, 고통, 슬픔…… 이런 감정들이 그 소년이 얼마나 힘들었는지 어느 정도 알게 해 주고, 또 다시는 그렇게 상처받고 싶지 않은 마음 때문에 그런 감정들이 일어난다고 생각하나요?

조쉬: 많은 부분이요.

치료사: 그렇다면 우리가 그 아픔과 가슴앓이, 심지어 분노까지도 당신이 겪었던 고통에 대한 자비로운 민감성으로 이해한다면 어떨까요? 이런 감정들을 느끼는 자신을 공격하는 대신에, 고통에 대한 작업을 하는 스스로를 돕기 위해 이것들을 사용할 수 있다면? 당신이 안전하게 느끼도록 돕고, 당신이 되고자 하는 사람이 되도록 작업하는 것을 도울 수 있다면 어떨까요?

조쉬: (숙고하는 표정을 짓고 고개를 끄덕인다.) 그거 좋네요.

내담자들이 자신의 현재 정서적 어려움과 과거에 경험했던 고통 사이의 연결고리를 보도록 돕는 것은 자비에 대한 이해를 강화할 수 있으며, 또한 자신의 감정에 대한 수치심이나 부정적인 반응을 완화함으로써 감정을 병리화하는 것을 멈추도록 도울 수 있다. 내담자들은 이전의 감정에 대한 회피 행동을 자연스러운 반응으로 이해할 수 있을 뿐만 아니라, 자비의 두 번째 요소인 유익한 추론과 행동을 창조하는 계기로 활용할 수도 있다.

보조 자료의 제공

'교육 부담'을 줄이기 위한 한 가지 방법은 내담자들이 치료 회기 밖에서 읽고, 듣고, 볼 수 있는 자료를 제공하는 것이다. New Harbinger 웹사이트(http://www.newharbinger.com/33094)에서 이 책에 대한 내담자용 유인물, 연습용 안내 오디오, 기타 임상가를 위한 자료들을 찾아볼 수 있다. Compassionate Mind Foundation의 웹사이트(http://www.compassionatemind.co.uk)에는 많은 CFT 임상가들이 개발한 자료들을 손쉽게 공유할 수 있는 CFT 이메일 리스트에 들어가는 방법이 나와 있다. 많은 CFT

치료사들이 다른 치료사들이 개발한 자료들을 활용하며, 자신의 내담자들의 필요에 맞게 자료들을 적용한다. 당신도 이와 같은 방법을 사용해 보고, 당신이 개발한 자료를 CFT 메일링 리스트에 공유함으로써 내담자들을 돕기 위한 자료를 확장하는 데 기여해 주기를 바란다. 마지막으로, 자기계발서인 『자비로운 마음(Compassionate Mind)』 시리즈는 불안이나 사회적 자신감, 트라우마, 분노, 섭식 장애와 같은 특정한 내담자 문제를 위한 맞춤형 CFT 모델을 제시하고 있으며, 개인 심리치료 장면에서 쉽게 활용될 수 있다. 이러한 자료들은 회기 중간에 내담자들이 CFT 모델에 대한 이해를 심화할 수 있도록 돕는다.

궁극적으로, 우리는 치료에서의 '교육'이 안내를 통한 발견의 과정에서 이루어진다는 점을 명심해야 하며, 이는 CFT에서 치료사의 다음 역할인 촉진자(facilitator)로 넘어가는 좋은 전환점이다.

안내를 통한 발견의 촉진자

CFT의 전반적인 과정은 안내를 통한 발견의 과정으로서, 내담자는 자비의 관점에서 자신과 자신의 정신적 경험, 그리고 다른 사람들과의 관계맺기를 배운다. 2장에서 살펴본 바와 같이, CFT에서 자비의 계발은 다양한 측면을 가진 과정이다. 치료사는 이 과정의 촉진자로 기능하며, 내담자들이 자비로운 이해와 추론, 공감, 정신화, 고통 감내, 지혜와 같은 역량을 키울 수 있도록 경험적 학습의 기회를 제공하기 위해 작업한다(Gilbert, 2009a; 2010). 촉진자로서의 역할을 위해 치료사는 지혜와 탐구의 관점을 갖고 작업한다. 치료사는 촉진시켜야 할 전반적 과정에 대해 이해하고 있으며, 내담자들의 삶에서 일어나는 특정한 역동을 발견하기 위해 그들과 협동적으로 작업한다. 이 역할은 치료에서 사용되는 다음과 같은 형태의 언어적 상호작용과 개입을 통해 이루어진다.

소크라테스식 대화

다른 몇몇 치료 모델과 마찬가지로, CFT는 내담자들이 자신의 경험을 탐색하도록 돕기 위해 소크라테스식 대화법을 폭넓게 사용한다. 소크라테스식 상호작용은 내담자가 자신과 타인의 느낌과 동기, 행동 그리고 이러한 경험을 일으키고 유지하게 하는 원인과 조건을 깊이 관찰할 수 있도록 설계된 질문과 성찰적인 재진술을 포함한다. 소크라테스식 대화법을 활용하는 방법은 무수히 많다. 여기에는 1장의 제니의 사례에서 살펴보았던, 생각과 감정에 대한 내담자의 자각 증진, 진화 모델 교육, 정신화 촉진, 행동의 기능적 분석, 그리고 자비로운 관점으로의 전환 촉진 등이 포함된다. 다음은 내가 실제 CFT 치료 작업에서 자주 사용하는 소크라테스식 대화법의 몇 가지 예이다.

- 우리가 당신의 과거에 대해 알고 있는 것을 고려해 본다면, 당신이 그런 식으로 느끼고/생각하고/행동하는 것을 어떻게 이해할 수 있나요?
- (정서적인 전환을 나타내는 비언어적인 행동을 알아차린 다음): 방금 무슨 일이 일어났나요? 지금 당신에게 어떤 느낌이 일어났죠?
- 만일 당신이……(내담자가 회피하고 있는 행동을 제시) 무엇 때문에 그것이 위협적인가요? 만일 그 일을 한다면, 무서워하는 어떤 일이 벌어질까요?
- 당신이 직장에서 이 문제를 다루려고 할 때 안전한 느낌을 가지려면 무엇이 도움이 될까요?
- 만일 당신이 정말 걱정하고 도와주고 싶은 사람이……(내담자가 직면하고 있는 문제와 비슷한 상황을 제시)에서 어려움을 겪고 있다면, 친절하고, 지혜롭고, 자신감 있는 당신의 자비로운 자기는 그 사람이 어떤 것을 이해하길 바랄까요? 당신은 어떻게 그 사람을 위로하고 격려할 수 있을까요?

소크라테스식 대화법의 핵심은 내담자가 자신의(그리고 다른 사람들의) 경험에 대해 **적극적인 방식으로** 탐색할 수 있도록 촉진함으로써, 치료사가 제공

하는 해석에 의해서가 아니라 내담자 자신의 자각을 통해 통찰이 일어나게
하는 것이다.

체험적 연습

이 책 후반부에는 CFT 치료사들이 활용하는 많은 기법들이 제시되어 있
다. 그중 다수는 내담자의 체험적 학습과 자비로운 역량 계발에 중점을 두고
있다. 이러한 전략에는 마음챙김 연습, 안내를 통한 심상화 작업, 조망-수용
연습, 의자 작업, 그리고 사고와 행동 실험 등이 있다. 우리는 앞으로 계속해
서 이것들을 깊이 있게 다룰 것이다. 촉진자로서의 치료사 역할은 이러한 전
략들을 활용하는 전반적인 치료 과정에서 일관되게 유지된다. 여기에는 준
비 설명을 제공함으로써 연습을 위한 무대 만들기, 연습의 전 과정을 통해 내
담자를 안내하기, 일어날 수 있는 장애를 확인하고 다룰 수 있도록 지원하기,
그리고 내담자가 연습을 마친 후 연습 경험에 대해 탐색하도록 돕기 등이 포
함된다.

예를 들어, 마음챙김 연습의 경우, 치료사는 우선 내담자에게 연습에 대한
기본적인 설명과 함께, 흔히 일어나는 장애들을 피할 수 있는 방법을 제공한
다(여기에 대해서는 7장에서 살펴볼 것이다). 치료사는 마음챙김 연습 전반에 걸
친 상세한 지시를 주도적으로 안내하고, 내담자가 연습에 익숙해지면 점차
안내를 줄여 간다. 연습을 마친 후, 치료사와 내담자는 내담자가 연습하는 동
안 관찰하고 배운 것들 그리고 장애물들에 관해 토론하는 시간을 갖는다.

대인관계 역동 탐색하기

다른 치료 모델에서와 마찬가지로, CFT 치료사들이 치료적 관계 안에서
일어나는 상호작용의 패턴에 대해 내담자와 대화하는 것은 드물지 않다. 때
로, 내담자들은 바깥에서의 관계를 반영하는 반복적인 관계 패턴을 치료 안
에서 보인다(Teyber & McClure, 2011). 우리는 내담자들의 저항, 굴복적이거

나 소극적인 관계 방식에 반응하는 대신, 이러한 관계 방식의 의미를 이해하려 한다. 치료 안에서 우리 사이에 무엇이 일어나고 있는가에 대해 이야기하는 것은 이러한 역동에 대한 자각을 일으킬 수 있으며, 내담자가 이전에는 자각하지 못했던 문제가 있는 관계 패턴을 어떻게 작업하는 것이 최선인가에 대해 숙고해 볼 수 있는 여지를 마련한다. 이러한 작업은 협력적이고, 수치심을 불러일으키지 않는 방식으로 이루어질 수 있다. "나는 우리가 지금 어떤 패턴에 빠지고 있다는 것을 발견했어요. 나는 당신에게 도움이 되지 않아 보이는 많은 제안을 하고 있고, '거절당하는' 느낌을 받아요. 당신은 어떤지 말해 준다면 앞으로 어떻게 하는 것이 최선인지 생각해 볼 수 있을 것 같아요. 어떤가요?" 혹은 "나는 우리 관계에서 일어나고 있는 것처럼 보이는 무언가를 알아차렸어요. 당신은 다른 관계에서도 이런 패턴이 나타나는 걸 알아차린 적이 있나요?"

장애물과 협력적으로 작업하기

앞서 제시된 마음챙김 사례에서, 당신은 연습 준비와 사후 논의 단계 모두에서 연습 과정에서 나타날 수 있는 장애물들에 대해 많은 주의가 기울여지고 있음을 볼 수 있을 것이다. 치료를 방해하는 장애물들이 빈번히 나타나기 때문에 이러한 작업은 중요하며, 이것들과 작업할 수 있는 준비가 필요하다. 치료에서의 장애물에 관해 전체적으로 다루고 있는 책들도 상당히 많다(예: Leahy, 2006; Harris, 2013). 내담자들이 치료 작업을 모호하게 이해하고 있거나 오해함으로써 장애가 일어날 수 있다. 때로는 동기 부족이 장애물이 되기도 한다. 또 다른 경우,(연습을 기억하지 못하는 등의) 내담자의 실천 부족이 방해가 되기도 한다. 우리는 특정 연습에 대한 사람들의 경험이 어떠할지에 대해 완전하게 예측할 수는 없다. 하지만 연습이나 집에서 하는 과제를 소개할 때 우리가 기대했던 바가 엉망이 되는 때도 있다는 사실은 확실하다.

CFT에서 우리는 언제나 치료적 관계가 협력적이기를 원하며, 내담자와 치료사는 내담자의 삶의 어려움을 다루는 방법을 발견하고 자비로운 성장을 촉진하기 위해 함께 작업한다. 치료에서의 장애물과 작업해야 할 때 이러한 협력은 특히 중요하다. 치료에서 어려운 상황이 발생하면, 치료사와 내담자 모두 위협을 느끼고 경직되어 치료사는 내담자에게 무언가를 지시하고, 내담자는 저항하는 패턴의 역할에 빠지기 쉽다. 이러한 역동이 일어나도록 허용되면, 치료적 관계에 손상을 주기 쉽다.

CFT에서 우리는 타인들과의 상호작용에 영향을 주는 진화된 정서-조절 체계와 진화된 동기적 지향성이라고 할 수 있는 사회적 정신틀을 중요하게 생각한다(Gilbert, 2014; 2010). 만일 내담자의 위협 체계가 작동하고(치료사 혹은 치료에 대해 위협감, 불안, 분노를 느끼는 등), 내담자가 방어적인 사회적 정신틀을 통해 치료사와 관계하고 있다면(즉, 치료사와의 상호작용은 자신이나 자신의 지위를 보호하기 위해 조직된다), 치료가 진전되기 어려울 것이다. 우리는 치료사와 내담자가 같은 입장에서 치료에서 필연적으로 일어나는 장애들을 탐색하고 다루기 위해 함께 협력적으로 작업하기를 바란다.

우리는 내담자의 반응, 감정, 행동에는 타당한 이유가 있다고 가정하며, 장애가 일어날 경우 자비로운 추론이 어떤 것인가를 보여 주려고 시도한다. 내담자의 행동을 저항이라고 판단하고 라벨을 붙이는 대신(그들은 매우 합당한 이유로 그럴 수 있다), 우리는 전체 치료 과정에 스며들어 있는 안내를 통한 발견의 과정과 내담자의 경험을 이해하기 위한 정신화 작업을 활용하여, 그 저항을 이해하려 할 것이다. 내담자가 이런 방식으로 반응하는 것을 어떻게 이해할 수 있는가? 이러한 장애물을 다루려면 무엇이 도움이 될까? 이것은 우리를 치료사의 다음 역할로 안내하는데, 탐사의 안정 기지 역할이 그것이다.

안정 기지

앞서 언급했듯이, CFT의 기본 목표는 진화된 정서와 동기 체계를 다루는 법을 학습하는 것이다. 정서적 안전감의 진화적 뿌리는 일차적으로 타인들과의 연결에(특히 양육자와의 돌봄 관계) 기초해 있기 때문에, John Bowlby의 애착 이론은 CFT에서 핵심적인 위치를 차지한다(Gilbert, 2010). Bowlby는 **애착 행동 체계**를 지각된 위협으로부터 유기체를 보호함으로써 생존과 재생산의 성공 가능성을 높이기 위해 진화된 것으로 보았다(Bowlby, 1982/1969; Wallin, 2007; Mikulincer & Shaver, 2007). 애착 이론은 치료적 관계의 본질로부터 시작하여, CFT의 많은 측면들을 설명해 준다.

애착 이론에서, 안정 기지는 탐사를 촉진하는 대인관계적 맥락으로 작용한다(Wallin, 2007; Ainsworth, 1963). 안정 기지는 근접성, 접근 가능성, 활용 가능성과 같은 특성들을 제공하는 안정 애착의 대상과 유사하게, 감당하지 못할 일이 생길 때 사람들이 돌아갈 수 있는 돌봄의 장소가 되어 준다. 안정 기지를 갖는 것은 새로운 것, 미지의 것, 위협적인 것에 대한 탐사를 촉진하는데, 왜냐하면 사람들이 지원과 위로가 필요할 때 돌아갈 곳이 있다는 것을 알기 때문이다. 여기서 가장 중요한 부분은 개인의 안전에 대한 **느껴진 감각**이다. 이것은 양육자가 정서적으로 반응적이고, 필요할 때 있어 줄 거라는 인식과 관련된다(Bowlby, 1973; Sroufe & Waters, 1977; Wallin, 2007).

애착 이론은 사람들이 성장하면서 애착에 기반한 **내적 작동 모델**을 발달시킨다고 가정한다. 내적 작동 모델이란 애착 관계의 내적 재현으로, 미래에 위협과 그에 대한 반응 방식에 영향을 준다(Wallin, 2007). 이것은 애착 유형에 따라 다르게 나타날 수 있으며, 비교적 지속적이지만 각각의 관계에 따라 다를 수 있다(Wallin, 2007; Mikulincer & Shaver, 2007). 이러한 애착 유형은 개인이 위협에 어떻게 반응하는가뿐만 아니라, 다른 사람과(도움이 되고, 다가갈 수 있는지 혹은 다가갈 수 없을지) 자신을(친절과 돌봄을 받을 만한지 혹은 그럴 가치가 없고 결함이 있는지) 경험하는 방식에 또한 영향을 준다.

심리치료 내담자 중 많은 이들이 불안정 애착의 역사를 가졌을 수 있다. 그들은 타인들은 필요한 때에도 다가갈 수 없거나 예측 불가능하며 혹은 내담자가 고통을 호소할 때 위안을 주기보다는 악화시키는 쪽으로 반응할 것이라고 학습했을 수 있다. 어떤 내담자들은 양육자들로부터 학대를 받거나 상처를 입었을 수 있고, 이에 따라 타인들과 연결되거나 소속되는 상황을 안전하지 않은 위협적인 것으로 느낄 수 있다.

우리는 치료사가 내담자들이 어려운 경험을 탐색하고 작업하기 위한 안정 기지로 기능하는 것의 중요성에 대해 점점 더 알아가고 있다(Wallin, 2007; Knox, 2010). 이 기능은 CFT에서 특히 중요하다. CFT의 우선적인 목표는, 내담자들이 안전 정서 조절 체계에 접속하게 함으로써 위협적인 경험과 감정이 일어난 상황에서도 안전감을 느낄 수 있도록 돕는 것이다. 인간 존재는 타인과의 소속을 통해 안전감을 느끼도록 진화해 왔으며, 이는 따뜻하고 안정적인 애착 관계를 통해 제공받는 안전한 느낌과 같다(Gilbert, 2009a, 2010, 2014). 안정 기지는 탐색뿐 아니라 자신감과 자기−계발 또한 촉진한다(Feeney & Thrush, 2010). Mario Mikulincer, Philip Shaver와 동료들이 수행한 안정 애착 경험과 자비, 공감, 이타적 행동의 증진의 연관성에 관한 일련의 연구들은(Mikulincer et al., 2001; Mikulincer & Shaver, 2005; Gillath, Shaver, & Mikulincer, 2005) 내담자들이 자비로운 특성들을 계발하도록 지원하는 것을 강조하는 CFT의 치료 지향과 일치하는 결과를 보여 준다.

내담자들을 위한 안정 기지로 작용하는 CFT 치료사들은 치료 회기 내에서 자비로운 특성들을 구현하고자 한다. 우리는 치료의 전반적인 맥락이 따뜻한 분위기이길 원한다. 이러한 분위기에서 내담자는 어려운 감정들을 접촉하고 탐색할 때 수용되고, 경청되며, 지지받고, 격려받는 느낌을 가질 수 있다. Mikulincer와 Shaver(2007)는 안정 기지로서의 치료사의 역할을 다음과 같이 설명한다.

> 치료사들은 안전과 위안, 무조건적인 긍정적 존중을 제공해야 하며, 또한 내담자들이 고통스러운 기억과 생각, 느낌을 탐색하고 표현하면서 경험하는

어려움을 다룰 수 있도록 도와야 한다. 그들은 또한 내담자가 고통과 문제가 되는 삶의 상황을 다룰 수 있는 능력이 있음을 인정해야 하고, 부적절한 해석을 제시하여 탐색을 방해하지 않아야 하고, 치료에서의 내담자의 노력과 성취를 존중하고 성원해야 한다. 다른 말로 하면, 좋은 부모와 마찬가지로 좋은 치료사는 내담자가 치료사에게 의지하여 안전과 지지를 얻을 수 있다는 확신을 주고, 내담자는 점점 더 자율적으로 괴로움을 다루는 것이 가능해지게 된다(pp. 410-411).

이러한 전반적인 맥락을 만들기 위해 치료사는 신뢰롭고, 주의 깊고, 공감적이어야 한다. 즉, 내담자의 정서적인 관점을 이해할 수 있어야 한다(Bowlby, 1988).

치료 목표로서 자기-자비의 계발을 의도적으로 염두에 두는 CFT의 관점에서, 안정 기지의 역할을 하고, 내담자 안에 안정 애착을 조성할 수 있는 치료사의 능력은 특히 중요하다. 자기에 대한 자비를 경험하기 어렵게 만드는 것은 불안정 애착의 내력 및 유형과 관련된다(Pepping, Davis, O'Donovan, & Pal, 2014; Gilbert, McEwan, Catarino, Baiao, & Palmeira, 2013). 많은 내담자들이 다른 사람들로부터 자비를 받아들여 그들 자신에게로 향하는 데 어려움을 보인다. 이런 어려움은 자비에 대한 공포라고 불린다(Gilbert, McEwan, Matos, & Rivas, 2011). 많은 문헌들이 자비에 대한 공포와 우울, 불안, 스트레스 경험 간의 관계에 대해 보고하고 있으며(Gilbert et al., 2013), 타인과의 안정 애착 경험은 자기에 대한 자비를 증가시킬 수 있다고 보고한 연구도 있다(Pepping et al., 2014). 따라서 내담자들이 어려운 삶의 경험에 용감하게 참여하고 자신과 타인을 위한 자비를 배양하는 능력을 증진시키기 위한 우리의 목표와 관련하여, 안정 기지로 작용하는 치료사의 능력은 중요하다. 우리는 여기서 더 나아가, CFT 치료사의 다음 역할인 자비로운 자기의 모델을 살펴볼 것이다.

자비로운 자기의 모델

CFT는 내담자들이 행복하고 의미 있는 삶을 살게 할 수 있는 자비로운 특성들을 계발하도록 돕는다. 우리가 2장에서 살펴보았듯이, CFT에서 자비는 특정 연습들을 통해 배양될 수 있는 속성으로 조작화되며, 이는 이 책의 후반부에서 다뤄질 것이다(Gilbert, 2010). CFT는 또한 내담자들이 마음챙김이나 정서적 용기와 같은, 연관된 다른 자비로운 역량들을 계발하도록 지원하는데, 이는 자비의 능숙한 적용을 위해 필수적이다. 종합해 보면, 내담자들이 적응적이고, 회복탄력성이 있으며, 자비로운 버전의 자기를 함양하도록 돕는 것이 우리의 목표이다. 이렇게 함양된 자기는 다른 모든 역량들을 통합하는 틀로 작동한다. CFT에서는 이를 **자비로운 자기**라고 부르며, CFT 치료사들은 최선을 다해 이러한 자비로운 자기의 생생한 구현이자 모델로 기능한다.

이것이 무리한 요구로 들리겠지만, 나는 우리가 치료사로서 완벽하고, 자비롭고, 깨달은 존재가 되어야한다고 주장하려는 것은 아니다. 실제로, 우리가 그러한 인상을 준다면, 아마도 내담자들은 우리와 편안한 관계를 맺기 어려울 것이다. 심리학자 Kristin Neff(2011, 2003)는 보편적 인간성을 자기-자비의 핵심 요소로 포함시킨다. 우리는 내담자들이 우리를 유능한 상담자이자 **동시에** 때로는 그들과 마찬가지의 어려움으로 고생하는 실제의 인간으로 경험하기를 바란다. 이러한 보편적 인간성은 내담자의 경험을 이해하는 우리의 능력에도 반영된다. 우리가 내담자의 괴로움을 이해하고 연결될 수 있는 이유 중 하나는 우리 또한 삶에서 그러한 측면들, 예컨대 슬픔, 공포, 분노, 불확실, 불안정, 분투를 경험했기 때문이다. 따라서 자비의 완벽한 모델이 되는 것이 요점이 아니다. 대신에, 우리는 내담자들이 계발하도록 돕고자 하는 바로 그 덕목들을 우리 안에서 재현하고 배양하여, 우리가 가르치는 것을 직접 실천하기를 원하는 것이다.

이러한 접근은 몇 가지 이점들이 있다. 첫째, 이러한 접근은 내담자들이 치료에서 키우고자 하는 자비로운 특성들의 살아있는 예시와, 그러한 특성들이 고통을 다루는 맥락에서 **실제로 어떻게 작용하는가**를 보여 준다. 우리는 모호한 동경의 대상으로서 자비를 지향하는 것이 아니라, 현실의 문제와 감정을 다루는 힘을 키움으로써, 실제 세상에서 자비를 실천해야 한다. 둘째, 내담자들은 치료사가 제공하는 자비의 수혜자이기 때문에, 그들은 안전한 치료적 환경의 맥락 안에서 자비를 받아들이는 경험을 하게 되며, 그들을 진정으로 돌보는 다른 사람들과의 관계적 맥락에서 점진적으로 안전감을 느끼는 것을 학습한다. 이것은 타인과의 관계에서 안전감을 느끼는 것이 매우 어려운 불안정 애착 유형을 가진 내담자들에게는 위안과 도전 모두를 줄 수 있다.

타인과의 관계에서 대체로 안전감을 느낄 수 있는 사람들에 대해서도, 치료 작업은 종종 어려운 감정이나 상황을 회피하는 경향을 극복하고 그것에 접근해서 다루는 방법을 가르친다. 이런 방식으로, 자비는 어려운 경험에 직접 관여하려는 의지, 즉 **정서적 용기**를 포함한다. 치료사로서 우리는 이 용기의 모델이 될 수 있고, 또한 내담자들이 용기를 키우도록 친절한 안내자가 될 수 있다. 자비의 용기는 두려움과 상처를 탐색하고 관여하고자 하는 자신감 있는 의지로서, 따뜻함과 진정성이라는 관계적 맥락 안에서 계발되어야 한다. 따뜻함은 치료사들이 보여 줘야 할 특히 중요한 특성으로서 내담자들이 두려워하는 것들을 탐색하는 데 있어 사회적인 안전감을 느낄 수 있게 하며 (Gilbert, 2010), 분투하고 있는 **자신**을 따뜻하게 대할 수 있게 한다. 물론, 따뜻함이 표현되는 정도와 방식은 내담자의 특성과 애착 유형, 타인과의 연결을 감내할 능력에 따라 상당히 다를 것이다.

우리는 치료사로서 내담자들이 매우 불편한 영역에 대해 탐색하기를 요구하고 있다는 사실에 민감하지만, 매우 합당한 이유로 그렇게 한다는 것을 알기 때문에 계속 앞으로 나아간다. 이러한 과정은 괴로움에 대한 민감성과 함께 거기에 접근할 의지, 그리고 그것을 다루기 위해 필요한 행동을 실천하는 자비의 의미를 보여 준다. 이와 같은 방식으로, 자비는 친절과 인내, 따뜻함과 결단과 같은 덕목들의 결합으로 표현된다. 내가 변증법적 행동 치료 (Linehan, 1993)에서 배운 한 가지는 치료적 관계를 둘러싼 변증법이다. 치료 사는 따뜻하면서 동시에 직면적이고, 진정성 있는 현실의 인간이면서 또한 권 위 있는 전문가이며, 진지하면서 또한 장난기 있는 존재일 수 있어야 한다. 마 지막 부분에 대해 말하자면, 나는 자비가 마음을 가볍게 할 때 훨씬 잘 작동 한다는 것을 발견했다.

광범위한 장면에서 CFT를 수행하면서(그중에는 수감 중인 화가 난 남성들도 있었는데, 자비 작업에 관심을 보이리라고 쉽게 생각할 만한 이들은 아니다), 내담 자들로부터 일관적으로 받은 피드백은 나와 다른 치료사들로부터 자비를 받 아들이는 경험이 중요한 치료 작업이었으며, 이를 통해 자신에 대한 자비로운 마음을 키울 수 있었다는 것이다. 우리가 누군가를 돌보고 믿어 주면, 시간이 흐르면서 그들은 자신을 돌보고 믿을 수 있게 된다. 우리가 그들을 판단하거 나 공격하지 않을 것을 알 때, 그들은 위험을 더 감수하고, 우리에게 또 그들 자신에게 더 정직하게 된다. 마지막으로, 이와 같은 방식으로 치료사가 자비 의 모델이 되는 것은 치료에서 공명과 일관성을 만들고, 치료의 과정과 내용 이 서로를 강화한다.

따라서 나는 내담자들이 삶 속에서 자비를 기르도록 돕고자 한다면, 우리 또한 의도적으로 이러한 특성들을 기르도록 노력해야 한다는 점을 제안하고 싶다. 자비 명상이 치료사에게 미치는 영향에 대한 경험 연구는 아직 초기 단 계이지만, 자비 명상이 공감적 정확성을 증가시킨다는 연구가 있다(Mascaro, Rilling, Negi, & Raison, 2013). 나는 자비 훈련이 CFT 치료사들에게 특히 유익 하다고 생각한다. 치료사들은 이를 통해 자비 연습이 작용하는 방식 그리고 연습과 관련되어 일어나는 장애물과 어려움에 대해 깊이 있게 이해할 수 있 으며, 내담자와 자비롭게 현존할 수 있는 능력을 키울 수 있다.

그렇다면 실제로 우리가 어떻게 이것을 할 수 있을까? 아마도 가장 중요 한 점은 우리가 내담자에게 활용하려고 하는 다양한 자비 연습들을 진심을 담아 실천하는 것이다. 다양한 자비연습들은 이 책의 나머지 부분에 설명되어 있다. 이를 통해 우리는 삶 속에서 연습을 위한 공간을 내는 것이 얼마나 어려울 수 있는가를 알게 된다. 우리는 저항에 직면할 것이고 그것을 다루는 법을 배워야만 한다. 또한 우리는 연습을 통해 자비의 이점을 직접 알게 되고, 왜 이 과정이 해볼 만한 가치가 있는지 깊이 이해하게 될 것이다. CFT 연습에 대한 상세한 정보를 담은 추가적인 안내서로『마음챙김과 자비(Mindful Compassion)』(Gilbert & Choden, 2013)와『자비로운 마음(The Compassionate Mind)』(Gilbert, 2009a)을 추천한다. 자비(Kolts & Chodron, 2013)와 마음챙김 자기-자비(Neff, 2011; Germer, 2009) 훈련를 위한 명확하고 직접적인 지침을 주는 다른 자료들도 있다.

자비 연습을 시작하고자 하는 사람들을 위해, 일상에서 다양한 자비로운 특성을 키우기 위해 사용할 수 있는 간단한 심상 연습이 다음에 있다. 이 연습은 우리가 뒤에 배울 자비로운 자기 연습의 미리보기로 간주할 수 있다. 우리는 11장에서 심상 연습의 미묘한 뉘앙스를 다룰 것이지만, 지금은 다만 어떤 정신적인 경험을 만들어 내는 시도를 한다는 점을 염두에 두기 바란다. 이 연습은 생생한 시각적 이미지를 만들어 내는 것보다는, 마음속에서 느껴지는 경험에 더 초점을 맞춘다.

자비로운 특성과 연결하기

시작하기에 앞서, 조용히 앉아서 천천히 진정 리듬 호흡을 합니다. 30초에서 1분 정도 호흡하면서, 몸과 마음이 편안해지는 느낌에 집중합니다. 준비가 되면, 연습하고 싶은 자비로운 특성 하나를 마음에 떠올립니다. 그것은 돕고자 하는 친절한 동기일 수도 있고, 어려운 상황에 머물러서 작업하려는 자신감과 용기일 수도 있습니다. 어떤 것이 떠오르든, 그것이 힘이 들더라도, 당신은 자신감과 용기를 갖고 그것과 작업할 수 있는 방법을 찾을 수 있습니다. 어쩌면 그것은 고통을 감내하는 능력일 수도 있습니다. 이 밖에도 당신은 인내, 친절, 따뜻함, 지혜 혹은 끈기와 같은 다른 많은 자비로운 특성들 중에서 연습하고 싶은 것을 선택할 수 있습니다.

이러한 특성들 중 하나를 골라 마음으로 가져옵니다. 이 특성으로 충만해지면 어떨지 상상해 봅니다. 남은 하루를 준비하면서, 당신이 이 자비로운 특성을 몸에 익히면 어떻게 생각하고, 느끼고, 행동할지 상상해 보세요. 당신이 할 만한 어떤 일을 떠올려 봅니다. 이 특성이 그 활동을 이해하고 수행하는 데 어떻게 영향을 줄까요? 친절, 자신감, 지혜, 인내, 혹은 감사의 자비로운 장소로부터 생각하고 느끼고 행동하며 그 활동을 하는 당신을 상상합니다. 5분에서 10분간, 혹은 당신이 원하는 만큼, 상상하는 시간을 가져 봅니다. 이 연습을 마치면서, 하루 동안 이 특성을 마음속에 간직하고 당신의 삶 속에서 그것을 실제 순간들에 적용해 봅니다.

이 연습은 앞서 해 보았던 의도-세우기 연습(intention-setting exercise)과 유사하지만, 우리가 기르고자 하는 특정한 특성에 의도를 둔다는 점에서 차이가 있다. 나중에 자비로운 자기 연습에서 우리는 다양한 자비로운 특성들을 포함하기 위해 범위를 넓힐 것이지만, 목표는 같다. 우리는 우리 자신과 내담자들이 자비로운 방식의 느낌, 생각, 행동과 연관된 정신적 패턴을 활성화하고 확고히 할 수 있도록 돕기를 원한다. 조금 노력한다면, 이 연습은 몇 분 안에 할 수 있다. 이 연습은 아침에 깨어나 침대 밖으로 나가기 전에 가장 먼저 해 볼 수도 있다. CFT에서는 이런 식의 연습을 '이불 속 자비'라고 부른다(Gilbert, 2009a).

역할 실행하기

이 장에서 나는 CFT 치료사가 구현해야 할 네 가지 역할을 제시했다. 교사,

촉진자, 안정 기지 그리고 자비로운 자기의 모델이 그것이다. 너무 많은 것처럼 보일지 모르지만, 나는 당신이 이미 이 역할들과 관련된 특성들을 많이 갖고 있을 것이라고 확신한다. 진정성, 신뢰감, 접근성, 공감, 따뜻함, 무조건적 긍정적 존중과 같은 특성들은 대부분의 현대 치료적 접근에서도 강조하는 치료사의 특성이다. CFT의 안내를 통한 발견 과정은 공감적 이해, 소크라테스식 대화법, 감정의 타당화와 반영과 같은, 치료사 훈련 프로그램에서 제공하는 기술들을 폭넓게 활용한다. 안정 기지와 자비로운 모델 역할은 새로운 방식의 치료사 역할을 학습하는 것이라기보다는 우리가 이미 하고 있는 역할에 좀 더 의도성과 자각을 가져오는 것이다. 예를 들어, 내담자의 감정 변화를 의미하는 비언어적 행동을 알아차리거나("당신에게 방금 일어난 일에 대해서 좀 말해 줄 수 있나요?"), 내담자의 느낌을 반영하는("당신은 이 일에 대해 아주 불안하게 느끼는 것 같군요.") 기본적인 치료적 반응은 내담자와의 조율과 연결을 보여 주고, 관심을 나타내며, 감정 탐색을 위한 자신감 있는 의지의 모델이 되고, 따뜻하게 탐색을 격려한다.

CFT를 함께 공부하면서, 당신은 내담자들이 이야기하는 경험과 당신의 삶의 경험과 관련되어 많은 것들을 배울 것이다. 나는 우리가 이러한 역할들의 활용을 심화시키고 그것을 치료실에서 구현할 수 있도록 돕기 위해 다양한 사례와 제안을 제공할 것이다. 우선, 우리가 지금까지 살펴본 것들을 다시 숙고해 보고, 당신이 배운 것을 어떻게 현재 내담자들과의 치료 작업이나 당신의 임상 수련, 혹은 일상의 삶에 적용할 수 있을지 생각해 보라.

비록 이러한 역할들을 개별적으로 논의했지만, 이들은 서로 겹치고, 서로를 강화하며, 지지한다는 사실을 알 필요가 있다. 우리는 안내를 통한 발견의 과정을 통해 CFT 모델을 가르칠 것이다. 이를 위해 우리는 다음 장에서 많은 개념들을 소개할 것이다. 우리가 소크라테스식 대화법을 사용하여 내담자들이 힘든 경험을 탐색하도록 촉진하고, 진화의 관점에서 어려운 감정을 생각해 보도록 할 때, 우리는 안정 기지로 작용하며, 우리를 가장 불편하게 만드는 것들에 접근하고 작업하고자 하는 친절한 의지의 모델이 되어 따뜻하고 자비롭게 내담자들을 안내할 것이다. 나는 종종 치료의 과정이 이들 역할들을 하나로 모으는 춤과 같다고 생각한다. 우리는 어려운 문제들과 직면하고 작업하기 위해 앞으로 나아가며, 자비로운 관점으로 이동해서 자신을 진정시키기 위해 뒤로 물러선다. 우리는 다시 두렵고 불편한 것들과 자비롭게 작업하기 위해 앞으로 움직인다…….

앞서 논의한 치료적 역할들을 염두에 두면서, 1장에서 만났던 제니의 사례로 돌아가 보자.

치료사: 제니, 우리는 지난 회기에서 당신의 사회적 상황과 관련된 불안에 대해서 이야기했었죠. 그리고 당신은 그 두려움들을 어릴 적 기억들과 연결 짓는 것처럼 들렸어요. 그 경험들은 중요해 보였는데, 오늘 그 경험에 다시 가 보기로 이야기했었죠. 오늘 계속해 보는 것은 어떨까요?

제니: (얼굴 표정이 눈에 띄게 바뀌고, 아래를 본다.)

치료사: (살짝 앞쪽으로 기울이며, 부드럽고 궁금한 어조로 말한다.) 방금 무슨 일이 있었나요, 제니? 지금 어떤 느낌을 느끼죠?

제니: (약간 눈물지으며) 그게 그러니까…… 당신이 그 말을 할 때, 저는 6학년 때 그 교실로 돌아가는 것을 상상했어요. 그 여자애들이 나를 노려보고, 나에 대해 이야기하죠. 정말 끔찍해요.

치료사: 다시 그 방으로 돌아간 이미지로군요. 그것이 당신 안에 강력한 감정을 불러오는군요. 거기에 대해서 이야기할 수 있을까요?

제니: (울면서) 그럴 수 있을 것 같아요. 저는 너무 슬퍼요. 저는 그들이 저를 좋아하길 바랐을 뿐이에요. 전 그저 무리에 끼고 싶었어요.

치료사: 당신은 그저 호감을 얻고 받아들여지고 싶었는데, 대신 거부당했군요.

제니: (계속 울며) 네, 정말 힘들었어요.

치료사: (침묵을 지키며, 몸을 앞으로 기울이고 친절하고 주의 깊은 표정을 짓는다.)

제니: (1분 정도 후, 울음이 부드러워지고 호흡이 안정되기 시작한다.)

치료사: 제니?

제니: 네?

치료사: 제가 관찰한 것을 전달하고 싶군요. 우리가 자비의 두 부분에 대해 이야기했던 것이 기억나나요? 괴로움을 함께 느끼고, 돕고자 하는 것이요?

제니: 네.

치료사: 저는 당신이 방금 느낀 슬픔이…… 자비의 슬픔이라는 것을 말하고 싶어요. 당신이 6학년 때의 자신을, 그저 받아들여지기만을 원했지만 거기 앉아서 놀림거리가 되었던 자신을 마음에 떠올렸을 때 슬픔이 올라왔죠. 당신은 어릴 적 당신의 괴로움을 느꼈어요. 당신은 그게 그녀에게 얼마나 끔찍했는지 알았고, 그게 당신을 슬프게 했죠. 이것이 이해가 가나요?

제니: 네. 그것은 그녀에게, 저에게 정말 힘들었어요. 그 일에 대해 생각하면 슬퍼요. 그게 또 일어날까 봐 두렵기도 해요.

치료사: 당신은 6학년 때의 자신에 대해서 슬프게 느끼고, 또 다시 그렇게 거절당할까 봐 아주 위협적으로 느끼는군요? 그건 정말 무서울 것 같아요. 이걸 기억하는 것이 아주 강한 감정들을 일으킬 수 있다는 사실을 이해할 수 있나요?

제니: 네, 그런 것 같아요. 그 경험은 정말 최악이었어요. 당연히 그 경험을 떠올리는 건 강렬한 감정을 불러일으켜요.

치료사: 우리가 당신의 두 버전, 즉 교실에 앉아 있던 6학년 때의 당신과, 여기에 앉아 있고 어릴 적 당신의 경험을 슬퍼하며 그 일이 또 일어날까 봐 슬퍼하는 성인인 당신 모두에게 자비를 가져볼 수 있을지 궁금하네요. 이 두 사람의 관점을 이해하려 해 보고, 그 두려움과 슬픔을 다룰 방법을 찾아볼 수 있을까요?

제니: 그럴 수 있을 것 같아요.

이 간략한 예를 통해, 우리는 앞서 기술한 모든 역할들의 면면을 볼 수 있다. 치료사는 제니가 힘든 기억과 정면으로 마주하고 연관된 감정들을 느낄 때 친절하게 지원하면서, 그녀의 경험에 대해 조율하고 그녀가 의지할 수 있는 안정 기지로 작용한다. 대화의 전반에 걸쳐 치료사는 자비의 모델이 되어 언어적 · 비언어적으로 따뜻함과 지지를 표현하며, 힘든 기억과 관련된 감정을 탐색할 때 정서적 용기를 보여 준다. 이 과정에서 소크라테스식 질문법이 반복적으로 활용되어 기억을 탐색하고, 감정을 확인하며, 자비로운 관점으로의 전환을 안내하는 과정을 촉진한다. 마지막으로, 내담자의 현재 감정 경험과 관련하여, CFT 모델의 관점을 가르칠 기회를 가질 수 있었다. 이 사례에서는 자비의 두 가지 측면에 대한 정의가 그것이다.

자기-개방의 치료적 활용

앞에서 논의한 역할들을 고려할 때, 우리는 치료사의 자기-개방이라는 주제를 들여다볼 필요가 있다. 적절한 자기-개방의 활용은 내담자들이 치료사를 실제의 인간으로 이해하는 데 도움을 줄 수 있다. 치료사의 자기-개방은 또한 내담자들이 자신의 경험을 타당화하고, 병리화하지 않도록 도울 수 있으며, 자기-자비의 핵심 요소로서 Neff(2003)가 강조한 보편적 인간성을 보여 준다. 반면에, 어설프게 사용될 경우, 자기-개방은 내담자에서 치료사로 주의를 전환시키고, 치료적 관계의 경계를 흐리며, 심지어 내담자를 양육자의 역할로 전환시키는 등 치료 작업을 방해할 수 있다. 앞서 말한 것처럼, CFT 치료사들은 실제하는, 진정성 있는 인간이자 또한 전문적인 지식을 갖춘 안내자이다. 우리는 내담자가 편하게 관계를 맺을 수 있는 사람이기도 해야 하지만, 동시에 내담자의 고통에 자신감 있고 적극적으로 반응할 수 있는 안정 애착 대상으로 기능하기 위해 충분히 전문적이고, 지혜로우며, 친절한 사람으로 지각될 필요도 있다.

CFT에서 언제 그리고 얼마나 자주 자기-개방을 사용해야 하는가에 대한 정해진 규칙은 없다. 또한 CFT 치료사들은 (다른 형태의 치료사들과 마찬가지로) 자기-개방에 대해 매우 다양한 입장을 가지고 있다고 말할 수 있다. 나는 때로 CFT 치료에서 자기-개방을 사용하지만, 자주 사용하지는 않는다. 당신이 자기-개방의 사용을 고려하고 있다면, 다음의 안내 지침을 적용해 보기를 권유한다. 이 지침들은 당신이 궁금해하는 다른 치료 작업에 대해서도 유용하게 사용할 수 있다.

- 어느 순간에든, 동료나 슈퍼바이저나 수련생이 치료실 안으로 들어와서, 마법으로 시간을 멈출 수 있다고 상상해 보라. 거기에 있는 내담자는 얼어붙어서 동작을 멈춘다. 그리고 다음과 같이 묻는다, "이 내담자와 무엇을 하고 있는 건가요? 당신이 하고 있는 것이 내담자에 대한 사례 개념화 그리고 치료 방향과 어떻게 연관되죠?"(혹은 덜 극적으로, 슈퍼바이저가 이 회기의 영상을 검토하면서 장면을 멈추고 같은 질문을 묻는다고 상상해 보라.) 당신은 그 질문에 대답할 수 있는가?

- 이와 관련하여 자기-개방을 한 당신의 동기가 무엇인지 숙고해 보라. 만약 그것이 감정적인 이유 때문이라면, 즉 내담자에게 당신에 대해 더 많은 것을 이야기하고 싶은 느낌 때문이었다면, 계속하기 전에 위의 지점으로 돌아가 보라. 우리 자신의 감정적인 반응이 적절하지 않거나 반드시 잘못된 것은 아닐지라도, 자기-개방이나 다른 개입과 연관된 다급한 느낌은 이러한 행동이 위협이나 추동 반응(5장에서 이에 대해 더 살펴볼 것이다)에 의한 것임을 의미할 수 있으며, 이는 치료 과정에 도움이 되지 않을 수 있다.

- 당신이 이러한 자기-개방을 슈퍼바이저나 동료-슈퍼비전에서도 편안하게 이야기할 수 있을지 숙고해 보라. 만일 그에 대한 답이 '당연히 그럴 수 있지, 왜냐하면 치료와 이런 식으로 연결되니까……' 라면 그것은

꽤 괜찮은 지표이다. 만일 답이 '확실하지는 않은데⋯⋯' 라면 자기-개방을 사용하기 전에 조언을 구하기를 권고한다. 그리고 그 답이 '글쎄, 그들은 이 맥락을 이해하지 못할 거야⋯⋯'와 같은 여러 가지 합리화와 함께 불편한 느낌이 동반된다면, 당신이 치료에서 중요한 어떤 것을 하고 있다고 스스로를 확신시키고 있지만, 실은 내담자와 치료를 위한 필요보다는 당신 자신의 필요에서 나온 행동을 치료에서 하고 있다는 뜻이다.

• 의심이 들 때는 동료들과 사전에 논의하라. 동료들은 종종 우리의 이해를 극적으로 확장해 주고 우리의 맹점을 드러나게 하는 가치 있는 관점을 제공할 수 있다. 동료 슈퍼비전에 참여하고 조언이나 도움을 구하는 과정은 용기, 고통 감내, 겸손과 같은 자비로운 특성들이 깊어질 수 있도록 우리를 도울 수 있다.

요약

CFT의 일련의 단계에서 첫 번째 자비의 층은 치료적 관계이다. 이 장에서 우리는 CFT가 구현해야 할 여러 가지 역할들을 탐색했고, 그것들이 어떻게 회기 안에서 통합될 수 있는가에 대해 다루었다. 이러한 역할들을 훈련하는 것은 시간이 걸리는 점진적인 과정이다. 이러한 역할들을 마음속에 가볍게 간직하면서, 우리는 이어지는 장들에서 CFT의 근본적인 부분들을 살펴볼 것이다. 다음 장에서는 CFT의 두 번째 자비의 층인 자비로운 이해를 다룰 것이다.

CFT Made Simple **4장**

자비로운 이해:
진화가 우리의 뇌를 형성해 온 방법

앞서 언급한 바와 같이 수치심과 자기-비난은 광범위한 정신건강 문제들의 기저를 이루고 있다(Gilbert & Irons, 2005; Gilbert, 2014). CFT의 주요 목표는 내담자들이 자신의 내적 경험과의 관계를 판단이나 비난의 관점에서 이해와 자비의 관점으로 전환할 수 있도록 돕는 것이다. 이 작업의 핵심 주제는 내담자 경험의 많은 부분들은 그들이 선택하거나 설계하지 않았다는 점에서 **그들의 잘못이 아니라는 것**을 인식하도록 도와주는 동시에 그들이 자신의 삶을 개선하기 위해 직접적이고 적극적으로 임할 수 있는 **책임감**을 갖도록 돕는 것이다. 이러한 자비로의 전환은 내담자들이 자신의 감정과 동기를 통해서 뇌와 마음이 어떻게 진화해 왔고, 이 진화가 어떤 흥미로운 문제들을 가져왔는지에 대하여 내담자가 이해하도록 돕는 것으로부터 시작할 수 있다. 따라서 CFT에서 자비는 마음을 이해하는 것에서 시작된다.

구뇌와 신뇌

1990년대 Paul Maclean은 뇌 진화의 각 단계를 반영해 인간의 뇌를 세 부분으로 기술한 **삼위일체 뇌**(triune brain) 개념을 소개했다(Maclean, 1990). 삼위일체 뇌에는 기본적인 신체 기능, 공격성 그리고 번식의 욕구를 담당하는 파충류 뇌; 기억, 감정 및 학습을 담당하는 구-포유류 뇌(**변연계**); 자기 인식, 상징적 사고, 문제 해결 및 기타 고차원적인 인지 과정과 같은 측면에서 많은 것을 담당하는 신-포유동물 뇌(대뇌피질)가 포함되어 있다. 실제 뇌가 어떻게 작동하는지는 그리 단순하지 않지만(Cozolino, 2010), Maclean의 연구는 뇌의 진화로 인해 나타난 몇 가지 문제점들을 보여 주며, 이 역동을 내담자와 함께 탐색할 수 있는 좋은 방식을 제공한다.

CFT에서 치료사들은 '구뇌'와 '신뇌'라는 용어를 사용해 내담자들과 이 개념에 대해 논의한다(Gilbert, 2010). 치료에서 치료사들이 특히 감정의 역동에 대해 이야기할 때, '감정의 뇌'라는 용어를 '구뇌'와 동의어로 사용하는 것이 때로 유용할 수 있다. 진화의 역사에서 뇌는 서로 다른 시기에 각기 다른 부분이 진화했고 선조들에게 다른 목적의 역할을 했기 때문에, 구뇌, 신뇌 그리고 신체가 상호작용하는 방식은 복잡할 수 있으며, 우리에게 문제를 일으킬 수 있다. 이를 이해하는 것은 내담자들이 감정을 통제할 수 없다고 느끼는 이유와 그것이 자신들의 잘못이 아닌 이유를 명확히 하는 데 도움이 되기 때문에 내담자들을 자유롭게 할 수 있다.

이러한 아이디어에 대해 내담자들과 함께 탐색하는 몇 가지 방법들을 살펴보자. 이를 소개할 때에는 정보를 제공하지만 지루하게 긴 이야기로 설명하지 않는다. 우리가 조쉬에게 그 개념에 대해서 처음에 어떻게 소개하는지에 대한 예는 다음과 같다.

치료사: 조쉬, 우리는 당신이 때때로 힘들어 했던 분노에 대해 이야기해 왔습니다. 이런 감정을 다루는 것을 배우려고 할 때, 감정이 어디서부터 시작되었는지, 그리고 감정이 우리 뇌와 마음에서 어떻게 작동하는지를 알아보는 것은 유용할 수 있습니다. 이에 대해 조금 이야기해 보는 것이 어떨까요?

조쉬: 알겠습니다.

치료사: 진화의 관점으로 살펴보면, 인간의 두뇌는 실제로 매우 복잡하다는 것을 알 수 있습니다. 우리는 구뇌와 신뇌를 가지고 있는데, **구뇌**는 우리의 고대 선조들이 생존을 지속할 수 있게 했던 모든 것들, 이를테면 위협으로부터 자신을 보호하고 생존에 필요한 것을 하는 데 도움이 되는 기본적인 감정과 동기를 담당하고, **신뇌**는 문제 해결, 심상, 자기-인식, 어떤 사람이 되고 싶은지, 그리고 그것이 무엇을 의미하는지와 같은 깊은 사유를 책임지고 있죠. 무슨 말인지 이해되나요?

조쉬: 예, 그런 것 같아요.

치료사: 우리가 함께 논의해 왔던 상황과 관련해서 이것에 대해 생각해 보도록 하죠. 당신은 가끔 직장에서 화가 난다고 말했습니다. 이에 대해서 말해 줄 수 있나요?

조쉬: 대부분 동료가 나에게 의문을 제기하거나 그들이 한다고 한 일들을 하지 않을 때죠. 그러면 전 정말 화가 많이 나요.

치료사: 그래서 당신은 동료들에게 하라고 요청한 어떤 것에 대해 그들이 의문을 제기하면, 감정의 뇌인 구뇌가 그것을 위협으로 여기고 이때 화가 나겠죠. 화가 꽤 빨리 나는 편인가요?

조쉬: 아, 예. 가끔은 그들이 묻기도 전에 화가 납니다. 그들이 얼굴을 찌푸리거나 내가 말한 것에 대해 동의하지 않는다는 듯이 나를 쳐다보면, 저는 화가 나기 시작합니다. "그냥 닥치고 당신이 해야 할 일이나 해."라고 그의 행동을 바로잡고 싶었어요.

치료사: 진화론적 관점에서 볼 때, 우리의 구뇌, 감정의 뇌는 사자, 호랑이 그리고 곰과 같이 실제 물리적 위협이 많은 세상에서 살았던 조상들에게 작용했던 것과 마찬가지로 위협을 식별해서 대응할 수 있도록 설계되었어요. 화는 우리가 싸울 준비를 하는 위협적인 감정이에요. 당신의 감정의 뇌는 동료들이 당신에게 묻거나 자신들의 업무를

하지 않는 행동들을 잠재적인 위협으로 학습해서, 이를 마치 호랑이가 당신을 잡기 위해서 나타난 것처럼 반응하네요.

조쉬: (고심하는 얼굴로) 맞는 것 같아요. 그것은 위협적으로 느껴져요.

치료사: 이에 대해 탐색해 보죠. 이런 일이 일어나고 있는 동안 당신의 신뇌에서 무슨 일이 일어나고 있는지 살펴보죠. 동료가 당신에게 무언가를 묻거나 당신이 시킨 일을 하지 않을 때 어떤 생각이 떠오르나요? 무슨 생각을 하나요?

조쉬: (잠시 멈춘 뒤 생각한다.) 그들이 저에게 도전하고 있다는 생각이 들어요. 나를 존중하지 않거나 신뢰하지 않는다고 생각해요. 그들이 저를 존중한다면 내가 지시한 일을 그냥 할 거예요. 그렇지 않나요? 그런 다음 저는 일이 끝나지 않거나 제대로 진행되지 않아서 이 일들이 내게로 다시 돌아올 거라고 생각하죠. 나는 해야 할 일을 다 했음에도 불구하고 사장은 나에게 책임을 묻겠죠.

치료사: (끄덕인다.) 그런 생각과 함께 떠오르는 어떤 심상, 예를 들면 마음에서 떠오르는 장면이나 영상 같은 것이 있나요?

조쉬: (잠시 생각한다.) 네. 제 마음속에서 일어나는 것을 볼 수 있을 것 같아요. 그들이 눈을 굴려 가면서 제 뒤에서 저에 대한 이야기를 하며 절 무시하는 것을 그려 볼 수 있어요. 사장이 내게 와서 문제가 무엇이냐 물어보고 처리되지 않은 일에 대해 저를 비난하겠죠. 그럼 화가 나죠. 이해되세요?

치료사: (고개를 끄덕이며 공감하며 말한다.) 화가 날만 하네요. 그래서 구뇌의 분노 이외에도, 신뇌는 많은 다른 일들—조롱당하고 무시당한다는 생각과 사장이 당신을 문책할 것이라는 결과에 대한 상상—을 하고 있군요. 화가 났을 때는 뇌에서 많은 일들이 일어나고 있네요.

조쉬: 네, 그런 것 같아요.

구뇌: 강력하지만 그다지 지혜롭지 않은

내담자와 함께 구뇌와 신뇌에 대해 탐색할 때, CFT 치료사가 가장 자주 말하는 것은 우리의 '구뇌, 감정적 뇌는 매우 강력하지만 그다지 똑똑하지도, 그리고 지혜롭지도 않다.'는 것이다. 치료사들 중 다수는 다른 사고 패턴이 어떻게 다른 유형의 감정과 행동으로 이어질 수 있는지를 탐색하기 위해 기초적인 인지 행동 모델을 설명하거나 소크라테스식 대화법을 사용한 경험이 있을 것이다(그 반대의 경우도 마찬가지). CFT에서 우리는 이러한 역동들을 진화된 뇌와 관련하여 이해하고 탐구하고자 한다.

구뇌는 우리의 선조들이 생존하는 데 필요한 일들에 대해서 동기를 부여하도록 진화했고, 기본 정서 체계(두려움, 분노, 욕망, 욕정 등; Panksepp & Biven, 2012; Panksepp, 1998)와 원형적인(archetypal) 동기(돌보는, 경쟁하는, 성적인)의 진화를 통해 이를 이행하였으며, 대부분의 기본 정서 체계와 동기들은 사회 지향적이다(Gilbert, 2010; 2014). 외부 또는 내부 자극이 촉발되는 경우, 정서와 동기는 다양한 신경전달물질과 호르몬 체계의 작용을 통해 우리의 주의, 사고 및 추론, 심상 및 동기(motivation)를 매우 강력하게 유도하고(orient) 형성할 수 있다(Panksepp & Biven, 2012; Gilbert, 2010). 5장에서 이 과정에 대해 좀 더 논의하겠지만, 이러한 생각은 구뇌의 감정과 동기는 우리가 어려운 감정 경험 안에 갇히기 쉽도록 우리의 마음과 몸을 조직할 수 있다는 것이다. 예를 들어, 조쉬가 동료들의 행동과 관련된 분노를 느낄 때, 위협을 지각하고 (그들이 문제를 제기하고, 일이 진행되지 않으며, 굴욕과 질책을 받는다는 생각), 위협과 관련된 반복되는 사고와 심상으로 인해 주의가 협소해지며, 동료들의 행동을 바로잡으려는 동기를 가지게 된다. 물론, 우리의 구뇌, 감정의 뇌는 신체적인 경험의 패턴과도 연관된다. 이 패턴은 감정이 느껴지는 방식을 형성하는 데 큰 역할을 한다.

구뇌, 감정의 뇌는 우리 마음을 어떻게 조직할 수 있는가에 대해서는 강력하지만, 생각과 환상을 외부 세계에서 비롯되는 실제 자극과 구별하는 것에는 유용하지 않다. 우리의 감정은 주로 외부 환경, 우리 자신의 생각, 기억, 이미지 그리고 신체 경험에서 비롯되는 다양한 입력들로부터 촉발되는 암묵적(무의식적) 처리과정 체계의 결과로 발생한다(Gilbert, 2010). 결과적으로, 우리의 감정의 뇌와 기저에 있는 생물학적 체계는 거의 진짜와 같은 실제처럼 사고와 이미지에 강력하게 반응할 수 있다. 이것이 우리가 성적 환상과 같은 것에 관여하는 이유이다. 즉, 성적 이미지는 뇌와 내분비 체계를 자극해 성적인 느낌을 일으키며, 신체에서는 이와 상응하여 성적 반응을 일으키는 활동을 하게 된다. 감정을 변화시키는 작업은 감정적 뇌에서 이루어지는 암묵적인 입력을 변화시키는 것이다.

좋은 소식은 우리가 원하는 감정 경험을 만들어 내는 데 도움이 될 수 있는 방식으로 생각과 심상에 집중하도록 선택할 수 있다는 것이다. 이 역동에 대해서는 이 책의 후반부에 더 많이 다룰 것이다. 나쁜 소식은 구뇌와 신뇌 및 신체 사이의 상호작용은 정서적 관성(emotional inertia)을 야기할 수 있다는 것이다. 정서적 관성이 작용할 때 변연계 체계 내에서의 조건화된 정서적 활성화는 신뇌의 사고, 이미지 및 기억(신체적 반응뿐 아니라)을 촉발한다. 신뇌의 사고, 이미지 및 기억은 편도체와 같은 구뇌 구조에 피드백을 줌으로써 신뇌의 반응을 일으켰던 바로 그 감정 반응을 더 크게 불러일으키게 된다. 물론, 이는 구뇌가 위협으로 인지하는 기억, 생각('그는 나를 존중하지 않아.'), 이미지나 신체적 감각으로 시작해서, 관련된 감정적 경험을 이끌어 내며, 이러한 과정을 지속시키는 다른 방식으로 작동될 수도 있다. 이러한 지식은 다양한 감정과 동기들이 어떻게 특정 패턴의 주의, 사고, 이미지, 동기 및 신체 경험과 연관되는지를 이해하고, 이것들의 기저에 놓인 경험과 감정, 동기들과 작업하기 위한 숙련된 방법을 내담자가 배우려 할 때 좋은 토대가 된다.

이러한 설명은 뇌에서 어떤 일이 일어나는가를 단순하게 보여 주고 있지만, 정서신경과학(affective neuroscience)의 연구들을 기반으로 한다(예: Panksepp & Biven, 2012). 뇌와 신체의 상호작용에 대해 배우는 것은 내담자에게 많은 긍정적인 영향을 줄 수 있으며, 이 모두는 자비에 대한 우리의 초점에 부합한다.

- 어려운 감정을 판단하고 회피하는 것에서 어려운 감정이 마음 안에서 어떻게 작용하는지를 호기심을 가지고 살펴보고 이해하는 것으로 전환하기
- 감정이 작동하는 방식은 그들의 잘못이 아니라 우리의 뇌가 진화해 온 방식과 뇌와 신체가 서로 상호작용하는 방식 때문에 발생한다는 것을 인식하기
- 내담자들이 어떻게 감정을 자비롭게 다루기 시작할 수 있을지에 대한 단서를 제공하기(구뇌, 감정의 뇌에 새롭고 유용한 입력들을 생성함으로써)

이 개념을 어떻게 소개할 수 있는지 살펴보자.

치료사: 제니, 저는 구뇌/신뇌에 대해서 조금 더 이야기하고 싶습니다. 당신의 불안을 이해하는 데 도움을 줄 수 있을 것 같거든요. 비유를 들어 시작하죠. 반려 동물을 키우시나요?

제니: 네, 전 반려 동물을 좋아해요. 페넬로페라는 이름의 개를 키우고 있어요.

치료사: 페넬로페, 멋진 이름이네요. 우리는 새디라는 개를 키우고 있죠. 페넬로페를 위한 울타리가 있는 마당이 있나요?

제니: 예, 울타리가 있는 뒷마당이 있어요.

치료사: 우리는 없어요. 우리 집 뒤편에는 나무가 우거져 있어 숲 정경을 즐기기 위해 문을 열어 두기로 했어요.

제니: 좋네요.

치료사: 좋긴 하지만 가끔은 문제를 일으키기도 하죠. 가끔 새디를 바깥에서 놀게 하는데 새디는 뒤뜰에서 많은 시간을 보내죠. 하지만 울타리가 없어서 가끔 다른 개가 떠돌기도 하죠. 주변의 냄새를 맡고, 바위에 오줌을 싸기도 하구요.

제니: (끄덕인다.)

치료사: 다른 개가 떠돌다 들어오면 새디는 꽤 방어적인 모습을 보여요.

제니: 자신의 영역을 지키는 거죠.

치료사: 맞아요! 그래서 새디는 다른 개의 크기를 가늠해 보죠. 새디는 자기가 이길 수 있다고 생각하면 위협적인 행동을 취하죠. 목을 빳빳이 세우고 약간 으르렁 거리면서 서 있는 거죠. 반면, 상대 개가 크고 무서워 보인다면 새디는 "여기서 문제를 만들 필요는 없어"라고 말하는 것처럼 복종적인 몸짓을 보일 것이에요. 굽히고 들어가는 듯한 제스처를 하면서요.

제니: (웃는다.) 맞아요. 저도 페넬로페가 개 공원에서 그렇게 하는 것을 봤어요.

치료사: (미소 짓는다.) 이런 일이 페넬로페나 새디에게 일어났다고 생각해 봅시다. 약간의 긴장감은 있지만 시간이 조금 지나면 다른 개는 지루해하고 다른 사람의 마당으로 가서 오줌을 누겠죠. 5분 뒤에 페넬로페는 어떨까요?

제니: 괜찮아요. 정상적으로 돌아왔겠죠.

치료사: 새디도 마찬가지일 거예요. 다른 개가 자기 영역을 침범했기 때문에 처음에는 당황했지만, 5분 뒤에는 맛있는 걸 달라고 앞발을 긁어대겠죠. (머리를 약간 앞뒤로 움직이며, 미소 짓는다.)

제니: 맞아요.(미소 짓는다.)

치료사: 이제 이런 일이 당신이나 나에게 일어났다고 생각해 봅시다. 우리가 집에 있는데 낯선 사람이 집으로 걸어 들어와 주위를 둘러보고 냉장고에서 무언가를 꺼내고 소파 코너에 오줌을 눈다면…….

제니: (웃는다.)

치료사: 미안합니다……. 개 비유를 너무 지나치게 했군요! 이런 일이 발생하면 우리도 새디나 페넬로페처럼 반응할 수 있어요. 다소 위협을 느끼면서 아마도 우리 영역을 지키려고 하겠죠. 상황을 다룰 수 있을 것 같으면, 우리는 이렇게 단호하게 말할 거예요. "저기요, 여기는 우리 집이에요. 나가 주셨으면 좋겠어요."

제니: 맞아요.(끄덕인다.)

치료사: 반면, 침입자가 총을 들고 있는 경우처럼 위험해 보일 때 우리는 복종적인 행동을 취하겠죠.(손을 위로 올려 손에 아무 것도 없음을 보여 줌) "괜찮습니다. 원하는 게 있

으면 무엇이든 가져가세요. 아무도 해칠 필요가 없습니다……." 우리는 새디나 페넬
로페와 크게 다르지 않은 방식으로 대응하죠.

제니: (계속 끄덕인다.)

치료사: 자, 여기서 질문이 있습니다. 잠시 후 침입자가 지루해지고 떠난다고 가정해 봅시다.
5분 후에 당신이나 나는 어떻게 할 것 같은가요? 5시간 후에는요? 5일 후에는요?

제니: (평온하게) 계속 겁이 날 것 같아요!

치료사: (미소를 지으며) 나도 그럴 것 같아요. 우리는 왜 겁을 낼까요? 마음속에서는 무슨
일이 일어나고 있는 걸까요? 어떤 생각이나 이미지가 우리에게 일어날까요?

제니: 무슨 일이 일어났을 수 있는지 생각하고 있을 거예요. 그 사람은 날 정말 해칠 수도
있었어요. 그가 다시 돌아와서 무슨 짓을 저지를까 봐 걱정할 거예요.

치료사: 어떤 이미지가 떠오르나요?

제니: 아마 그 일이 다시 반복되는 것을 상상하고 있을 거예요.

치료사: 그 생각과 환상은 공포를 만들고 당신을 두려워하게 하죠?

제니: 확실해요.

치료사: 정확해요! 이것이 당신 또는 나와 페넬로프와 새디의 차이에요. 이는 우리의 구뇌
와 신뇌가 서로 의사소통 하는 복잡한 방식과 관련이 있어요. 개는 구뇌의 위협 반응
을 느끼지만, 위협이 사라지면 빠르게 진정되는 경향이 있죠. 반면 우리는…….

제니: 그것이 지속되죠.

치료사: 우리의 생각과 심상은 감정의 뇌에 피드백을 주고, 그리고 바로 그 생각과 심상의
원인이 되었던 두려움을 확산시키죠. 불에 기름을 붓는 것처럼요. 그래서 감정은 주
의를 협소화시키고 마음 안의 생각과 이미지를 촉발할 수 있죠. 생각과 이미지들은
이후 다시 생각과 이미지를 촉발했던 바로 그 감정들을 자극해서 확산시킬 수 있습
니다. 이해가 되나요?

제니: (끄덕인다.) 우리 반에 나를 비웃는 사람들이 있다는 생각이 나의 두려움을 확산시키
는 방식과 같네요.

치료사: 그거예요. 이것은 우리의 잘못이 아님을 아는 것이 중요합니다. 우리는 그와 같이

복잡한 방식으로 작동하는 뇌를 가지는 것을 선택하지 않았죠. 이는 그저 그렇게 작동하도록 되어 있는 거죠. 우리가 타고난 대로. 그러나 우리가 두려움이나 불안과 같은 감정들을 다루려고 한다면, 뇌가 어떻게 작동하는지 아는 것이 도움이 될 수 있습니다.

제니: 음. 흠.

치료사: 마지막 하나. 무서운 생각을 하면 무섭다는 느낌이 일어날 수 있어요. 우리가 가질 수 있는 가장 무서운 생각 중 하나는 '나에게 문제가 있다.'고 생각하는 것이에요. (잠시 멈춤)

제니: (잠시 멈추고 아래를 쳐다본다.) 저는 항상 그 생각을 해요.

치료사: (잠시 멈췄다 친절한 음성으로 계속 말한다.) 그럼 그 생각이 떠오를 때 기분이 어떠한가요?

제니: 끔찍해요.

치료사: (고개를 끄덕이며) 끔찍하죠. 이것이 우리가 CFT에서 우리 자신과 타인을 위한 자비와 친절을 계발하는 데 초점을 맞추는 이유입니다─우리는 위협받는다고 느끼기보다는 안전하다고 느낄 수 있도록 돕는 생각과 행동의 방식들을 찾길 원합니다.

제니: 정말 좋을 것 같네요.

치료사: 그럼 작업을 시작해 볼까요.

앞의 사례는 CFT 치료사가 내담자에게 구뇌/신뇌의 역동을 소개하는 방법을 보여 준다. 개에 대한 비유는 진화적 모델을 강조하는 의미가 있는데, 처음에는 우리의 감정 반응과 행동들 가운데 다른 포유류들과 유사하게 진화된 측면들을 설명하고, 그다음에는 인간들에게만 고유한 문제들이 발생하도록 만들어진 차이점(복잡한 구뇌/신뇌의 역동)에 대해 탐색한다. 비유를 들어 설명할 때는 치료사의 말이 다소 많음을 알 수 있을 것이다. 글로 표현하기는 어렵지만, 설명을 할 때에도 나는 치료사가 어떻게 내담자의 비언어적 행동을 모니터링하고, 질문과 속도 조절, 신체 언어와 목소리 톤을 사용하며, 참여를 유지하고 상호작용을 만들어 내기 위해 유머를 시도하는가에 대한 느낌을 전달하려고 했다. 가능할 때마다 우리는 자주 그리고 빠르게 그러한 논의를 내담자의 경험과 연결시키려고 한다. 비유를 할 때조차도 그렇다(이것이 치료사가 제니에게 그녀의 개에 대해 물어본 이유이다). 또한 우리는 치료사가 내담자의 감정 경험을 반영하는 모습을 볼 수 있다—그녀가 웃고 고개를 끄덕일 때는 농담을 하고, 이후 제니가 자신의 자기-비난에 대한 경험과 관련해서 분위기가 약간 무거워질 때는 조금 느리게 진행함으로써 그렇게 하였다.

이렇게 함으로써, 우리는 내담자와 함께 탐색하는 과정에 초점을 유지하기를 바란다. 어떤 내담자에게 침입자에 대한 두려움은 위협-주도 사고(threat-driven thoughts)에 수반되는 타당한 것이며, 이는 향후에 일어날 수 있는 피해를 피할 수 있는 행동을 촉발할 수 있다고(경보 시스템을 설치하는 것과 같이) 말해 줄 수 있다. 이러한 두려움은 그에게 정당할 수 있다. 우리는 감정의 뇌를 활성화하거나 혹은 감정의 뇌에 의해 유발되는 사고와 심상이 가진 능력이 나쁘다는 것을 말하려고 하는 것은 아니다. 그것은 좋지도 나쁘지도 않다. 그저 작동하는 방식일 뿐이다. 중요한 점은 이러한 역동이 우리에게는 복잡하고, 때로는 끔찍하게도 도움이 되지 않는 위협 반응들을 일으킬 수 있다는 것이다. 이런 생각들을 내담자와 나누는 것은 내담자가 자비로운 추론을 모델링 하는 데 유용할 수 있다. 이는 내담자가 판단이나 꼬리표 붙이기(생각과 감정을 옳거나 그른, 좋거나 나쁜 것으로 규정하는)에서 이해에 초점을 둔 관점으로(정신적 경험으로서의 생각과 감정, 그리고 때때로 복잡한 이들 사이의 역동들) 전환할 수 있도록 돕는다. 마지막으로, 앞의 대화에서 볼 수 있듯이, 치료사는 내담자가 경험했던 사건의 사례를 치료의 더 큰 주제로 연결시킨다. 즉, 제니의 자기-비난 기능이 어떻게 지속적으로 위협 반응들을 활성화시키는지, 그리고 자비가 어떻게 도움이 되는지를 연결하는 것이다.

정서적 관성

앞의 사례가 보여 주는 것처럼, 우리는 구뇌의 감정, 신뇌의 생각과 이미지, 그리고 신체 감각이 상호작용함으로써 감정 에너지를 유지하게 하는 방식을 탐색할 수 있다. 예를 들어, 어떤 위협 정보가 신뇌나 구뇌에 등록되는 경우('그녀는 나를 좋아하지 않아.'와 같은 생각 또는 강간범이 사용했던 향수의 냄새와 같은 이전에 조건화된 위협 촉발 요인을 통해), 그것은 두려움이나 분노 감정을 유발할 수 있으며, 이러한 감정들은 그와 연관된 생각이나 이미지와 함께 각성이나 긴장과 같은 신체 감각(심장이 뜀, 떨림, 긴장된 턱, 굳은 어깨 등)을 불러일으킬 수 있다. 일단 이러한 일련의 경험이 발생하면, 체계의 각 요소들(신뇌, 구뇌, 신체 경험)은 지속적인 감정 반응을 활성화하기 위해 다른 요소들을 촉발한다. 신뇌의 이미지와 생각, 신체 경험 그리고 우리가 속한 환경은 [감정-주도 행동(emotion-driven behaviors)에 의해서 형성된] 좋든 나쁘든 감정의 뇌인 구뇌에 지속적으로 정보를 입력하는 역할을 할 수 있다.

이러한 탐색과 설명은 우리가 감정의 뇌에 들어오는 다양한 입력 자극들을 다루기 위해 내담자와 함께 치료(또는 과제) 작업의 틀을 잡는 데 유용할 수 있다. 우리는 내담자 스스로가 위협감이 아닌 안전감을 느끼고, 위협에 기반한 반추적 사고가 아닌 상황에 대처하는 유용한 방식을 발견하도록 돕기 위해 자비로운 생각과 이미지를 개발하는 작업을 한다. 우리는 자신의 필요를 효과적으로 충족시킬 수 있는 행동 방식을 개발하는 작업을 한다. 그리고 우리는 공황이 아닌 균형을 찾을 수 있도록 돕기 위해 신체 작업을 한다.

토론을 촉진하기 위해 종이나 화이트보드에 그림을 그리는 것이 때로 도움이 된다. 나는 기본적인 뇌를 그리며 시작한다. 다음으로 감정적인 구뇌를 표시하기 위해 대략 변연계가 위치해 있는 뇌의 중앙 영역에 붉은색으로 영역 표시를 한다. 그다음 신뇌의 사고 영역을 표시하기 위해 뇌의 전두엽 주변에 상자 형태를 그린다. 내담자와 토론을 하면서, 감정적인 뇌에서 신뇌의 '생각 상자' 방향으로 화살표를 그리고, 구뇌와 신뇌가 지속적인 감정 반응을 유발하는 순환적인 상호작용 방식을 보여 주기 위해 반대 방향으로도 화살표를 그린다. 신체 반응이 감정을 유지하는 순환 체계의 일부라는 것을 보여 주기 위해 구뇌와 신뇌에서 신체로 가는 화살표와 반대 방향의 화살표를 그릴 수도 있다.

진정 리듬 호흡

앞서 언급한 바와 같이, 우리의 감정은 대체로 암묵적 처리 체계의 결과로 발생한다. 암묵적 처리 체계는 광범위한 입력들에 대해 반응하는데, 이러한 입력들은 감각을 통해 외부세계에서 들어오는 정보, 생각과 이미지를 생성하는 신뇌에서 오는 정보, 그리고 신체에서 나오는 정보를 말한다. 우리는 감정의 균형을 잡는 데 있어 신체로부터 오는 입력들과의 작업이 강력한 역할을 한다는 것을 점점 더 많이 발견하고 있다. 따라서 CFT의 초반부 개입 중하나는 특히 신체를 대상으로 한다. CFT에서는 이를 **진정 리듬 호흡**(soothing rhythm breathing: SRB)이라 부르며 이는 의도적으로 호흡을 느리게 하는 과정을 포함한다.

SRB에서는 내담자가 호흡 속도를 늦추고 느린 감각에 집중하도록 안내한다. SRB가 이후 7장에서 소개할 마음챙김 호흡과는 다르다는 점을 유의하는 것이 중요하다. 마음챙김 호흡을 할 때에는, 호흡을 주의의 기준점으로 삼으면서, 자연스러운 호흡 과정에 주의를 집중하고, 주의를 반복해서 호흡으로 가져온다. SRB에서는 신체를 이완시키고 마음을 편안하게 하는 느린 감각을 만드는 데 중점을 둔다. 이러한 느림은 내담자가 부교감 신경계를 활성화시킴으로써 위협 감정의 강도를 완화시키고, 이에 따라 위협 감정을 유발하는 신뇌/구뇌/신체의 관성에서 벗어나는 데 도움을 줄 수 있다. 내담자에게 SRB를 어떻게 소개하는지에 대해 살펴보자.

진정 리듬 호흡

이제 진정 리듬 호흡이라고 불리는 연습을 소개하려고 합니다. 이 연습은 호흡을 조절하면서 몸과 마음을 편안하게 하는 것입니다. 구체적으로, 우리는 호흡을 느리게 하면서 느려진 감각에 주의를 기울일 것입니다.

- 허리를 세워서 바른 자세로 앉습니다. 양발은 바닥에 평평하게 붙이고 손은 펴서 허벅지 위에 올립니다. 머리는 똑바로 품위 있게 세우되 편안한 자세를 유지합니다. 연습 경험이 쌓이면, 모든 상황과 신체 자세에서 이 호흡법을 사용할 수 있지만, 우리는 지금처럼 좋고, 편안하며, 바른 자세로 시작할 것입니다.
- 원한다면 눈을 감고, 들숨과 날숨의 감각에 주의를 기울입니다. 이러한 호흡의 감각을 단순히 알아차립니다(10~20초간 멈춤).
- 이제 호흡을 느리게 해 볼 것입니다. 호흡이 느려지도록 허용하면서, 들숨에 4~5초의 시간을 주고, 잠시 멈춘 후, 날숨에도 4~5초의 시간을 줍니다. 깊게 숨을 들이마시고—1—2—3—4 (잠시 멈춘다.) 천천히 숨을 내쉽니다—1—2—3—4.
- 몇 분 동안 이런 방법으로 호흡을 합니다. 이렇게 하면서 느려진 감각(느려진 몸과 마음의 감각)에 주의를 기울입니다. 호흡이 너무 느리다면, 당신에게 편안하고 당신을 진정시키는 호흡의 속도를 찾아보십시오. 이 호흡법은 느리고 진정시키는 방식으로 숨을 쉬는 것입니다.
- (2분 동안 기다린다. 아니면 얼마나 오래 이 연습을 할지 선택할 수도 있다. 적절한 연습 시간은 내담자가 이 연습을 통해 성공적인 학습 경험을 할 수 있는가에 따라야 한다. 내담자가 이 연습이 얼마나 지겨운가에 대한 생각에 빠질 정도로 혐오적인 연습이 되게 해서는 안 된다! 내담자의 저항이 명백하다면, 30초 정도의 연습으로 시작할 수도 있다.)
- 준비가 되면, 평상시 호흡의 속도로 돌아오고 부드럽게 눈을 뜹니다. (내담자가 눈을 뜰 때까지 기다린다.) 이 연습의 경험이 어떠했는지 함께 탐색해 봅시다.

SRB 연습이 끝나고 나면 몇 분 동안 연습에 대한 내담자의 경험을 탐색한다. 모든 이완 훈련과 마찬가지로 SRB 효과는 연습에 비례하여 증가하기 때문에 내담자가 즉각적인 효과를 기대하게 해서는 안 된다. 이런 방법으로 호흡 속도를 늦추는 것이 위협적인 감정을 사라지게 만들지는 않지만, 이를 완화시킬 수 있고 생각과 감정의 주의 깊은 관찰이나 자비로운 생각 방식으로의 전환과 같은 다른 일이 일어날 수 있는 공간을 만들 수 있다고 설명할 수 있다. 나는 보통 첫 회기 이후 SRB를 숙제로 내준다. 보통 내담자들이 하루에 두세 번 30초 동안 연습하게 한다. 가장 큰 장애물은 연습하는 것을 잊는 것이기 때문에 우리는 내담자들과 함께 연습을 상기할 수 있는 방법을 찾아야한다. 전화기 알람 설정은 SRB 연습을 유도할 수 있고 정기적인 시간을 계획할 수 있게 한다(예: 하루 중 특정 시간, 내담자가 TV 시청을 좋아하는 경우에는 매 프로그램 첫 번째 광고 시간 동안). 또한 SRB는 내담자가 집에서 정기적인 연습을 통해 치료에 참여하게 하는 좋은 방법이다. 누구라도 연습을 위해 하루에 몇 번 정도 30초의 시간을 낼 수 있을 것이다. 이 연습은 내담자가 좋은 생활 패턴을 만들 수 있는 기회를 제공하며, 우리는 매 회기의 시작 시점에 집에서의 과제가 어떠했는가를 탐색한다. 그 뒤 내담자에게 연습에 대한 긍정적 강화를 제공하고, 일어날지도 모르는 어려움들을 극복할 수 있도록 내담자들과 함께 협력하며, 회기가 끝날 때 집에서 할 수 있는 새로운 연습 계획을 세우도록 도울 수 있다.

일부 내담자는 트라우마 조건화나 기타 요인으로 인해 호흡이나 신체에 집중하는 것을 싫어할 수도 있다. 이런 경우라면, 우리는 이 연습이 노출 훈련처럼(노출훈련은 나중에 자세히 논의할 것이다) 바뀌는 것을 원하지 않는다. 이지점에서의 연습 목적은 내담자들이 스스로를 진정시키는 방식에 주의를 모으도록 돕는 것이다. 이런 사람들을 위해 우리는 효과가 입증된 점진적 근육이완 연습들 중의 하나를 선택할 수도 있고, 스스로를 진정시킬 수 있는 다른 방법을 찾을 수 있도록 내담자들과 작업하기도 한다(Paul Gilbert의 한 그룹은

테니스공을 쥐고 그 질감에 집중하도록 했다). 요점은 내담자가 특별한 시간이나 노력을 들이지 않고도 스스로를 진정시킬 수 있는 방식에 주의를 기울이도록 하는 것이다.

요약

이 장에서는 내담자들이 뇌의 진화 방식과 이것이 어떠한 방식으로 내담자들에게 어려움을 만들어 내는지에 대해 생각하도록 돕는 방법들을 살펴보았다. 목표는 내담자들이 자신의 감정과 반응에 대해 스스로를(그리고 다른 사람을) 비난하고 공격하는 습관을 멈추고, 자신의 뇌와 마음이 자신의 행동 방식에 왜 그리고 어떻게 작용하고 있는가에 대해 호기심 어린 이해를 갖고 접근할 수 있도록 촉진하는 것이다. 다음 장에서는 세 가지 진화된 정서 조절 체계와 이러한 체계가 어떻게 다양한 방법으로 신체와 마음을 조직하는가에 대해 논의할 것이다.

CFT Made Simple **5장**

자비로운 이해:
정서의 세 가지 유형

앞서 논의한 바와 같이, CFT에서 자기-자비의 기초 작업은 내담자들이 자신의 문제를 뇌와 마음이 작동하는 방식과 관련하여 이해하는 것에 있다. 4장에서 우리는 감정을 촉발하는 외부 사건이 오래전에 사라졌을 때조차도 구뇌, 신뇌 그리고 신체 사이의 복잡한 역동이 정서적 반응을 영속시키는 데 어떻게 기여하는지에 대하여 탐색하였다. 이번 장에서 우리는 정서 모델을 소개할 것이다. 내담자들은 정서 모델을 통해 정서의 작동 방식과 이유, 그리고 이것이 진화의 맥락에서 어떤 의미가 있는가에 관해 이해를 증대시킬 수 있다.

정서 신경과학에 대한 현대의 연구는 인간과 다른 동물에서 진화해 온 기본 정서 체계들을 발견해 왔다(예: Panksepp & Biven, 2012; LeDoux, 1998). CFT에서는 이 연구들을 인용하여 내담자들이 자신의 감정과 관련한 경험을 인간 진화의 산물로서 이해할 수 있도록 도울 수 있는 정서 모델을 설명한다. 이러한 방식을 통해 내담자들은 두려움, 불안 또는 분노와 같은 감정들을 자신의 잘못으로 보지 않고 우리의 조상이 생존하는 데 유용했던 부분으로 이해할 수 있다. 조상들이 느낀 생존 가치 측면에서 정서와 동기를 고려함으로써 내담자들은 이러한 경험이 우리 안에서 어떻게 작동하는가를 완벽하게 이해할 수 있다. 이러한 과정들—내담자들로 하여금 진화라는 관점을 통해 그들의 정서, 동기 및 문제를 고려하도록 돕는—은 **진화적 기능 분석**(evolutionary functional analysis)이라고 불린다(Gilbert, 2014).

정서의 세 가지 원 모델

CFT에서 정서는 진화된 기능과 관련되는 세 가지 정서 조절 체계로 분류된다. [그림 5-1]에서와 같이 첫 번째로, 우리는 위협을 식별하고 이에 대응하는 데 유용한 두려움, 분노, 불안과 같은 정서들을 가진다(간략히, 위협-보호 체계, 또는 '위협 체계'). 두 번째로, 추동-자원-획득 체계('추동 체계') 정서

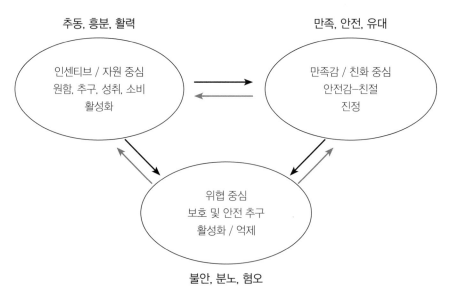

[그림 5-1] 세 가지 유형의 정서 조절 체계

(Gilbert, *The Compassionate Mind* [2009]에서 Little, Brown Book Group의 허락하에 발췌)

들은 우리가 목표와 자원을 추구하고 이의 달성에 대한 보상을 받을 수 있는 동기를 부여한다. 마지막으로, 안전-진정-만족 체계('안전 체계') 정서들은 우리가 위협을 방어하지 않거나 목표를 추구하지 않을 때 안전하고 평화롭게, 고요하게 느낄 수 있도록 돕는다. 이들 각각의 체계들에 대해 간략히 살펴보도록 하자.

위협 체계

위협 체계는 지각된 위협으로 주의를 향하게 해서 우리를 해칠 수 있는 것들을 식별하고 반응할 수 있게 하는 감정들을 일으킨다. 이 체계에는 분노, 두려움, 불안, 혐오를 포함하는, 내담자가 어려움을 겪을 수 있는 수많은 감정들이 포함된다. 위협 체계는 위협을 아주 빠르게 포착해서, 우리를 각성시키는 강력한 폭발적인 감정을 활성화시켜, 우리로 하여금 지각된 위협으로 향하게 하고, 우리가 행동—투쟁, 도피, 또는 경직/복종—을 하게끔 동기화한다(Gilbert, 2010).

연구들에 따르면, 우리의 주의와 기억은 긍정적인 정보보다 부정적인 정보를 더 강하게 포착해서 위협 관련 정보를 처리하도록 편향되어 있다고 한다(Baumeister, Bratslavsky, Finkenaurer, & Vohs, 2001). 위협 정서는 강력한 방식, 즉 '끈끈한' 방식—우리가 이러한 감정들에서 벗어나기를 원할 때조차도 이를 위해 고군분투해야 하는—으로 우리의 주의, 사고, 심상 및 동기를 위협의 원천으로 초점화하도록 조직한다. 진화론적 관점에서 볼 때 위협 정서가 다른 정서, 즉 보다 더 긍정적 경험들을 밀쳐내도록 진화한 것은 합당하다. 우리 조상들은 매우 위험한 상황으로 가득한 가혹한 세상과 마주했다. 우리 조상들은 이러한 위협 정서를 가지고 있었기 때문에 살아남아서 자신들의 유전자를 우리 세대까지 이을 수 있었으며, 이는 우리로 하여금 편도체나 시상하부—뇌하수체 축과 같은 구조적 작용을 통해 위협 처리를 우선시하도록 설계된 뇌를 갖게 했다(LeDoux, 1998). 이러한 감정들은 진화를 통해 형성되어 우리 안에서 강력한 힘을 발휘하고, '후회보다는 안전'에 기초해서 작동한다. 위협-기반 학습은 아주 효율적으로 일어날 수 있지만, 이때 많은 내담자들은 단일 위협 사건만으로도 상당한 고통을 겪을 수 있다.

앞 장에서 논의한 바와 같이, 우리는 환상을 만들고 의미를 형성하며 반추하는 신뇌의 능력을 통해 실제 외부 위협이 없는 상황에서도 이 체계를 계속 작동시킬 수 있다. 원래의 학습 경험을 뛰어넘는 정신적 연결을 만들 수 있는 신뇌 활동을 통해 강력한 초기 경험에서 비롯된 두려움은 내담자 삶의 많은 영역에 영향을 줄 수 있다. 관계 구성틀 이론(Hayes, Barnes-Holmes, & Roche, 2001; Törneke, 2010)과 같은 학습 과정에 대한 새로운 발전은 우리 마음 안에서 위협이라는 경험이 어떻게 확대되고 배가될 수 있는지에 대한 가혹한 함의를 내포한다(이는 6장에서 더 자세히 다룰 것이다). 위협 체계가 다른 두 체계와 균형을 이루게 되면, 이는 우리가 처리해야 할 잠재적 위협과 장애물을 알려 주고 삶이 원하는 방향으로 흘러가게 해 준다. 그러나 이 체계는 정신 에너지에서 자신의 할당 몫보다 더 많은 부분을 차지하기가 쉽기 때문에, 우리는 내담자가 위협 상태에서 많은 시간을 소비했을 때 균형을 찾도록 돕는 것이 필요하다.

추동 체계

우리 조상들은 위협으로 자신을 방어하는 것 외에도, 생존하고 번영하는 데 필요한 것들(음식, 집, 안락함, 배우자, 사회적 위치)을 확보해야 했다. 이것은 추동-자원-획득 체계(또는 '추동 체계')의 역할이고, 이 체계는 흥분, 정욕, 야망과 같은 감정과 관련된다. 이 체계는 도파민과 같은 화학물질의 활동을 통해 우리에게 목표와 자원을 추구할 수 있는 기회를 알려 주고, 목표와 자원을 추구하는 것에 대해 우리의 관심을 집중하고 유지할 수 있도록 도우며, 목표가 달성되었을 때 느끼는 즐거움의 경험들과 관련된다(Gilbert, 2009a; 2010). 위협 체계와 마찬가지로, 이 체계는 매우 활성화되고 동기화될 수 있으며, 주의를 우리가 추구—이는 우리의 목표에 대한 맹목적인 추구가 다른 사람이나 자신에게 해로울 수 있을 때는 문제가 될 수 있다—하는 것으로 강력하게 향하도록 할 수 있다. 또한 이는 우리로 하여금 목표가 이루어졌을 때 찾아오는 간헐적인 쾌락을 더더욱 갈망하게 할 수 있다. 그러나 다른 두 체계와 균형을 이루었을 때 이 추동 체계는 우리가 삶의 중요한 목표들을 향한 추구를 지속적으로 활성화시킬 수 있게 한다.

안전 체계

최근 서구 문화의 내담자들은 이전의 두 체계와 연관된 정서적 경험에 익숙할 것이다. 광고주나 정치적 집단들은 사람들로 하여금 상품을 소비하게 하고, 정치적 공간으로 사람들을 모이게 하기 위해 이 두 체계를 자유롭게 이용하여 위협 및 추동의 경험을 강력하게 동기화시킨다. 이러한 감정들은 중요하지만 체계의 균형이 맞지 않을 때에는 문제가 될 수 있다. 이는 불교 심리학에서 설명하고 있는 고통의 원천—집착(내가 원하는 것으로 향해 감)과 혐오(내가 원하지 않는 것으로부터 멀어짐)—과 잘 부합한다.

반면, 안전 체계는 우리를 활성화시키는 이러한 두 체계와 달리 안전하고, 평온하며, 평화롭고, 만족스러운 느낌을 수반한다. 이러한 감정들은 방어해야 할 위협이 없고 추구해야 할 목표가 없을 때 균형을 유지하는 데 도움이된다. 안전 정서는 긍정적으로 경험되지만 추동 체계가 활성화된 경험과는 아주 다르다(Gilbert, 2009a; 2010).

2장에서 치료사의 역할에 대해 논의한 후 당신이 추측해 볼 수 있듯이, 안전 체계는 일반적으로 애정, 수용, 친절, 소속감의 경험과 관련된다. 그러한 상호작용은 우리를 진정시키고 우리가 안전하고 편안하게 느낄 수 있도록 한다. 옥시토신과 엔도르핀과 같은 화학물질의 작용을 통해 이러한 상호 작용은 스트레스를 줄이고, 고통의 역치에 영향을 미치며, 면역과 소화 기능에 영향을 주고, 편도체에서의 위협 활성화를 감소시킬 수 있다(Gilbert, 2010; Depue & Morrone-Strupinsky, 2005). 위협이나 목표로 좁게 초점이 맞춰진 마음과는 반대로, 안전함을 느낄 때 우리는 이완되는 경험을 하고, 성찰적인 주의를 갖게 되며, 또한 탐구적이고 친사회적이며 이타적인 경향을 갖게 된다(Gilbert, 2009a, 2010). 다른 사람과의 따뜻한 관계로 촉진되는 안전 체계는 우리가 개방적이고 친절하며 반성적인 방식으로 삶에 접근할 수 있도록 도움으로써 두 체계의 균형을 유지하도록 돕는다.

안전 체계가 사회적 관계와 연결된다는 사실은 치료사에게 도전과 기회 모두를 제공한다. 불행히도, 많은 내담자들이 부적응적인 애착의 역사나 대인 관계에서의 트라우마를 가질 수 있고, 이러한 경험들로 인해 다른 사람들과 연결되는 것은 안전하지 않다고 느끼도록 학습해 왔다. 이 때문에 친밀감은 안전이 아니라 위협과 연결된다. 이는 우리에게 해결해야 할 주요한 도전이다. 즉, 내담자들이 (진화적인 의미에서) 안전감을 느끼도록 도왔어야 할 사회적 관계가 두려움을 느끼도록 학습되어 왔다면 우리는 무엇을 해야 하는가? 우리가 알고 있듯이, 안전감과 사회적 관계의 연계 작업을 수행하는데 치료실은 완벽한 실험실이 된다. 능숙하게 진행되었다면, 치료를 통해 내담자들은 '안전 체계를 가동할 수 있게' 되고, 자신의 삶과 마음 안의 위협의 원천들을 직면할 수 있게 된다.

우리의 경험을 조직하기

만일 당신이 CFT의 세 가지 원에서 많은 시간을 보낸다면, 치료사가 다양한 감정과 동기가 어떻게 '마음을 조직하는지'에 대해 이야기하는 것을 자주

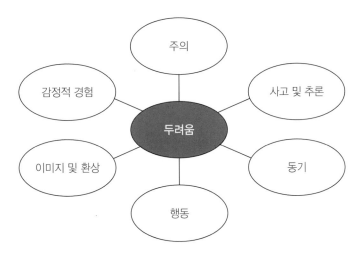

[그림 5-2] 위협 체계가 마음을 조직하는 방법
(Kolts, *The Compassionate Mind Approach to Managing Your Anger* [2012]에서 Little, Brown Book Group의 허락하에 발췌)

들을 수 있을 것이다. 내담자에게 세 가지 원 모델을 이해하도록 도우면서 이 개념을 내담자에게 소개하는 것은 아주 유용하다. [그림 5-2]는 이것이 의미하는 바를 보여 준다.

이 그림이 보여 주고 있는 것은 다양한 감정들(예: 분노, 흥분, 안전감)과 이와 관련된 각기 다른 동기들(예: 공격적, 경쟁적, 연결)은 주의, 느껴진 감정, 사고 및 추론, 심상, 동기부여와 행동의 매우 다양한 패턴들과 연관된다는 것이다.

이 그림은 내담자들이 소크라테스식 대화법을 통해 이러한 감정들이 자신들에게 어떻게 작용하는지를 배우고, 그러한 조직화가 감정의 진화적 기원과 어떻게 연결되는가를 가르치는 데 사용될 수 있다.

다음 사례를 살펴보자.

치료사: 제니, 세 가지 원에 대하여 설명했기 때문에 이제 이러한 감정들이 우리 안에서 어떻게 작용하는지에 대해 이야기해 보도록 하죠. 제가 이 '거미 도표'—다리가 6개 있어서 붙인 유치한 이름이지만—에서 설명한 바와 같이(도표를 가리킨다), CFT에서

우리는 서로 다른 감정들이 어떻게 각기 다른 방식으로 '마음을 조직하는지'에 대해 이야기합니다.

제니: (끄덕인다.)

치료사: 서로 다른 감정에 따른 느낌 이외에도, 이들 감정이 생겨날 때 우리의 마음 안에서 주의를 기울이고, 사물에 대해 생각하며, 상상하는 방식들 또한 이들 각각의 감정에 따라 다르게 경험됩니다. (그림에서 연속적으로 있는 '주의', '사고 및 추론' 그리고 '이미지 및 환상' 원을 가리킨다.) 또한 이러한 감정은 우리가 하고 싶어 하는 일('동기'를 가리킨다)과 실제로 하는 일('행동'을 가리킨다)에도 영향을 미치죠. 우리가 이러한 감정을 느낄 때 실제로 많은 일들이 일어나고 있어요. 이것이 우리가 감정 안에 갇힌 것처럼 느끼기 쉬운 이유입니다. 이해가 되시나요?

제니: (끄덕인다.) 우리가 지난번에 이야기했던 것과 비슷해요. 다른 생각들이 다른 감정을 불러일으키고, 그 감정들이 또 다시 더 많은 생각들을 만들어 낸다는 말이죠.

치료사: (미소 짓는다.) 정확해요! 이제 우리는 위협 체계와 안전 체계가 어떻게 당신의 마음을 매우 다른 방식으로 조직하는지 알아보고자 해요. 먼저, 위협을 느꼈던 일에 대해 생각해 보죠. 당신에게 다음과 같은 몇 가지 상황들 ─ 사교모임 참석에 대한 두려움과 수업 시간에 호명될까 하는 두려움 ─ 이 생겼어요. 그러한 상황 중 하나에 집중해 볼까요?

제니: 친구와의 외출은 어떨까요?

치료사: 좋습니다. 위협을 느끼는 상황에 대해 간단히 설명해 주시겠어요?

제니: 네. 같은 층 여자아이들이 금요일 밤에 같이 나가서 놀자고(같이 밥을 먹고, 바에 가고) 잠깐 들렀었어요.

치료사: 좋아요. 이제 거미 도표를 이용해 보죠. 여기 중간에 어떤 감정을 넣을까요?

제니: 당연히 두려움이나 극심한 불안이죠.

치료사: (원 중간에 '두려움/불안'을 적는다.) 자, 이제 '느꼈던 감정'의 원에서부터 시작하죠. 시작하기 위해서 이러한 감정들이 몸에서 어떻게 느껴지는지를 살펴보는 것이 도움이 될 수 있어요.

제니: 그들이 물어보았을 때 내 심장은 뛰기 시작했고 집중하기가 힘들었어요. 세상이 나에게 집중된 것처럼 말이죠. 저는 그냥 고개를 끄덕이며 그들에게 답을 주겠다고 했어요. 그들이 떠난 뒤에 조금 진정은 되었지만 정말 긴장되고 무서운 순간이었어요. 지금도 그것을 생각하면 힘들어요.

치료사: 그것에 대해서 이야기해 보죠. 당신이 그것에 대해서 어떻게 생각하는지를요. 외출에 대해 불안함을 느낄 때 어떤 생각이 드나요?

제니: 정말 하고 싶지만 또 정말 하고 싶지 않았어요. 평범한 사람들에게는 재미있겠지만 저는 망칠 것만 같았어요. 수백만 가지의 일들이 잘못될 것 같다는 생각이 들었어요. 저는 그들이 정말로 저와 함께 가기를 원한 것이 아니라는 생각도 들었죠. 그들은 단지 제가 부끄러워하는 걸 보거나 조롱하기 위해 저를 초대한다고 생각했죠.

치료사: 그러한 생각들은 그 생각들과 함께 동반되는 꽤 강력한 이미지들을 가지고 있네요. 불안해질 때 어떤 상상을 하나요?

제니: 내가 멍청한 짓을 할 거라고 상상해요. 이상한 옷을 입거나 잘못된 것을 말하거나 하는 것 같이요. 그래서 그들은 저를 초대한 것을 후회할 거예요. 그들은 나중에 저에 대해 놀리면서 이야기하거나, 심지어 제가 옆에 있는 것을 싫어해서 저를 바에 혼자 두고 떠날 거예요(불안한 것처럼 보임).

치료사: 끔찍하네요. 당신이 이러한 상황에 처할 때 당신은 무엇을 하고 싶거나 할 계획인가요? 보통 무엇을 하나요?

제니: 저는 그냥 이렇게 걱정하는 것을 멈추고, 이런 식으로 느끼는 걸 멈추었으면 좋겠어요. 그래서 저는 보통 물러나서…… 그들에게 다음 주에 큰 시험이 있다거나 일이 있는 것이 기억났다고 말하곤 하죠.

치료사: 그래서 이 모든 것은(거미 도표를 향해 제스처를 취하면서) 얼마나 끔찍한 일들이 벌어질 수 있을지를 중심으로 조직되었군요. 당신이 이 상황을 벗어나도록 동기부여하면서 말이죠. 당신이 주로 하는 일인가요?

제니: (슬픈 표정으로 잠시 멈춘다.) 네.

치료사: 심지어 이러한 위협적인 사건을 기억하는 것만으로도 지금 바로 특정한 방식—불

안과 긴장을 느끼면서, 위협으로 초점이 맞춰진—으로 상황을 조직하고 있다는 것을 알 수 있죠. 이러한 경험들이 결합해서 당신이 경험하는 불안—완전히 두려움과 불안에 초점화된—을 만들어 내는 것 같군요. 맞습니까?

제니: 네, 정확히 그래요. 그렇게 느끼면서 많은 시간을 보냈어요.

치료사: 그래서 '불안한 제니'가 최근에 많이 나타났군요.

제니: 네, 그렇습니다.

치료사: 우리에게 자신의 관점을 공유해 준 '불안한 제니'에게 감사해하고, '안전한 제니'는 어떤지 한번 알아봅시다.

제니: 저도 그러고 싶네요. 안전한 제니가 있을지 모르겠지만요.

치료사: 전 당신이 안전한 제니를 발견하는 것을 돕기 위해 여기에 있습니다.

내담자들이 다양한 감정들로 인해 자신이 어떻게 매우 다르게 조직되는지를 관찰할 수 있게 하기 위해서 신체 경험, 주의, 추론, 이미지, 동기화와 행동이 우리가 경험하고 있는 감정과 동기에 따라 매우 다를 수 있음을 언급할 때, 때때로 이것을 '다른 버전의 자기'라고 언급하는 것은 유용할 수 있다. 서로 다른 감정에 사로잡혀 있으면 다른 사람인 것처럼 보일 수 있다. '불안한 제니'와 같은 용어를 사용할 때 내담자에게 이러한 경험들이 아주 강력해 보일 수 있지만, 이는 자신의 한 버전일 뿐이며, 자신 스스로가 적응적인 다른 자기(자비로운 자기에 대한 개념을 소개해 줄 수 있다)를 개발할 수 있다는 것을 인식시킬 수 있다. 또한 이러한 언어는 '불안한 제니'와 현재 경험하는 자기를 구별하는 데 도움을 줄 수 있다. 여기서의 자기는 감정에 사로잡히기보다는 감정을 관찰하고 알아차리는 자기이며, ACT 치료사들은 이를 '맥락으로서의 자기'라 일컫는다.

제니가 자신의 불안을 통해서 마음이 어떻게 조직되는지에 대해서 탐색한 후, 계속해서 치료사가 어떻게 안전 체계를 소개하는지 살펴보자. 이러한 전환에서 진정 리듬 호흡을 진행해 보는 것도 좋은 방법이다. 진정 리듬 호흡은

호흡을 느리게 하고 부교감신경을 작동시켜 자비로운 마음 상태로 전환하는
데 도움이 된다.

치료사: 제니, 우리는 위협 체계가 마음을 어떻게 조직하는지 살펴보았으니까, 안전하다고
느낄 때 그 마음이 어떻게 아주 다르게 조직되는지를 살펴보는 것이 좋을 것 같아요.
안전한 제니가 어떤 느낌인지 알고 싶어요. 어때요?

제니: 시도해 볼 만할 것 같아요.

치료사: 1분 또는 몇 분 정도 진정 리듬 호흡으로 시작해 보죠. 이런 식으로 호흡을 하면 위
협 정서를 작업한 뒤 균형을 잡을 수 있어요. 잠시 호흡을 늦춰 봅시다.

제니: (눈을 감고 호흡을 느리게 한다.)

치료사: 몸을 진정시키고, 마음을 편안하게 합니다. (1분 기다림.)

치료사: 눈을 뜨고 이곳으로 돌아옵니다. (제니가 눈을 뜨고 돌아올 때까지 잠시 기다린다.)
어땠나요?

제니: 좋아졌어요.

치료사: 좋아요. 불안과 같은 감정 속으로 들어가 불안이 우리의 마음을 어떻게 조직하는
지 면밀히 관찰하고, 그런 다음 우리가 불안에서 벗어나는 것을 선택할 수 있다는 것
을 배우는 것이 중요합니다. 진정 호흡은 이때 큰 도움이 될 수 있어요. 불안한 감정
이 조금 남아 있어도 걱정하지 마세요—당신은 불안을 학습하는 데 오랜 시간을 써
왔어요. 불안한 제니는 꽤 오랫동안 불안을 키우는 훈련을 해 왔죠.

제니: (웃으면서) 맞는 말이에요.

치료사: 저는 그 부분을 돕기 위해 여기 있는 거예요. 이제 안전하다는 느낌이 어떻게 몸과
마음을 조직하는지 살펴보도록 합시다. 완전히 안전하고 편하게 느낀 적이 있나요?
아마도 당신이 정말 편하게 느끼는 누군가와 시간을 보냈을 때?

제니: (20초 정도 생각한다.) 네, 고등학교 친구가 한 명 있어요. 그녀 이름은 소피예요. 우
리는 공통점이 많았어요. 그녀도 역시 때때로 불안해하거든요. (밝게, 대화가 편안한
속도로 진행된다.) 우리는 많은 것을 함께 했어요. 우리는 전화 통화를 하거나 커피숍

에 앉아 이야기하면서 시간을 보내곤 했죠. 가끔은 해변에 가거나 어디든지 편안 곳 이면 같이 놀았어요. 그 시절이 정말 그리워요.

치료사: 멋지군요. 지금도 소피를 만나나요?

제니: 휴일에 가끔이요. 졸업하고 소피는 어느 대학에 진학했고, 저도 다른 대학에 진학했 죠. 첫 몇 달은 정말 자주 연락했는데 점차 서로 대화하는 시간이 줄었어요. 선생님도 아시는 것처럼 인생이 바빠질 때도 있잖아요.

치료사: 맞는 말이에요. 지금은 당신이 소피와 함께 있으면서 안전하고 편하다고 느꼈던 시 간에 초점을 맞추고 싶습니다. 그때를 기억할 수 있나요?

제니: 네. 우리가 제일 좋아하던 커피숍에서 모카커피를 사들고 저녁에 해변을 갔던 적이 있었어요. 구조대 탑에 올라 일몰을 구경했죠. 그냥 거기 앉아 담요를 덮고 몇 시간 동안 이야기를 나누었어요. 정말 좋았어요.

치료사: 정말 멋지네요. 그 시간을 기억하고 상상하면 어떤 기분이 드나요?

제니: 편안했어요. 세상에 대한 근심 걱정 하나 없는 사람처럼. 커피와 해변의 일몰을 즐기 며 대화를 나눴죠.

치료사: 당신의 주의가 확장된 것 같은데요? 커피와 아름다운 일몰, 바다의 풍경과 소리 그 리고 바다 냄새를 즐기면서.

제니: 네, 너무 좋았어요. 전 해변을 좋아하거든요.

치료사: 저도 그래요. 소피와 대화를 많이 했다고 했는데, 무슨 이야기를 했나요?

제니: 우리는 모든 것에 대해 다 이야기했었죠. 어떤 대학을 가고 싶은지, 전공을 뭘 하고 싶은지, 앞으로 어떤 일을 하고 싶은지, 좋아하는 이상형, 영화, 음악 등등 모든 것에 대해서요.

치료사: 지금 이야기할 때 어떻게 느껴지는지 알아차려 보세요. 이것은 안전 체계가 어떻게 마음을 조직하는지를 보여 주는 완벽한 예시입니다. 당신이 완전히 편안한 상태로 그곳에 있었다는 게 그려지는군요. 당신 주변에 있는 모든 멋진 감각들을 알아차릴 정도로 주의가 오픈되었네요. 개방적이고 유연한 생각들은 두 사람이 어떤 삶을 원 하는지를 생각하게 하고, 당신이 가고 싶은 어디든 생각할 수 있게 했군요.

제니: 정말 좋았어요.

치료사: 좋습니다. 당신이 안전하다고 느끼고 있을 때, 이미지—당신 마음 안에서의 그림들—가 어떻게 작동되는지 알아차려 보세요. 지금 그 기억을 떠올리는 것으로도 진정되죠. 그렇지 않나요?

제니: 기분이 좋아져요. 그 시절이 그립네요.

치료사: 저도 그려지네요. 당신 마음의 이미지들도 미래에 무엇이 될지 무엇을 하고 싶은지 상상하고 있는 당신의 생각처럼 유연하고 개방적이었을 거라고 상상이 되네요.

제니: 네. 비록 약간 겁이 나기도 했지만 대학 진학에 대해 생각하면서 신나했던 것처럼 그때는 미래도 더욱 흥미로워 보였어요.

치료사: 그래서 소피와 함께 있으면서 안전하다고 느낄 때면 당신은 약간 무섭다고 생각했던 것들에 대해서도 신나하기까지 할 수 있었군요.

제니: 네, 지금은 단지 무섭게만 느껴지는 것들이요.

치료사: (달래듯이) 그래요. (잠시 말을 멈추고) 하지만 그 시간을 생각할 때 안전한 제니가 어떤 사람인지에 대해 조금이라도 알 수 있었나요?

제니: (신중하게) 그랬죠.

치료사: 자, 이제 각기 다른 감정이 마음을 어떻게 조직하는지에 대해 배운 내용을 복습해 보죠. 위협적인 상황—친구들이 밖에 나가자고 했던—을 살펴봤을 때 당신의 주의, 사고, 심상과 동기는 매우 협소해져서 지각된 위협으로만 초점이 맞춰졌죠. 그 모든 것들은 당황스러움과 모욕에 대한 두려움으로 협소하게 초점이 맞춰졌습니다.

제니: (신중하게 끄덕이면서) 음.

치료사: 그다음 대화 중에 소피와의 기억을 떠올렸을 때 모든 것이 바뀌었죠. 당신은 안전하고 편안한 느낌, 그리고 연결감을 기억했어요.

제니: (사려 깊게 미소 지으며, 부드럽게 고개를 끄덕이다.)

치료사: 안전함을 느낄 때 당신의 주의는 주변 환경에 대해서 당신이 감사했던 것들, 당신의 미래에 대해, 그리고 삶에서 원하는 것들로 넓게 열려 있었네요. 당신이 원하는 삶을 상상했을 때처럼 당신의 생각과 심상은 유연할 뿐만 아니라 열려 있었군요. 당신

의 동기는 더 이상 자신을 보호해야 할 것 같은 느낌에 사로잡히지 않았고, 당신은 당신이 모든 종류의 일들을 하는 것을 상상했어요……. 심지어 대학에 가는 것과 같이 조금은 두려웠던 것들을 하는 것에 대해서도 신나는 느낌을 갖기도 했죠. 위협을 느꼈을 때와 마음이 어떻게 다르게 조직되었는지 주목해 보세요. 안전한 제니는 어땠는지 주목해 보시겠어요?

제니: 훨씬 더 오픈되고 자유로웠어요. 그 느낌을 더 자주 느끼고 싶어요.

치료사: 그 문제에 대해 같이 해결해 보는 건 어떨까요?

제니: 좋아요.

이 대화에서 치료사는 제니에게 다른 감정들이 그녀의 마음을 어떻게 다르게 조직하는지에 대해 안내한다. 이는 두 가지 방식으로 진행된다. 즉, 기억을 회상할 때, 그 상황 안에서 마음이 어떻게 조직되었는지에 대한 탐색과 현재 그녀가 경험하는 감정적 반응에 대한 탐색이다. 우리는 우선적으로 전자를 강조하는데 중점을 두지만(위협과 안전이라는 다른 감정 상태에 있을 동안에 주의, 사고, 이미지, 동기 등이 어떻게 조직되는지에 대한 탐색), 과거의 기억들이 현재의 감정을 형성하는 방식을 강조하는 것은 미래의 이미지 작업을 위한 준비에 도움을 주고, 기억이 감정의 뇌에 미치는 강력한 영향력을 이해하도록 도울 수 있다.

치료사는 제니에게 위협과 안전과 관련된 기억들을 불러일으키게 했고, 이러한 감정들이 그녀의 경험을 조직하는 서로 다른 방식을 탐색하도록 안내했다. 상담 진행 과정 전반에 걸쳐 내담자의 감정을 반영하고 이야기를 타당화하는 것은 내담자의 감정 경험을 깊게 하고 내담자와 상담자 간의 관계를 강화한다. 제니가 안전 체계의 상태에서 이탈하려고 할 때(예: 그녀가 '그 시절'이 지나갔다는 것에 대해 아쉬워하고, 소피와의 관계 상실에 대해 후회하거나, 현재 상황이 '무섭기만 하다'라고 말할 때), 치료사는 그녀의 경험을 자비롭게 타당화하고 바로 탐색에 초점을 맞추도록 이끈다. 또한 치료사는 따뜻함, 자신감과 지지를 전달하는 다음과 같은 말로 안전한 치료적 관계를 형성하도록 시도한다. "그것이 제가 오늘 여기 당신을 돕기 위해 있는 이유예요." "같이 해결하는 건 어떨까요?" 우리는 이번에는 '안전한 제니'와 동반하여 '불안한 제니'를 다시 방문한다. 이러한 작업은 서로 다른 강력한 감정과 동기가 서로 다른 자기—버전으로 우리를 조직할 수 있다는 아이디어를 반영하고 있다. 이 작업을 통해 이해할 수 있고, 가치 있다고 느끼며, 선택적으로 강화할 수 있는 자기— 버전을 조직할 수 있는 경험을 내담자에게 제공할 수 있다. 자비롭고, 친절하며, 지혜롭고, 강한 관점을 개발하고 강화하는 작업은 자비로운—자기 작업(compassionate-self work)을 위한 발판을 마련한다.

슬픔은 어떠한가

당신은 세 가지 정서 조절 체계에 대해 이야기할 때 슬픔에 대해서는 거의 논의하지 않았다는 것을 알아차렸을 수 있다. 슬픔은 세 가지 체계를 이용해서 범주화하기 어려운 흥미로운 감정인데, 이는 적용하기가 쉽지 않기 때문이다. 슬픔은 보통 상실이나 실망의 경험과 관련이 있다는 점에서 위협과 관련된 것으로 볼 수 있지만, 슬픔의 생리적 · 심리적 특징은 고양된 각성과 긴장, 그리고 협소한 사고와 주의를 수반하는 위협 정서와는 매우 다르다. 대조적으로 슬픔은 보통 좀 더 낮은 수준의 각성과 관련되고, 때로 더 개방적인 사고와 주의—예를 들어, 삶의 의미에 대한 숙고와 반성—와 관련된다. 또한 슬픔은 다른 사람들로부터 돌봄 반응, 아마도 안전감을 유발하는 기능(safeness-eliciting function)을 이끌어 내는 것 같고, 대체로 추동 추구의 비활성화를 수반한다.

슬픔이 우리를 조직하는 방식에 대한 보다 많은 연구가 필요하겠지만, 위협 체계의 원 안에 슬픔을 집어넣어 단순화하기보다는, 활성화 패턴과 슬픔을 촉발하는 맥락적 요인들(상실과 같은)과 관련해 슬픔을 살펴보는 것이 가장 바람직할 것이다. 이러한 관점에서, 정상적인(normal) 슬픔은 낮은 수준에서부터 보통 수준까지의 지각된 위협(상실 그러나 활성화된 위험은 없는), 낮은 추동과 보통의 안전감 수준을 수반하는 상태로 볼 수 있다(우리는 상실의 경험과 연결되고 그것이 우리에게 의미하는 바를 이해할 수 있을 정도로 충분히 안전하다고 느낀다). 또한 이는 주요 우울증과 관련된 깊은 슬픔을 경험하는 내담자를 위한 치료 중재를 안내하는 데 도움이 될 수 있다. 주요 우울증은 보다 높은 위협 활성화(종종 우울이 유의미한 불안을 동반하는 것처럼—예를 들어, 어떤 개인의 삶의 전반적인 방식을 위협하는 상실), 매우 낮은 추동과 '낮은 안전감에서부터 보통의 안전감 수준과 연합된다. 이 경우, 우리는 내담자가 위협 활성화에서 벗어날 뿐만 아니라 추동 체계를 가동—우울증에 대한 행동 활성화 치료의 유익한 효과를 제시하는 연구들에 의해 입증되었듯이—할 수 있도록 하여 균형을 맞추도록 하고, 이를 통해 안전감을 증가시킬 수 있도록 도와주고자 한다. 예들 들어, 긍정적 사회 경험들의 증가와 관련된 행동 활성화는 이 두 목적 모두를 이루는 데 도움이 될 수 있다.

동기와 사회적 정신틀

세 가지 원과 관련된 감정들 이외에, CFT는 우리가 진화된 동기를 중심으로 조직될 수 있다는 점을 강조한다. 동기는 세 가지 원의 감정들에 대해 동기를 부여하고 행동적인 확장을 가져온다. 예를 들어, 연결, 목표 추구, 공격, 사회적 지배력 주장, 자기 방어, 친구나 놀이에 대한 동기가 그것이다. 이러한 동기들은 대인관계에서 드러날 수 있는데, Paul Gilbert는 이를 사회적 정신틀이라 지칭했다(Gilbert, 2009a; 2010; 2014). 우리는 사회적 정신틀을 고려해 특정 동기에 대한 사회적 상호작용을 구성하는 틀 구조(frameworks)를 만들 수 있다. 서로 다른 정신틀이 어떻게 완전히 다른 방식으로 내담자들의 경험을 구성하는지를 그들과 함께 살펴보는 것도 유용할 수 있다. 예를 들어, 방어, 경쟁, 돌봄, 성에 관한 사회적인 정신틀이 주의 기울이기, 사고, 심상, 경험, 동기, 행동에 있어 아주 다른 패턴들과 어떻게 연합되는지를 비교하고 대조하기 위해 앞서 제시된 거미 도표를 사용할 수 있다.

그러한 자각은(그리고 어떤 사회적 정신틀이 유용할 수 있는지에 대한 숙고) 내담자들이 관계의 어려움들을 이해하고 작업하도록 하는 데 아주 유용할 수 있다.

요약

이 장에서는 정서의 세 가지 원 모델에 대해 소개했다. 이 모델은 CFT에서 여러 목적으로 사용된다. 감정에 대한 내담자들의 이해는 이러한 감정들이 자신에게 문제가 있는 것이 아니라 우리 조상들이 생존하는 데 도움을 주었기 때문에 우리 모두가 이러한 감정을 가지고 있다는 깨달음으로 전환하게 하고, 내담자들이 자신의 감정에 대한 수치심을 줄이는 데 도움이 된다. 이러한 시각으로, 내담자들은 그들이 원하지 않았던 많은 감정들은 위협이 감지될 때 안전을 지키기 위한 진화된 뇌의 노력으로 볼 수 있게 된다. 이러한 경험들을 다룰 때, 이러한 감정 패턴에 대한 비난보다는 오히려 자비로운 접근이 유효하고, 마음을 진정시키며, 더욱 유용한 방법들을 모색하게 한다.

이 모델은 또한 고통을 다루는 방법으로 자비를 계발하는 데 도움을 준다. 우리는 내담자가 스스로를 공격하는 것이 위협 체계를 지속적으로 재활성화시킨다는 점을 인식하도록 하며, 또한 내담자가 힘든 감정과 삶의 어려움을 다루고자 할 때 안전 체계에 접근하는 방법으로서 자비를 이해하도록 돕는다. 마지막으로, 이 모델은 감정에 대한 마음챙김을 개발하기 위한 일종의 지름길이 될 수 있다. 우리는 내담자들이 어려움을 겪을 때, 세 개의 원을 떠올리고, 그들이 각각 어디에 있는지—아마도 위협, 추동, 안전을 1부터 10까지의 척도로 빠르게 평가하면서—를 생각해 보라고 제안할 수 있다. 내 졸업생 중 한 명(치어리더 코치이기도 했던)은 "모르겠으면 원을 그려라!"라고 제안했다. 내담자들이 이 작업을 수행하면서 자신이 위협 체계에 갇혀 있다는 것을 관찰하게 되면, 신속히 진정 리듬 호흡으로 속도를 늦춘 뒤, 이후 자비로운 전략들을 사용해 감정과 상황을 다룰 수 있다. 이에 대해서는 뒤에서 소개할 것이다.

CFT Made Simple   6장

자비로운 이해:
자기의 사회적 형성

앞서 논의한 바와 같이 CFT에서 자기와 타인을 위한 자비는 내담자들의 많은 문제가 자신이 선택하거나 설계하지 않는 요소와 관련이 있다는 것을 깨닫는 데서 시작한다. 우리는 이전 두 장에서 첫 번째 깨달음—진화에 의해서 형성된 복잡한 뇌를 가지고 있기 때문에 다루기 매우 어려운 감정들이 생길 수 있다는 인식—을 탐색하였다. 그러나 두 번째 깨달음도 있다. 태어나는 순간부터 진화된 유전적 잠재력(유전자형)은 우리가 선택하거나 설계할 수 없는 또 다른 요인들—초기의 사회적 환경—과 상호작용하여 형성된다.

우리는 유아기에 전적으로 양육자에게 의존하게 되는데, 이 양육자들은 우리를 잘 돌보거나 우리가 이러한 강력한 감정들을 조절하는 것을 배울 수 있도록 도움을 주는 데 충분히 준비되거나 또는 준비되지 않을 수 있다. 우리는 사람들이 매우 다른 기질—불안과 짜증과 같은 감정을 경험하기 쉬운—을 가지고 태어난다는 것을 알고 있다. 이러한 기질은 초기 사회 환경과 상호작용을 해 가면서 시간이 지남에 따라 우리의 미래의 모습을 형성해 간다.

증가하는 연구들에 따르면, 이러한 초기 환경은 발달 중에 있는 뇌—특히,

감정 조절과 사회 정보 처리와 관련된 뇌의 영역에서—에 큰 영향을 미친다 (Siegel, 2012; Cozolino, 2010). 유년기, 청소년기 그리고 초기 성인기로 성장하면서 우리가 살고 있는 환경에 대한 영향력은 커지지만, 우리는 여전히 사회적 영향력들(social forces)에 의해 형성되고 있으며 향후 인생에서 우리를 힘들게 할 수 있는 습관들을 모델링하고 강화할 수 있다. 우리가 사회적 영향력에 의해 형성되어 온 방식을 인식하는 것은 내담자의 자기-자비 계발을 지원할 수 있다. 내담자들이 스스로 가장 부끄러워하는 자신의 측면들은 우연히 발달하지도 않았고, 그들이 가진 어떤 선천적인 결함에 의한 것도 아니라는 것을 깨닫기 때문이다.

자기의 다양한 버전들

CFT 워크숍에 자주 참석하게 되면 다음과 같은 이야기를 들을 수 있다.

> 나는 중산층 가정에서 태어났다. 부모님은 내가 생존하고 잘 자랄 수 있도록 필요한 것들—음식, 집, 옷, 돌봄, 재미난 활동 참여—을 제공해 줄 수 있는 사랑 많은 분들이셨다. 그들은 나의 교육을 지원했으며 살아가는 데 필요한 기술—공부하는 방법, 재정 관리 및 수많은 다른 것—을 가르쳐 주셨다. 하지만 내가 가난한 빈민가에서 마약에 중독된 미혼모에게 태어났다고 생각해 보자. 도움이 필요하거나 나를 도와줄 수 있었던 사람들에게 학대를 당할 때 나를 돌봐줄 수 있는 사람 없이 종종 굶주림과 외로움을 경험했다고 생각해 보자. 먹을 것을 훔치고, 나 자신을 보호하기 위해 싸우고, 돈을 벌기 위해 마약을 팔거나 다른 범죄를 저지르는 법을 배워야 했다고 생각해 보자. 현재 나의 버전—대학교수, 심리학자이인 Gilbert—이 가능하기는 한 일일까? 정말 가능할까?

우리는 모두 기본적인 욕구를 가지고 있고, 우리들이 처한 상황—우리가 선택하지는 않았지만 살아가기 위해 적응해야 하는 상황—안에서 자신의 욕구를 충족하는 법을 학습한다. 여기서의 아이디어는 우리 모두는 우리가 될 수 있었던 것 중의 유일한 한 가지 버전—즉, 우리의 삶의 경험과 유전적 기질 사이에서 일어나는 고유한 상호작용 패턴으로 인해 나타난 버전—의 모습만을 보여 준다는 것이다. 우리와 모든 내담자들은 생애 초기와 이후 지속된 학습 경험뿐 아니라 애착 관계로 강력하게 형성되었다. 이러한 사회적 영향력을 살펴보는 것은 내담자들이 그들 자신과 타인에 대한 자비를 계발하도록 돕는 데 강력한 출발점이 될 수 있다. 이러한 환경이 자신의 삶에 어떠한 영향을 줄 수 있는가에 대한 인식을 높이는 것은, 내담자들이 자신의 현재 사회적·물리적 환경을 다루는 것에 대해 책임감을 느끼도록 도울 수 있다.

자기의 사회적 형성

치료에서 내담자들에게 그들의 현재 경험이 자신이 살아온 삶의 사회적 맥락과 어떻게 관련되는가를 살펴보도록 하는 것은 유용할 수 있다. 여기서는 이 중 몇 가지에 대해 간략히 짚어 보고, 치료실에서 이를 어떻게 적용하는지 살펴보자. 다룰 수 있는 지면이 한정되어 있으므로, 여기에서는 이 주제에 대해서 빠르게 살펴보겠지만, 보다 더 심층적인 연구를 원하는 사람들을 위한 이용 가능한 많은 다른 자료들이 있다.

애착의 역사와 애착 양식

앞 장에서 우리는 우리를 받아들이고 돌보는 다른 사람들과의 관계에서 인간이 어떻게 안전감을 느끼도록 진화했는지에 대해 살펴보았다(Gilbert,

2009a; 2010). John Bowlby와 그의 뒤를 따르는 애착 연구자들은 초기 사회 환경이 다른 사람들과 관계하는 우리 자신에 대한 가장 기본적인 이해를 어떻게 형성하는지를 설명했다. 이런 방식으로 초기 애착의 역사는 우리가 다른 사람들과의 관계를 어떻게 경험할지와 안전감을 느낄 수 있는 능력을 형성하는 비교적 지속적인 애착 양식을 만든다.

여러 연구자들이 다양한 방법을 사용하여 애착 양식을 분류하고 이름을 붙였다. 우리는 애착을 감정 조절에 영향을 줄 수 있는 세 가지 과정과 관련하여 논의하고자 한다. 안정형 애착, 불안형 애착 및 회피형 애착이 그것이다. 안정형 애착은 우리의 필요에 민감하게 반응하는 양육자와의 상호작용으로 인해 생겨나는 경향이 있다. 안정형 애착을 가진 사람들은 도움이 필요한 경우에 도움을 받을 수 있다는 것을 학습하고, 자신이 사용할 수 있는 효과적인 정서 조절 전략의 레퍼토리를 개발한다(Mikulincer & Shaver, 2007). CFT 관점에서 볼 때, 안정형 애착 관계는 스스로를 진정시킬 수 있는 능력을 촉진하는 신경망을 구축하고 강화하면서 위협에 기초한 감정을 효과적으로 다루려고 할 때 안전 체계를 발화시킨다. 스스로를 진정시키면서, 안정형 개인들은 자신의 감정에 대해 개방적인 태도를 유지할 수 있다. 즉, 적응적인 방식으로 그 감정들을 인지하고, 느끼고, 표현한다(Mikulincer & Shaver, 2007). 이들은 또 자신이 돌봄과 친절을 받을 가치가 있다는 것을 배움으로써 스스로를 가치 있게 여기는 법을 배운다.

불안형 애착은 자녀의 고통에 신뢰롭지 않고, 일관되지 않게 반응하는 양육 환경에 기인하는 경향이 있다. 불안형 애착은 사람들과 연결되기를 바라지만 필요할 때 그러한 연결이 가능하리라 믿을 수 없거나, 예측할 수 없게 그러한 관계가 사라질 것이라는 두려움과 관련된다. 따라서 그러한 개인은 사회적 돌봄이나 관계가 존재한다고 해도 안정감을 느낄 수 없는 자신을 발견할 것이다. 높은 수준의 불안형 애착을 가진 내담자는 과장되고 강력한 방식으로 위협을 경험할 수 있다. 이는 아마도 아이가 극심한 고통을 보였을 때

에만 돌봄을 제공하는 양육자에 의해 형성된 것으로 볼 수 있다(Mikulincer & Shaver, 2007). 자기를 진정시키거나 감정을 조절하는 데 어려움을 겪고 있는 사람들은 위협 체계 속에 살고 있으며, 지각된 위협을 반추하고 사회적 위협의 징후에 과민하게 반응할 수 있다. 이들은 다른 사람들에게 관심이 있지만, 관계를 유지하는 데 어려움을 겪고 거절에 대한 엄청난 공포를 갖는 경향이 있다.

반대로, 높은 수준의 회피형 애착을 가진 개인은 감정적인 경험을 억제하고 억누르거나 회피하기 위해 많은 전략을 사용한다. 종종 필요할 때 존재하지 않거나 반응을 보이지 않는 양육자들에게 자라난 회피형 개인은 사람들 사이에 거리를 두고 '혼자서 하는(going it alone)' 경향을 보이며 지지-추구(support-seeking)를 위험하거나 불편하거나 헛된 것으로 여길 수 있다. 연결이나 지지의 느낌을 통해 스스로를 진정시킬 수 없는 이러한 사람들은 대신 거리 두기, 부인하기, 감정을 최소화하기 등의 회피 전략을 사용한다. 이 전략은 내담자들이 문제 해결, 지원 요청, 상황 재평가와 같은 보다 도움이 되는 방식 대신 그저 회피하려고만 하기 때문에 효과적인 대처를 방해한다(Mikulincer & Shaver, 2007). 불안형 사람들과 같이, CFT 관점에서 회피형 사람들은 스스로를 진정시키고 감정을 다루는 안전 체계가 발달하지 못한 것으로 보인다. 대신 그들은 장기적으로 큰 손상을 초래할 수 있는 위협-기반의 회피 전략(안전 전략이라 불리는)에 의존한다.

내담자는 다른 사람과의 관계에서 안전감을 느낄지, 감정을 다룰 때 자신감을 느낄지, 스스로를 연결된 존재 혹은 취약하거나 고립된 존재로 느낄지 여부를 선택할 수 없다. 이러한 것들이 선택할 수 있는 것이라면, 우리 모두는 당연히 안전감, 자신감, 연결감을 선택할 것이다. 우리는 과거를 바꿀 수는 없지만 내담자가 어떻게 이런 방식을 가지게 되었는지를 이해하고 이러한 경험은 그들의 잘못 때문이 아니라는 점을 이해하도록 도울 수 있다.

치료사: 제니, 지난 회기에서 우리는 우리가 어떻게 위협을 느끼거나 안전하다고 느끼는지 그리고 그러한 경험이 어떻게 마음을 조직─어떻게 주의를 기울이고, 감정, 사고 등을 경험하는지 등등─하는지에 대해서 이야기했었죠.

제니: 네, 기억하고 있어요.

치료사: 좋습니다. CFT에서는 사람들이 안전하다고 느끼거나 또는 위협을 느끼는 것을 어떻게 학습하는지에 대해서도 살펴봅니다. 그리고 많은 경우, 이것은 타인과의 관계에 대한 우리의 역사와 관련이 있어요. 이것에 대해서는 전에 조금 이야기했었죠. 중학교 때 다른 여자아이들과 겪은 끔찍한 경험 이후 당신이 사회적 상황에서 안전하지 않다는 것을 어떻게 학습했는지에 대해서 말이에요.

제니: 맞아요. 끔찍했어요. 그 일 때문에 다른 사람들과의 관계가 무서워졌어요.

치료사: 그 일 때문에 당신은 다른 사람들을 믿지 못했고 관계를 갖는 것에 대해 두려워했죠?

제니: 거의 불가능했죠.

치료사: 그 일이 일어났을 때─새 학교로 전학을 가고, 다른 여자아이들도 당신에게 못되게 굴었을 때─이 문제에 대해 다른 사람에게 이야기했나요?

제니: 엄마와 대화하려 했지만 실제로 도움이 되지 않았어요. 엄마도 노력했지만 나를 이해하는 것 같지 않았어요. 엄마는 여자아이들은 가끔 그렇게 행동하니까 크게 걱정할 일이 아니라고 했어요.

치료사: 그래서 당신의 엄마는 정말로 당신에게 도움을 줄 수 없었나요?

제니: 글쎄요, 엄마 자신도 잘 지내지 못했어요. 엄마와 아빠는 이혼했고 결혼 생활은 한동안 좋지 않았어요. 정말 싫었죠. 아빠는 바람을 피웠고 엄마는 술을 많이 마셨어요. 이혼한 뒤 이사할 만큼 상황은 안 좋았어요.

치료사: 당신 곁에 있어 주기 어려울 만큼 그녀의 삶도 엉망이었군요?

제니: 네, 노력은 했어요. 엄마는 정말 그랬죠. 엄마 자신은 좋은 부모 노릇을 하고 있지 않다고 생각했을 것 같아요. 실제로 가끔 그런 말을 하기도 했고, 그것을 보상하려고도 했죠. 엄마는 청바지나 다른 비싼 물건도 사주었어요. 하지만 대부분은……. (고개를

흔들며 한숨 쉰다.)

치료사: 대부분은?

제니: 대부분의 시간 동안 나는 엄마와 함께하지 않았어요. 아빠가 있을 때 엄마는 행복해 보이지 않았고 이후 이사를 했고…… (잠시 말을 멈춤) 엄마는 저에게 못되게 굴지 않았어요. 그저 엄마 자신의 일로 바쁜 것처럼 보였죠.

치료사: 아빠는 어땠나요?

제니: 아빠는 없는 것과 같았어요. 대부분 떨어져 지냈던 것 같아요. 일이 많거나, 아니면 다른 무언가를 했든 간에요.

치료사: 아빠와 같이 있을 때 그와 많은 관계를 가졌었나요? 아빠와 함께 했던 일을 기억해요?

제니: 아빠와 같이 보내는 시간이 좋았지만 그렇게 많지 않았어요. 부모님 이혼 이후 아빠는 계속 나와 같이 있고 싶다고 했지만 실제로는 그렇지 않았어요. 주말에 나를 데리고 가기 위해 약속해 놓고는 실제로 오지 않았어요. 얼마 뒤부터는 전화도 하지 않았어요. 아마 새 가족에게 더 신경 쓴 것 같아요. (고개를 숙이며 눈물을 약간 보인다.)

치료사: (조용히 기다린다.)

제니: (한숨 쉰다.) 형편없는 부모 밑에서 자랐죠?

치료사: 그들은 자신의 일들로 바빠서 당신 옆에 있어 주는 것이 어려웠던 것 같네요. 우리가 안전 체계에 대해 어떻게 이야기했는지, 그리고 우리를 돌봐주는 사람들과의 관계를 통해 어떻게 안전감을 느끼는지에 대해 기억해 보세요. 이 모든 것을 생각했을 때, 당신은 사람들과의 관계에서 안전하다고 느끼는 데 어려움을 겪고, 당신이 어려움을 느낄 때 도와줄 수 있는 사람이 있다는 사실을 믿기 어려워하죠?

제니: 그런 것 같아요.

치료사: 도움이 필요할 때 당신을 도울 수 있는 사람에게 의존할 수 있다는 것을 배우기보다는, 그들은 **가끔씩만** 곁에 있다는 것을 배웠죠. 그리고…….

제니: 많은 시간 그들은 그렇지 않았죠.

치료사: 제니, 이러한 학습으로 보면 관계에서 안전하지 않다고 느끼는 것이 당신의 잘못이

라고 생각하나요? 당신이 도움이 필요할 때 곁에 있는 다른 사람을 신뢰하는 데 어려움을 겪는 것이 당신 잘못이라고 생각하나요? 그렇지 않다면 당신의 삶이 당신에게 가르쳐 준 것입니까? 그것이 당신의 잘못인가요?

제니: 아니요, 그건 제 잘못이 아니에요.

치료사: (잠시 말을 멈추고) 한 번 더 얘기해 볼래요?

제니: (울면서) 제 잘못이 아니에요.

이 대화에서 볼 수 있듯이, CFT에서는 애착 양식에 따라 사람을 분류하기보다는 내담자가 수치심 없이 자비로운 방법으로 자신의 감정, 동기, 행동을 이해하도록 돕는 데 초점을 맞춘다. 내담자가 안전하지 않다고 느끼도록 학습하거나 자신이 원하는 삶에 적합하지 않은 습관들을 발달시킬 수 있는 방법은 많다. 몇 가지 살펴보도록 하자.

학습 이론과 행동 치료

학습 이론과 행동 치료는 다양한 감정과 행동 문제를 이해하고 치료하는 데 성공적으로 적용되어 왔다. CFT는 이러한 접근 방식과 함께 사용될 수 있으며, 이상적으로 CFT 치료사는 기본 행동 원리들을 배우고 이를 내담자 문제의 이해와 치료를 위해 적용하는 방법을 훈련받을 것이다. 행동주의자와 행동주의가 항상 따뜻하고 자비로운 것은 아니지만, 더 면밀히 살펴보면 행동주의적인 이해는 그 핵심에 있어서 본질적으로 수치심과 자기-공격을 약화시킨다는 것을 알 수 있다.

학습 이론과 행동 치료는 치료사뿐 아니라 내담자들이 자신의 문제가 어떻게 학습되었으며, 문제가 일어나는 맥락을 고려할 때 이러한 어려움들이 어떤 의미를 담고 있는가를 이해하도록 돕는다. 이러한 문제들이 본질적으로 나의 잘못에서 기인한 것이 아니라 학습된 것으로 인식하게 하는 것은 내담자가 자신을 자비롭게 대할 수 있게 하고('이 문제가 생긴 것은 내 잘못이 아니야'), 치료사가 그 문제들을 자비롭게 다루고자 할 때 방향을 제시한다. 학습 이론과 행동 치료에 대한 훌륭한 자료들이 많아서 여기서 자세히 다룰 수는 없겠지만, 몇몇 학습 이론의 방법들과 이러한 이해를 CFT에 적용할 수 있는 방법들에 대해서는 간단히 언급하고자 한다.

조작적 조건형성과 행동기능분석

　행동에 대한 기능 분석은 내담자들이 '왜 나는 이러한 것을 할까?'라는 질문에 답하는 것을 도와주는 데 아주 유용할 수 있다. 기능 분석을 수행하는 것은 주어진 행동의 발생을 통제하는 요소들을 파악하는 것—그 행동이 일어나도록 발판을 마련해 주는 요인들은 무엇인지 그리고 어떤 결과가 뒤따르는지—과 관련된다. 이 과정은 보통 약어인 A-B-C를 사용해 전달되며 이는 **선행 사건**(antecedent), **행동**(behavior), **결과**(consequence)를 의미한다. 기능 분석을 수행할 때 우리는 특정 행동을 먼저 선택한다. 이는 내담자가 관찰할 수 있는 일이거나 자기-공격적인 사고나 반추와 같은 사적인 행동일 수 있다.

　일단 관심 있는 행동을 파악한 뒤 그 행동에 대한 선행 사건—그 행동에 앞서 일어나고 그 행동이 일어날 것 같다는 신호를 주는 요인들—을 찾는다. 선행 사건은 관련 행동의 발생을 촉발하는 처벌이나 보상의 존재를 알려주는 외부 요인(자극)일 수 있다. 이 자극은 우리가 위협과 보상의 존재를 탐지하거나 **구별**할 수 있게 하기 때문에 **변별 자극**이라 불린다. 또한 선행 사건은 특정 개인이 좋아하거나 좋아하지 않는 것에 대한 가용성(availability)과는 관계없는 내적 경험일 수 있지만, 특정 행동이 일어나기 위한 발판을 제공하는 동기 상태를 포함하며, 어떤 행동이 즐겁거나 불쾌한 결과를 가져올 수 있는가의 여부에 영향을 미친다. 배고픔이 좋은 예시이다. 우리는 이것이 어떻게 작동하는지 이해할 수 있다. 음식의 일반적인 가용성과는 관계없이 배고플 때 먹는 음식은 훨씬 큰 보상을 준다. 이러한 방식으로 선행 사건은 우리에게 보상의 존재와 가용 여부를 알려주거나(변별 기능으로 작용) 또는 우리가 보상을 추구하도록 동기를 부여할 수 있다(동기 부여의 기능으로 작용; Törneke, 2010). 선행 사건은 행동이 바람직하거나 그렇지 않은 결과를 가져올 가능성을 우리에게 알려주고, 이러한 행동들이 일어날 수 있는 발판을 마련해 준다는 점을 이해하는 것이 핵심이다.

관심 행동과 이에 선행되는 사건을 구체화한 후, 행동 뒤에 일어나고 향후 그 행동이 일어날 가능성에 영향을 미치는 결과들을 탐색할 수 있다. 일부 결과는 강화되어 행동이 반복될 가능성을 높인다. 이 결과는 시험 공부 이후 좋은 성적을 받는 것(정적 강화, positive reinforcement)과 같이 개인이 선호하는 결과이거나 두통을 해결하는 약과 같이 개인이 싫어하는 경험의 종료 또는 제거(부적 강화, negative reinforcement)와 관련된 결과일 수 있다.

처벌(punishers)이라 불리는 또 다른 결과는 행동이 반복될 가능성을 감소시킨다. 이는 질문에 답변하려고 한 뒤 비웃음을 당하는 것과 같이 행동의 결과가 혐오스럽고 바람직하지 않기 때문에 발생할 수 있다(처벌 또는 정적 처벌이라 부르는데, 여기서 정적이란 바람직하지 않은 결과가 늘어나는 것을 말한다). 처벌은 당신이 불쾌한 농담을 한 뒤 친구들이 당신에게 거리를 두고 멀어지는 것처럼 개인이 선호하는 것을 끝내거나 없앨 때도 생길 수 있다. 이는 **부적 처벌** 또는 **반응 대가**라 불리며 여기서 부적이라는 것은 선호하는 상태나 상황이 **줄어드는** 것을 의미한다(이처럼 행동이나 반응에도 대가가 따른다).

내담자들과 함께 기능 분석을 수행하는 것은 내담자들이 그들이 관여한 행동—수치심과 자기-비난적이라고 느낄 수 있는—을 맥락 안에서 살펴봄으로써 그 행동이 실제로 어떤 의미가 있는가를 이해하도록 도울 수 있다. 우리는 수감자가 항상 위험한 환경에서 살아왔다는 것을 알 때, 그리고 수감자가 공격성을 보이는 이유가 자신을 희생양으로 삼지 말고 내버려 두라는 의미라는 것을 이해할 때, 수감자의 공격성이 가진 보다 전체적인 의미를 파악할 수 있다.

크리스: 내가 그 남자를 거의 죽일 뻔 했을 때, 다른 사람들은 나를 내버려 뒀어요. 내 행동
　　　에 간섭할 만한 가치가 없다고 판단한 것 같아요. 저로서는 그게 더 좋았죠. 그들은
　　　내가 언제든지 폭발할 수 있다는 것을 알았어요. 날 가지고 놀면, 가만두지 않는다는
　　　것을 안 거죠.

치료사: 마치 당신은 안전함을 느끼기 위해서는 난폭해져야 한다고 학습한 것 같네요. 당신
　　　이 충분히 거칠어지면 사람들은 당신을 내버려 두겠죠. 그리고 그게 통했네요. 우리
　　　가 이처럼 생각한다면, 당신은 그 이미지를 유지하기 위해 폭력을 학습했군요. 이것
　　　이 말이 되나요?

크리스: 네, 확실히요. 하지만 그것은 되고 싶은 내가 아니에요. 내가 바라는 아빠의 모습도
　　　아니죠.

치료사: 당신의 폭력적인 버전은 목적을 달성했지만, 우리는 그에게 책임을 맡길 수는 없
　　　죠. 당신이 되고 싶어 하는 아버지와 어울리는 다른 버전을 같이 개발해 보는 건 어
　　　때요?

크리스: 좋아요.

　　마찬가지로, 우리가 내담자의 자해가 끔찍한 감정적인 고통을 일시적으로
나마 덜기 위한 것이라는 점을 인식할 때, 왜 그녀가 이러한 전략을 포기하기
어려웠는가를 자비롭게 이해할 수 있다. 이들 두 내담자 모두는 자신에게 엄
청난 문제를 만들어 내고, 자신이 되고자 원하는 사람과도 어긋나는, 그렇지
만 자신의 삶에서 매우 실제적인 목적에 기여하고 있는(또는 기여했던) 행동
을 멈추기 위해 싸우고 있는 자신을 바라볼 때 강렬한 수치심과 자기-비난
을 경험할 것이다. 이러한 수치심과 자기-비난은 역설적으로 그들을 위협
체계에서 벗어나지 못하게 하고 행동 변화에 대한 책임감을 방해할 수 있다.
그들은 수치심과 관련된 불편함을 피하기 위해 다른 사람들을 비난하거나,
자신의 행동을 합리화하고, 또는 단순히 주의를 다른 곳으로 돌려 버릴 수 있
다. 우리는 이러한 문제가 반복해서 일어나는 것을 알고 있다. 내담자들은 자

신의 욕구를 충족시키고 안전을 유지하기 위해 발달시켜 왔던 자신의 삶에서 형성된 바로 그 행동들과 싸우고 있다. 내담자들은 자신의 삶의 역사라는 맥락에서 이러한 행동의 의미를 이해함으로써 자기에 대한 공격을 멈추고, 자신을 안전하게 지키고 고통과 작업하려는 훌륭한 목표를 달성하기 위해 자비로운 태도로 보다 도움이 되는 전략을 발견할 수 있다.

CFT에서 볼 때, 많은 내담자들은 위협 체계—그들의 삶과 행동을 불편한 감정을 감소시키거나 회피하려는 노력에 집중하는—안에서 살고 있는 것으로 보인다. 이는 행동주의자들이 '혐오 통제 하에 있는' 행동이라 부르고(Skinner, 1953), 불교도가 혐오(aversion)에 대해 이야기할 때 언급하는 것이다. CFT에서 우리는 내담자들이 단순히 위협적이고 불편한 경험을 줄이는 방법을 학습하도록 돕는 것이 아니라, 그들이 안전감을 느낄 수 있도록 돕는 자비로운 버전의 자기를 계발하고 강화하며(혐오 통제 약화), 그들의 어려움을 다루는 데 도움이 되는 것을 탐색하고(단순히 어려움과 관련된 원치 않는 감정을 회피하고 벗어나려는 시도와는 달리), 자신의 삶을 원하는 방식으로 향해 갈 수 있도록(그들이 원하지 않는 방식에서 멀어지는 것과 달리) 돕는다. 이와 같이, CFT는 가치 작업을 매우 강조하는 ACT 그리고 고통 감내와 정서 조절 기술과 같은 적응적 기술의 개발을 강조하는 DBT와 많은 부분을 공유하고 있다.

반응 조건화

선행 사건, 행동 및 결과 사이의 관계에 대해 학습하는 것 이외에도, 우리 뇌는 다양한 자극들 사이의 연결을 학습하는 데도 매우 효율적이다. 특정 자극—사건, 경험, 환경 안에 있는 것들, 심지어 관념이나 심상—은 우리 안에 있는 반응을 만들어 내는 자연스러운 능력을 갖고 있다. 우리는 이전 장에서 논의한 바와 같이 세 가지 정서 조절 체계(위협, 추동, 안전) 각각에 대하여 이러한 과정을 살펴볼 수 있다.

예를 들어, 자동차 사고와 같이 생명을 위협하는 상황에 처하게 되면 당연히 두려움이 생길 수 있다. 성적 자극도 자연스럽게 성적 흥분을 유도할 수 있다. 저녁 식사 시간에 사랑하는 친구들과 나누는 따뜻한 대화는 편안함과 안전감을 이끌어 낼 수 있다. 끔찍한 자동차 사고, 한 차례의 열정적인 성관계, 그리고 사랑하는 친구와의 따뜻한 저녁 식사라는 각각의 상황에 있는 세 명의 다른 사람을 생각해 보자. 이러한 각각의 상황은 자연스럽게 반응을 만들기 때문에 우리는 이들을 무조건적(학습되지 않은) 자극이라 부르고, 자극에서 비롯된 반응(두려움, 성적 흥분, 안전)을 자극에 대한 반응으로 자연스럽게 일어나기 때문에 무조건적(학습되지 않은) 반응이라 부른다.

이러한 각각의 상황에서 동일한 노래가 라디오에서 배경으로 나오고 있다고 생각해 보자. 우리 뇌는 사건들을 연결하는 데 매우 효율적이기 때문에, 이 노래는 각기 다른 사람이 처한 그 상황(자동차 사고, 섹스, 사랑하는 친구와의 따뜻한 상호작용)과 연결될 수 있다. 향후 이 노래는 이 사람들에게 각각 다르게 학습된 반응으로 나타날 수 있다. 자동차 사고 상황에 있던 사람이 이 노래를 들으면 밀려오는 두려움을 경험할 것이다. 연인이 이 노래를 들으면 성적 느낌이 고조될 수 있다. 친구가 이 노래를 들으면 안전과 평화의 따뜻한 느낌이 올라올 것이다. 노래라는 자극의 형태(그것이 무엇인가)는 이 개인들 각각에게 동일하지만, 다른 상황에서 이전에 연합된 것에 따라서 그것의 기능(그것의 효과-그것이 무엇을 하는가)은 완전히 다르다. 각각의 개인들은 그 노래에 대한 감정적인 반응을 학습하였고, 이제 이는 두려움, 성적 흥분 또는 안전함의 조건부(학습된) 반응을 유발할 수 있는 조건부(학습된) 자극으로 작용한다. 이러한 학습 과정은 반응 조건화(respondent conditioning, 또는 고전적 조건화로 알려진)의 예이다.

진화가 우리를 형성해 왔지만 모든 학습이 동등하게 일어나지는 않는다는 사실을 이해하는 것이 중요하다. **준비된 학습**(prepared learning)이라 명명되는 어떤 유형의 학습은 우리 조상들에게 훨씬 큰 생존 가치를 가졌기 때문에 우리는 그러한 정신적 연결에 훨씬 빠르고 효율적으로 적응했다. 두려움이나 혐오감과 같은 강력한 위협 감정의 경우, 한 번의 시도만으로도 그러한 연결을 학습할 수 있다. 한 번의 자동차 사고로도 생존자는 이후 그 노래를 들었을 때 극도의 두려움을 느낄 수 있다. 성적 상황의 경우, 그 노래가 성적 흥분을 유발할 수 있기까지는 약간의 자극이 더 필요할 수도 있다(특히 노래를 다른 때에도 들었을 경우). 노래가 강력하게 안전감을 불러오기까지는 호수에서 친구들과 함께 여름 내내 바비큐를 해야 할 수도 있다. 특히 우리 뇌는 위협을 처리하는 쪽으로 편향되어 있다. 이것이 다양한 상황과 촉발 요인들에 대한 반응에서 내담자가 위협받는다는 느낌을 학습하는 것이 쉬운 이유이고, 또한 안전감을 학습하기가 더 어려운 이유이다. 특히 어린 시절의 환경이 안전감의 경험을 제공해 주지 못했을 경우 더욱 그러하다.

많은 내담자들은 상대적으로 사소한 상황이나 심지어 '예고 없이 갑자기' 일어난 상황에서조차도 압도적인 감정들을 보고할 것이다. 그러한 상황에서 강력한 두려움, 분노, 또는 슬픔이 아무런 경고나 설명 없이 일어난다. 이러한 경험들은 내담자에게 끔찍할 수 있으며, 내담자들이 자신의 감정을 언제라도 자신을 공격할 수 있는 강력하고 예측 불가능한 힘으로 간주하여 두려워하게 할 수 있다. 내담자들은 이러한 감정과 부딪힐 때 자신을 '미쳤고', 취약하며, 무기력하다고 느낄 것이다. 우리는 이러한 경험들이 어떻게 내담자들로 하여금 자신의 감정을 위협적인 것으로 간주하게 하고 이에 따라 자신의 감정을 회피하게 하는가를 상상할 수 있다. 이러한 경험은 또한 내담자들이 '내가 이런 감정을 느낄 이유가 없어…… 내가 뭔가 잘못된 거야.'라고 생각하면서 자기−비난을 유발하게 할 수 있다. 논리적인 신뇌는 보통 감정적인 구뇌가 반응하는 방식을 인지하거나 이해할 수 없기 때문에 희생자를 비난하게 된다.

여기서 다시 한번, 우리는 내담자들이 이러한 감정 반응을 학습한 방식과, 학습 경험을 통해, 자신의 감정 반응 그리고 이와 관련된 동기(예: 감정을 촉발하는 상황에서 벗어나거나 회피하려는 갈망)가 가진 의미를 탐색하도록 도울 수 있다. 그들에게 잘못된 것은 아무것도 없다―그저 위험과 관련되어 이전에 학습한 모든 가능한 신호를 식별함으로써 스스로를 지키기 위해 작동하는 복잡한 뇌를 가졌을 뿐이다―. 그 신호가 전혀 위험하지 않은 경우조차도(노래처럼) 그렇다. 보통 내담자들은 노래를 들었다는 사실조차도 인식하지 못할 것이다. 그저 그런 감정이 들 뿐이다. 이러한 감정이 이전 학습으로 인해 발생하는 메아리라는 것을 알게 되면, 내담자는 이러한 경험의 의미와 함께 논리적인 신뇌가 상황이 완전히 안전하다고 인지했을 때조차 어떻게 매우 강력한 감정이 일어날 수 있는가를 이해할 수 있다.

관계 구성틀 이론

역사적으로, 급진적 행동주의자들도 때로(특히 언어 행동의 뉘앙스를 설명하는 데 있어) 그들의 이론에는 특정한 한계가 있음을 인정했다(Törneke, 2010). 그러나 최근 몇십 년 동안 관계 구성틀 이론 또는 RFT의 개발로 이러한 한계들을 해결할 수 있었기 때문에 행동주의자들에게 이 기간은 매우 흥분된 시간이 되었다(Hayes, Barnes-Holmes, & Roche, 2001; Törneke, 2010). RFT는 복잡한 이론이기 때문에, 여기에서 이 이론을 설명하기에는 지면이 부족하다(또한 나는 그렇게 할 만한 자격을 갖고 있지도 않다). 그러나 이 이론은 위협 체계의 역동을 이해하는 데 있어 아주 중요하므로 나는 이 책의 목적에 맞게 간단히 설명하고자 한다.

이전에 설명한 모든 학습 형태―행동과 결과 사이 그리고 동시에 제시된 각기 다른 자극들 간의 학습된 연결―는 인간뿐만 아니라 동물에서도 관찰된다. 그러나 우리의 상징적 사고 능력은 실제 경험에서는 연결되지 않는 것들 사이에서조차 훨씬 복잡한 학습 관계 네트워크를 형성할 수 있게 한다. 예를 들어, A는 B와 같고 B는 C와 같다고 가르친다면, 당신은 A와 C 사이의 새로운 관계를 만들 수 있고 따라서 A는 C와 같고 C는 A와 같다는 결론을 내릴 수 있다. 이는 단순해 보이지만 중요한 함의를 갖는다. 일단 관계가 도출되면 이 관계를 미래에 투영하여, 이러한 관계가 당신에게 의미하는 바가 무엇인가를 생각하게 된다(예: 당신이 A, B 또는 C와 어떤 것을 동일시한다면). 당신은 또 다른 파생 관계를 형성할 수도 있다. 예를 들어, 당신이 이전에 B는 Q와 같고, Q는 P와 같으며, P는 R과 같다는 것을 배웠다면, 당신은 거미줄과 같은 정신적 연결망—한 점을 끌어당기면 전체 거미줄 망이 움직이는—을 확장하면서, A와 C를 Q, P, R과 연결하는 관계를 도출해 낼 수 있다. 이는 똑똑한 신뇌가 없는 다른 동물들은 할 수 없는 것들이다. 인쇄된 문자를 사용하여 이러한 관계의 실제 의미를 파악하기는 어렵기 때문에, 이러한 학습이 내담자들에게 어떻게 작용하고 있는가를 살펴보자.

다양한 관계들을 정신적으로 추론할 수 있는 우리의 능력이 우리가 위협을 처리하는 방식에 사용될 때를 생각해 보면 그 결과는 매우 끔찍할 수 있다. 자신을 여성스럽다고 여기고 있고 성공적인 과학자가 되는 꿈을 꾸고 있는 라우렌이란 여성이 있다고 가정해 보자. 그녀는 매우 똑똑하고 이 꿈을 이루기 위해 학교에 다니고 있다. 그녀는 다양한 미디어와 문화—영화, 케이블 뉴스 채널, 대화 등—에 노출되어 자신의 여성성을 약함, 무력감 또는 과학 분야에서의 무능과 연결하도록 학습되었다고 상상해 보자. 그녀가 한 남성 권위자가 과학계에 있는 여성들에 대한 성 차별적인 비방을 하는 것을 듣고 강력한 학습 경험을 했다면, 우리는 그녀가 자신(여성스러움을 자신과 동일시하고 있는)과 무력감 또는 과학적 무능 간의 연관성을 추론할 것이라고 상상할 수 있다.

과학자가 되겠다는 목표를 고려했을 때 라우렌은 어떤 기분을 느낄까? 자신의 목표와 이를 달성하기 위한 자신의 능력에 대해서 어떻게 느낄까? 또한 우리는 여성성—그녀가 옷을 입는 방식, 습관적 행동, 그녀가 좋아하는 것들—과 연관된 그녀의 삶의 다양한 측면이 이렇게 도출된 관계들에 의해 어떻게 변질될 수 있는지를 상상할 수 있다. 이러한 관계의 효과(RFT 용어로는 관계의 **자극 기능**)는 그녀가 즐기고 편안하게 느꼈던 것들을 변화시켜, 그녀의 여성성은 무력감과 약함의 느낌과 유능한 과학자가 될 수 없다는 생각을 촉발하게 된다. 라우렌이 **선호**했던 것들조차 이제 약함의 신호가 된다.

라우렌은 과학자가 되기를 간절히 바라기 때문에 슬프게도 덜 여성적으로 보이려 하고 목표를 이룰 기회를 잡기 위해 자신이 선호했던 여성성을 거부한다고 상상해 보자. 그녀는 드레스를 바지로 바꾸고 헤어 스타일과 화장법도 바꾼다. 그러던 어느 날, 그녀는 진행자가 **남성처럼** 보이는 여성 정치인을 맹렬히 공격하는 모습—그녀의 외모를 조롱하고, 그녀의 주장을 '성격이 까칠한 것'으로 치부하며, 성적 취향을 조롱하는—을 보여 주는 케이블 뉴스를 본다. 우리는 라우렌의 마음속에서 또 다르게 도출된 관계들을 상상할 수 있는데, 여기서 남자처럼 보이는 그녀에 관한 모든 것이 이제는 부정적인 의미들로—그녀의 행동, 그녀의 옷, 심지어 남성의 전유물로 여겨지는 분야에 들어서려는 그녀의 야심조차도—로 변질된다. 라우렌은 자신의 성 정체성에 대해 어떻게 편안함을 느낄 수 있을까? 자신의 목표를 추구함에 있어 어떻게 편안함과 자신감을 느낄 수 있을까? 문화에 기반한 거짓들에서 비롯된 이 모든 것은 그녀의 마음속에서 도출된 복잡한 관계망을 통해 확산되고, 이 때문에 이 뛰어난 젊은 여성의 현실적인 열망은 좌절될 수 있다.

이것은 실로 매우 까다로운 이론으로서, RFT와 인간의 언어 행동의 뉘앙스에 관해 내가 설명한 것은 빙산의 일각에 지나지 않는다. 나는 우리의 내담자들에게 관계 구성틀 이론에 대한 학습을 제공할 것을 제안하지는 않는다. 하지만 우리는 내담자들이 우리의 뇌는 마음속에서 여러 가지 것들을 서로 연결하고 변환시키는 데 매우 능숙하며, 강력한 학습 경험이 주어진다면 위협에 대한 지각이 시간, 상황, 경험, 생각을 따라 거의 기하급수적으로 증폭되고 확산될 수 있다는 것을 인식하도록 도울 수 있다. 이것은 우리의 잘못이 아니다. 이는 뇌의 진화의 결과이며, 우리가 복잡한 문제를 해결하고자 할 때

놀라운 것을 할 수 있게 하는 역량이다. 다시 말하지만, 치료 작업의 핵심은 내담자들이 자신이 싸우고 있는 경험과 감정들은 강력하게 학습된 것이란 사실을 인식하고, 이것들을 진화된 뇌의 작동 방식과 자신의 삶의 맥락에서 이해하며, 내담자들에게 힘을 부여하는 자비로운 방식으로 이러한 어려움들과 작업할 수 있도록 돕는 것이다.

사회적 학습

우리는 직접적인 경험뿐 아니라 타인에 대한 관찰을 통해서도 무언가를 학습할 수 있다. 우리는 다른 사람들이 처벌을 받는 것을 보는 것으로도 공포를 학습할 수 있다(예: 큰소리로 떠들 때 조롱받는 것). 또한 우리는 다른 사람을 모방하는 것을 통해서도 행동을 학습할 수 있다(예: 감정을 경험할 때 부모가 어떻게 행동하는지, 유튜브 동영상을 보면서 기타를 어떻게 연주하는지). 우리의 마음은 흔히 자각이 없는 상태에서 세계, 자신, 타인과의 관계 그리고 이들의 의미, 삶을 통해 해야 하는 것들에 대한 정보를 끊임없이 저장한다. 이러한 학습 경험에 의해 자신의 삶이 어떻게 형성되는가를 발견하도록 내담자를 돕는 것은 자신과 타인에 대한 자비가 일어날 수 있는 계기를 마련해 줄 수 있다.

치료 회기 안에서 이러한 탐색이 앞에서 소개한 많은 기술적인 전문 용어를 사용하여 내담자의 학습의 역사를 기계적으로 검토한다는 의미는 아니다. 그보다는 성장 과정은 어떠했는지 혹은 트라우마가 생겼을 당시에 어떤 일이 있었는지 등의 주제에 대한 논의를 통해 유기적인 방식으로 탐색이 이루어진다. 내담자들이 자신의 삶의 역사와 친숙해지면서—내담자가 어떻게 지금과 같은 방식으로 반응하게 되었는가에 대한 이해를 구축하면서—우리는 내담자들이 어떻게 어떤 것들을 두려워하고 특정한 방식으로 반응하는 것을 학습하게 되었는가를(소크라테스식 대화법과 같은 기술을 사용하여) 자비롭게 살펴볼 수 있다. 이러한 방식으로, 우리는 내담자들이 자신의 반응 방식이 가진 의미를 자비롭게 이해하도록 도울 수 있다. 치료실에서 이러한 작업이 어떻게 이루어지는지 살펴보자.

치료사: 제니, 우리는 당신을 불안하게 하는 상황과 그로부터 학습한 것에 대해 살펴보았어요. 중학교 때 동급생들로부터 조롱당한 경험을 한 뒤 반 친구와의 관계를 형성하거나 수업 시간에 참여하는 것에 대한 두려움을 학습한 것이 이해가 되나요?

제니: 네, 하지만……. (잠시 멈추고 고심하는 얼굴로)

치료사: 확실하지 않아 보이네요…….

제니: 맞아요. 중학교 때 일어난 일은 친구를 사귀는 데 왜 어려움을 겪었는지 이해하는 데 도움이 되었어요. 하지만 다른 많은 상황들에 대해서도 두려워해요. 데이트하는 것도 겁이 나고, 정말이지 직업도 구해야 하는데 면접도 볼 수가 없어요.

치료사: 도무지 이해가 되지 않는 다른 상황도 있나 보네요. 당신이 많이 두려워하지만 과거 경험과는 관련이 없어 보이는 상황 말이죠.

제니: 네. 그래서 미치겠어요. (머리를 좌우로 약간 흔든다.)

치료사: (끄덕인다.) 그게 어떤 건지 알 것 같아요. 이해할 수 있는지 한번 살펴보죠.

제니: 좋아요.

치료사: 제니, 우리의 뇌가 얼마나 복잡한지에 대해서 이야기했을 때, 페넬로페나 새디와 같은 동물은 걱정할 필요가 없는 방식으로 어려움을 겪게 된다고 이야기한 것을 기억하나요? 우리가 이야기했던 신뇌/구뇌가 하는 일도 기억하나요?

제니: 네.

치료사: 좋아요, 우리 뇌가 잘하는 것 중 하나는 사물을 서로 연결하는 거예요. 각기 다른 경험, 생각, 느낌 사이를 연결하죠. 우리 뇌는 우리가 세상을 빠르게 이해하도록 진화했어요. 그래서 일이 어떻게 일어나는지에 대해 모든 것을 직접 경험하지 않고도 이해할 수 있는 거죠.

제니: 음.

치료사: 이건 우리에게 불리하게 작용할 수도 있어요. 하나의 상황에서 굴욕감을 경험했다면—예로, 새로운 친구가 학교에 전학 왔고 수업 시간이나 복도에서 조롱당한 경

우—우리 뇌는 어떤 상황은 주목의 대상이 되는 것이 위험하다고 판단하죠. 우리는 주목의 대상이 되는 것과 거부되고 굴욕감을 느끼는 것 사이에서 연관성을 만들 수 있어요. 위협 체계는 우리가 위협을 식별하고 스스로를 보호하도록 하기 위해 열심히 작동한다는 것을 기억하세요. – 후회하는 것보다는 안전한 것이 더 낫기 때문이죠.

제니: (끄덕인다.)

치료사: 우리가 정말 끔찍한 경험을 했다면 항상 이런 식일 거라고 상상하면서 그렇게 학습한 것을 미래로 투사할 수 있죠. 또한 우리는 그러한 학습을 다른 상황—데이트나 면접과 같은—에 투사할 수도 있어요. 따라서 6학년 때의 강렬한 학습 경험은 오랫동안 다른 상황에서 위협 체계를 활성화할 수 있어요. 특히 우리가 안전감을 느끼는 방법을 배우지 못한 경우에는 더욱 그래요. 우리는 모든 유형의 다른 상황에 대해 정말로 무서워하며 피하는 것이 안전을 유지하는 유일한 방법이라고 생각하게 될 수 있어요. 이해되나요?

제니: 네, 그런 것 같아요. 그게 바로 제가 느끼는 거예요. 저는 이 모든 상황, 제가 겪어 보지도 않은 상황에서조차도 두려워요. 전 제가 미쳤다고 생각했어요.

치료사: 그렇게 느낄 수도 있어요. 하지만 어떤 게 가능성이 더 있을까요? – 적절한 이유 없이 그냥 당신이 미친 것인가요, 아니면 위협 체계가 당신이 학습한 것을 사용해 다시는 상처받지 않도록 당신을 보호하기 위해 애쓰고 있는 것인가요? (웃는다.)

제니: (웃는다.) 네, 네 알겠어요. 이해한 것 같아요. 훨씬 이해가 되네요. (잠시 말을 멈추고 고개를 숙인다.)

치료사: (조용히 있는다.)

제니: 그래도 여전히 짜증나긴 하지만.

치료사: (잠시 기다렸다 다정히 말한다.) 당연히 그럴 거예요. 그래서 우리는 당신이 안전 체계를 활성화시킬 수 있도록 연습해서, 자신감 넘치고 현명하고 친절한 자비로운 당신의 버전을 개발하려고 하는 것입니다. 당신의 취약한 부분도 안전하다고 느낄 수 있도록 말이죠.

제니: 저도 그렇게 하고 싶어요.

자비에 대한 두려움과 작업하기

이 장에서 우리는 내담자에게 문제가 될 수 있는 다양한 형태의 학습에 대해 살펴보았다. 논의한 바와 같이, CFT의 주요 목표는 내담자가 안전한 느낌을 느낄 수 있도록 학습하는 것이다—처음에는 치료 관계를 통해, 그리고 이후에는 스스로에게 자비를 보내는 방법, 다른 사람들로부터 자비를 받는 방법, 그리고 돌보는 관계를 형성하고 유지하는 방법을 통해—. 연결은 중요하다. 우리는 우리를 받아주고, 좋아하며, 필요할 때 지원해 줄 수 있는 다른 사람과의 유대를 통해 안전감을 느끼도록 진화했기 때문이다.

불행히도, 일부 내담자는 대인관계에서의 연결을 안전보다는 위협으로 지각하도록 학습해 왔을 것이다. 트라우마, 학대, 힘들었던 애착 관계 또는 다른 경험들을 통해, 내담자들은 다른 사람을 돌보거나 자신을 돌보는 것이 위험한 것이라고 학습했을 수 있다. 이들은 자신이 친절과 자비를 받을 만한 가치가 없는 것처럼 느끼며, 친절과 자비에 크게 저항할 수 있다. 이는 우리에게 다음과 같은 근본적인 질문을 제시한다. 우리가 (진화론적으로 말하자면) 안전감을 느끼는데 도움이 된다고 여기는 연결이 대신에 위협과 관련되어 있다면, 우리는 어떻게 안전감을 느낄 수 있는가? 내담자들 중 일부는 이 어려운 문제를 틀림없이 제시할 것이다. 이들이 의식적으로 연결을 구축하고 안전감을 느끼고자 하더라도, 강력한 암묵적 학습 경험들은 실제로 연결을 시작하자마자 위협을 느끼도록 한다. 당신은 아마도 내담자들과 이러한 경험을 이미 했을 수도 있다. 치료 관계가 점점 가까워지기 시작했을 때, 내담자가 더 안전하다고 느낄 법 하지만 실제로 그들은 불안정해지고 불편해진다.

비유를 들어 이런 현상을 이야기해 보고 싶다. 워싱턴 스포캔에 있는 나의 집 근처 가게에서 아주 크고 괜찮은 냉동 새우가 저렴한 가격에 판매된다. 냉동 새우는 특히 시간이 촉박한 모임이 있을 때 좋다. 새우 한 봉지를 사서 해

동한 뒤 고추냉이와 케첩을 섞어 칵테일 소스를 만들면 훌륭한 전채 요리를 만들 수 있다. 그러나 해동 방법이 "냉장고에서 밤새 해동하세요. 흐르는 물을 이용해 강제로 해동하지 마세요."와 같이 매우 구체적이기 때문에 당신은 미리 계획을 세워야 한다. 만약 우리가 흐르는 물에 두고 억지로 해동하려 한다면, 새우가 너무 많은 물을 흡수해 형체 없이 흐물흐물하고 역겹게 변할 것이다.

사람도 이 새우들과 비슷하다고 생각한다. 우리는 강제로 해동될 수 없다. 우리가 얼어붙어 있을 때─다른 사람과의 연결에서 안전하지 않다고 느끼고 그러한 연결을 피하는 법을 배웠을 때─빨리 녹이려 하면 위험에 빠질 수도 있다. 아직 준비되지 않은 내담자들에게 너무 빠른 작업을 시도해 강제로 해동하려 했던 경험이 많은 치료사에게 있었을 것이다. 그러한 상황에서는 치료에서 장애를 일으키는 관계 손상이 일어나거나 심지어 내담자가 치료를 중단하기 쉽다.

나는 인간을 '녹이는' 가장 좋은 방법은 필요한 조건들─해동을 가능하게 하는 원인과 조건들─이 포함된 환경에서 시간을 갖는 것이라 생각한다. 내담자와 작업할 때, 감정의 뇌가 '아, 이제 나는 안전하다고 느낄 수 있어.'라는 결론을 내릴 수 있게 만드는 유일한 해결책이란 존재하지 않는다는 것을 안다. 그들은 의식적으로는 관계에서 안전감을 느끼는 것이 도움이 된다는 것을 알고 있고, 그렇게 되기를 절실히 원하지만 오히려 이것이 내담자들을 좌절하게 할 수도 있다(그래서 이런 비유가 도움이 될 수도 있다). 내담자들이 친밀감을 느끼자마자 공포를 느끼는 것을 선택한 것은 아니다. 그들은 무슨 일이 일어나고 있는지조차 인식하지 못할 것이다. 그들은 친밀감이 위험하다고 학습했고, 그들의 오래된 감정의 뇌는 그들을 보호하려고 한 것이다. 이것은 그들의 잘못이 아니다.

이것이 우리가 사용하는 단계적 접근 방식이 중요한 이유이다. 치료사의 일관되고, 따뜻하지만 압도적이지 않은, 자비로운 현존은 '해동'을 촉진하는 외부 요인으로 생각할 수 있다. 또한 이러한 감정들은 내담자들의 내부로부터 해동될 수 있다. 내담자들이 자신이 왜 그리고 어떻게 관계에서 불편감을 느끼는지와 이러한 반응이 자신의 잘못이 아니라는 사실을 이해하고, 이러한 감정들과의 작업에 참여하기 시작할 때 이러한 감정들은 부드럽게 녹기 시작한다. 내담자들은 마음챙김 알아차림 연습을 통해 다른 사람과 관계할 때 언제 불안전감을 느끼게 되는가를 인식함으로써 습관적으로 회피하는 경향을 멈추고 자신의 반응을 관찰하는 힘을 키울 수 있다. 마지막으로, 이후 살펴볼 자비 연습은 내담자가 따뜻함과 연결감을 적극적으로 개발하고, 이전에 회피했던 관계에 용기 있게 참여하도록 스스로를 친절하게 안내하고 진정시킬 수 있도록 도울 수 있다. 그러나 우리는 이와 같은 감정을 녹이는 작업은 시간이 필요하다는 것을 인식하고 인내심을 가져야 하며, 내담자 또한 스스로에게 인내심을 갖도록 도와야 한다. 이는 강제로 될 수 없는 작업이다.

요약

CFT에서 자기에 대한 자비를 키우기 위한 기본 단계 중의 하나는 자기에 대한 이해를 함양하는 것이다. 지난 몇 장에서 살펴본 것과 같이, 내담자들은 자신의 감정과 동기가 어디에서 비롯되었고, 그것들이 어떤 방식으로 자신의 마음과 몸을 강력하게 조직하며, 자신이 선택하지도 설계하지도 않았던 사회적 힘들이 어떻게 자신을 형성하는 데 기여했는지를 이해함으로써 도움받을 수 있다. 앞의 임상 사례에서 볼 수 있듯이, 내담자들이 자신의 어려움이 어떻게 학습되었는지를 이해하도록 돕는 것은 이러한 문제들이 **자신의 잘못이** 아니라 자신이 선택하지는 않았지만 어떤 **상황**을 다루고 자신을 **보호**하기 위한 뇌의 작동 때문이라는 것을 인식하게 하는 데 도움된다. 이것은 또한 내담자들이 자신의 경험을 갑자기 무작위적으로 나타나는 통제할 수 없는 고통스러운 충격으로 이해하기보다는, 이전의 삶의 경험을 고려했을 때 일어날 만한 반응들로 이해하게 됨으로써, 자신의 감정에 대한 두려움을 약화시키는 데 도움이 될 수 있다. 다음 장에서는 내담자들이 자신의 생각, 감정, 행동과 보다 도움이 되는 관계를 개발할 수 있도록 돕는 작업을 이어서 진행할 것이다. 그리고 내담자들이 자비로운 알아차림을 갖고 자신의 경험과 관계하도록 돕기 위한 방법으로 마음챙김을 살펴볼 것이다.

CFT Made Simple · 7장

자비로운 자각:
마음챙김 계발하기

우리는 CFT의 과정을 이해하는 단계적 접근에서, 먼저 치료적 관계를 고려하는 것으로부터 시작하였다. 치료자는 치료적 관계에서 내담자가 힘든 감정이나 경험에 접근할 수 있도록 안정 기지를 제공함으로써 자비의 본보기가 된다. 우리는 4장과 6장에 걸쳐서 이후 단계를 계발하는 데 할애했다. 즉, 내담자가 자신을 형성한 진화와 발달 요인들에 관련한 정서에 대해 자비로운 이해를 계발할 수 있도록 도왔다. 그들의 어려움이 자신이 선택하거나 계획한 것은 아니지만 그럼에도 대처해야만 한다는 이해는 내담자가 자신의 어려움들에 대해 자비롭고 비판단적으로 관계하도록 돕는다. 이번 장에서는 CFT 접근의 다음 단계인 마음챙김 자각을 고려해 보려 한다. 앞서 언급한 세 가지 단계 모두가 초기 만남에서 관계를 발전시키는 치료 시작부터 제시되는 것을 인식하는 것이 중요하며, 초기 몇 회기 동안이라도 치료사는 마음챙김 자각과 이해를 엮어 나간다.

지난 몇십 년 동안, 마음챙김은 현대 심리치료에서 가장 많이 사용되고 연구된 훈련이다. 마음챙김은 마음챙김에 기초한 인지치료(MBCT; Segal,

Williams, & Teasdale, 2001)의 기반을 제공하였으며, DBT(Linehan, 1993), ACT(Hayes, Strosahl, & Wilson, 1999) 등을 포함하는 인지행동적 접근의 '제3의 물결'의 특징이었다. 상당한 증거들이 다양한 문제들에 있어서(특히, 우울과 불안) 마음챙김기반 개입의 사용을 지지하고 있다(Hofmann, Sawyer, Witt, & Oh, 2010). 마음챙김에 대한 학습과 이를 치료에 사용하는 데 대한 정보는 많이 존재하므로, 여기서는 마음챙김의 개관에 대해 철저히 다루지는 않을 것이다. 대신, 마음챙김의 개념에 대해 짧게 논하고, CFT에서 흔히 사용하는 마음챙김 훈련을 몇 가지 소개함으로써 마음챙김이 어떻게 CFT에 적합한지에 대해 이야기하고, 내담자가 효과적으로 마음챙김 훈련에 참여하게 할 수 있는 몇 가지 조언들을 다루려고 한다.

마음챙김

마음챙김은 특별한 종류의 알아차림을 포함한다. 아마도 마음챙김의 가장 흔한 정의는 의도적으로 현재 순간에 비판단적인 주의를 기울인다는 Jon Kabat-Zinn(1994)의 정의에서 비롯되었을 것이다. 마음챙김은 외부 환경과 우리의 마음속에 존재하는 것 모두를 있는 그대로 볼 수 있게 하는 방식으로서 현재 순간의 자각에 의도적으로 지향하는 것을 의미한다. 마음챙김 주의는 우리의 경험을 판단하거나, 비난하거나, 매달리거나, 거부하는 것을 삼간다. 대신 우리의 감각을 통해 전해지는 외부세계에 대한 경험이나 사고, 느낌, 동기 그리고 신체 감각으로부터의 내적인 경험의 내용을 알아차리고, 수용하며, 호기심 있게 탐색하도록 한다. 마음챙김 자각은 경험에 매달리거나 밀어내지 않고 그 경험이 무엇인지를 정확히 알아차리면서, 이러한 모든 경험들을 호기심 있게 관찰하도록 한다.

마음챙김 자각은 특히 강한 수치심과 자기-비난적 생각들이 계속 떠오르는 내담자에게 아주 유용할 수 있다. 우리 대부분은 정도의 차이는 있을지라도 자기-비난적 생각을 하므로, 이러한 생각들을 가지고 있는 것 자체가 문제는 아니다. 문제는 이러한 생각들을 반추하고, 반복하며, 믿는 것이다. 또한 내담자들은 때때로 이전 장에서 언급한 것처럼, 폭풍처럼 강력한 신체 경험, 주의, 사고, 동기 그리고 행동에 사로잡혀 강렬한 정서를 드러내게 된다. 이러한 내담자들은 그러한 정서적 경험에 즉각적으로 빠진 것처럼 느낄 수 있다. 그 경험들은 당시 원치 않는 감정이나 문제 행동을 유발할 수 있고, 또한 내담자들이 자신의 생각이나 감정 자체를 두려워하게 할 수도 있다. 잠정적으로는 이러한 두려움과 통제 불가능해 보이는 심리적 경험을 조절하기 위한 시도로, 경험회피라는 도움이 안 되는 패턴을 발달시킬 수 있다.

　마음챙김을 훈련하는 것은 이러한 도전들을 해결하는 데 도움을 줄 수 있으며, 내담자(그리고 우리 자신)가 자비를 준비하는 데 도움이 될 수 있다. 마음챙김은 CFT와 관련해 다양한 잠재적 이점을 가지고 있다. 마음챙김 훈련은 내담자들의 자각을 향상시키고, 주의를 통제할 수 있게 하며, 자신의 주의를 유익한 방식으로 지향하도록 돕는다. 마음챙김 훈련은 마음의 움직임을 자각하는 것을 배우므로, 도움이 되지 않는 생각이나 감정이 일어날 때 보다 빨리 알아차리게 된다. 마음챙김 자각의 관찰적 자질은 이러한 생각과 감정들을 알아차릴 때, 경험 속에 갇히거나 융합되지 않게 도움으로써 경험을 몸과 마음에서 일어나는 일시적인 사건으로 보게 한다. 이런 방식으로 내담자들은 나는 누구인가보다는 생각이나 감정을 정신적 그리고 신체적 경험으로 이해할 수 있다.

　마음챙김 자각의 수용적·비판단적 특질은 내담자가 이러한 경험들에 도움이 되지 않는 방식(예: 반추하거나 혹은 분노를 느끼는 것이나 현재 생각하고 있는 것이 자신이 원하는 사람의 모습과 맞지 않다고 생각해 스스로를 비난하는 것)으로 정교화하거나 반응하지 않을 수 있게 돕는다. 자신의 힘겨운 사고들과 감정들에 융합되지 않고 주의를 다시 보내는 것을 통해 회피 없이 마음챙김으로 관찰하는 능력은 내담자들이 자비에 필수적으로 중요한 고통 감내력을 개발하는 것을 도울 수 있다. 만약 회피하는 것을 극복하고 고통을 다루려면, 우리는 접근할 수 있어야 하며 머무를 수 있어야 한다. 마음챙김은 내담자들에게 그렇게 할 수 있는 방법을 제공한다.

주의 작업을 준비시키기

마음챙김은 무엇보다도 주의를 다루는 작업이므로 내담자들에게 공식적인 마음챙김 연습을 소개하기 전에 자신의 주의에 대해 알게 하는 것이 유용할 수 있다. 이것은 내담자의 주의를 다른 목표(내적, 외적, 넓게, 좁게, 현재, 과거, 구체적인, 개념적인)로 향하는 경험적 훈련을 통해 빠르고 쉽게 할 수 있다. 내담자들은 이를 통해 주의가 어떻게 작동하는지 직접 볼 수 있다. 이것이 어떻게 이루어지는지 다음의 예를 통해 살펴보자.

> **치료사**: 조쉬, 우리가 지난 회기에서 논의했던 것처럼, 오늘은 마음챙김이라 불리는 훈련을 소개하려고 합니다. 마음챙김은 특정한 방식으로 주의집중하는 것으로, 우리의 경험을 좀 더 잘 인식하도록 돕고, 도움 되지 않는 생각이나 감정에 사로잡혀 있지 않도록 도와줍니다. 어떨 것 같나요?
>
> **조쉬**: 시도해 볼 만한 것 같아요.
>
> **치료사**: 훌륭해요. 우리가 마음챙김에 들어가기 전에 주의가 무엇인지 아는 것이 유용할 거라고 생각해요. 우리는 주의를 '마음속의 스포트라이트'라고 생각할 수 있어요. 이 스포트라이트는 수없이 많은 것들을 비출 수 있고, 다양한 방식으로 우리의 자각을 감독할 수 있어요. 짧은 연습을 해 볼까요?
>
> **조쉬**: 그래요.
>
> **치료사**: 좋아요. 이제 간단히 몇 개의 단어들을 말할 텐데, 당신이 그 단어를 들었을 때 그 단어가 나타내는 곳에 주의를 두세요. 만약 제가 '왼쪽 팔꿈치'라고 이야기하면, 당신

의 주의를 왼쪽 팔꿈치로 옮기는 겁니다. 이해했나요?

조쉬: (끄덕임)

치료사: 그래요, 해 봅시다. 오른쪽 귀. (2~3초간 기다린다.) 왼발. (2~3초간 기다린다.) 혀. (2~3초간 기다린다.) 호흡. (2~3초간 기다린다.) 전등에서 나는 소리. (2~3초간 기다린다.) 당신이 좋아하는 색. (2~3초간 기다린다.) 감자튀김! (2~3초간 기다린다.) 정의. (2~3초간 기다린다.) 세계평화. (2~3초간 기다린다.) 남아메리카. (2~3초간 기다린다.) 저녁으로 먹었던 음식. (2~3초간 기다린다.) 얼굴에 미소 짓고, 미소의 감각에 주의를 둡니다.

조쉬: (살짝 미소 짓는다.)

치료사: 무엇을 알아차렸나요? 제가 표현한 곳으로 주의를 두는 게 가능했나요?

조쉬: 네. 좀 재미있었어요.

치료사: 아주 좋습니다. 주의를 얼마나 쉽게 움직일 수 있는지 알아채셨나요? 어떤 것으로부터 다른 것으로 주의를 옮길 때, 빠르게 이루어졌나요, 아니면 느리게 이루어졌나요?

조쉬: 빨랐어요. 즉각적인 것 같았어요.

치료사: 의식을 어떤 것에서 또 다른 것으로 매우 빨리 전환할 수 있었군요. 그리고 주의 초점을 외부에서 내부 신체감각으로, 생각에서 기억으로, 과거에서 미래로 움직일 수 있다는 것을 알아챘을 수도 있어요. 아울러 주의를 팔꿈치와 같은 것으로 좁힐 수도 있으며 정의와 같은 폭넓은 생각으로 확대할 수도 있죠.

조쉬: (끄덕임)

치료사: 어떻게 생각해요? 꽤나 멋지죠?

조쉬: (미소 짓고 자연스럽게 눈이 움직이며) 멋지네요. (잠시 멈춤) 솔직히, 그건 꽤나 멋졌어요. 그런 생각은 이전에 해 본 적이 없어요.

치료사: 이 연습은 단지 우리가 어떻게 주의의 스포트라이트를 안내할 수 있는지에 대한 예시였어요. 자, 이제 첫 번째 마음챙김 훈련을 연습하고 계속 탐구해 봅시다.

마음챙김 체크인

일반적으로 CFT에서 소개되는 첫 번째 공식적인 마음챙김 연습 I은 마음챙김 체크인이라 불린다(Kolts, 2012). 마음챙김 체크인은 우리의 주의를 신체적 경험, 정서적 느낌, 그리고 사고로 연속적으로 상당히 빠르게 가져가는 것이다. 내담자들이 원하는 만큼 많은 시간을 보낼 수 있지만, 이 훈련이 확장된 명상을 의미하는 것은 아니다. 더 정확히 말하면, 이 훈련은 다음의 몇 가지 구체적인 목표를 가진다.

- 내담자들이 알아차리는 데 익숙하도록 함으로써 주의를 그들의 신체 경험, 감정 그리고 사고로 가져오는 습관을 개발하도록 돕는다.
- 내담자들이 신체적 감각, 느낌 그리고 마음속의 단어나 이미지들을 판단 없이 있는 그대로 경험할 수 있도록 돕는다.
- 내담자들이 회기 밖 일상생활에서 마음챙김 연습(그리고 일반적인 가정훈련)을 실천하는 데 익숙해지도록 돕는다(어려움이 적고 희망적으로 할 수 있는 작은 것부터 시작한다).

이제 치료 회기 내에서 이러한 훈련이 어떻게 소개될 수 있는지 살펴보자.

치료사: 우리가 할 첫 번째 마음챙김 훈련은 마음챙김 체크인이라 불립니다. 저번처럼 당신이 현재 경험에 주의를 가져올 수 있도록 유도하겠습니다. 이번에는 신체 경험, 감정 그리고 생각들에 주의를 둘 겁니다. 괜찮을까요?

조쉬: 물론이죠.

치료사: 우리는 마음챙김에서 다양한 경험들에 주의를 둠으로써 이것을 알아차리길 원합니다. 이것은 우리의 경험에 대해 생각하는 것과는 달라요. 만약 당신의 발이 차갑다

면 마음챙김 자각은 차가움을 알아차리고 마치 발이 없는 누군가에게 그 감각에 대해 묘사하고 설명하려는 것처럼 호기심을 가지고 차가운 감각에 주의를 두는 것입니다. 그건 '짜증나, 내 발이 또 차가워졌어. 따뜻한 겨울 양말을 신고 있었어야 했어. 에이 참.'처럼 내면의 언어를 포함할 수도 있어서 그저 차가운 발을 가지고 있다고 생각하는 것과는 다르죠. 차이를 알겠습니까?

조쉬: (살짝 웃으며) 알 것 같아요.

치료사: 만약 관찰하기보다는 생각하고 있는 자신을 발견한다면, 아마도 그럴 수 있지만 그건 걱정하지 않아도 돼요. 생각하고 있는 자신을 알아차리면 그저 주의를 경험으로 다시 가져오세요. 생각과 그것을 어떻게 다룰지는 나중에 이야기할 겁니다. 이제 훈련을 mp3에 녹음할 수 있도록 제 디지털 녹음기를 켤게요. 오늘 세션이 끝나기 전에 당신의 핸드폰에 업로드 해 놓으면 당신이 집에서 훈련할 때 원하면 들을 수 있습니다. 괜찮을까요?

조쉬: 괜찮아요. 녹음은 지금 핸드폰으로 할 수 있어요.

치료사: 좋아요. (조쉬가 핸드폰으로 녹음을 준비할 동안 잠시 기다린다.) 먼저, 머리를 들고 자세를 바르게 하고 앉아 보세요. 털썩 앉는 것을 권하진 않습니다. 호흡이 편해지도록 숨을 쉬고, 만약 편해지셨다면 눈을 감도록 해 보세요. 당신이 만약 원하면 눈을 뜨고 6~8피트(약 2m) 정도 앞바닥을 부드럽고 조금은 초점 없이 바라보세요. 만약 훈련 중에 자세를 바꾸거나, 목을 가다듬고 싶거나 혹은 어떤 것이든 걱정 말고 하시고 편안함을 유지하세요.

조쉬: (자세를 바로 하고 눈을 감는다.)

치료사: 자, 이제 의식을 이 방의 온도로 가져와 봅시다. 따뜻함이나 차가운 감각을 느끼도록 해 보세요……. (15초에서 20초간 기다린다.)

- 이제 주의를 외부의 신체감각으로 가져가 봅니다……. 발 아래의 바닥을 느껴 보세요……. 다리, 엉덩이 그리고 의자에 닿아 있는 등……. 무릎 위에서 쉬고 있는 손의 감각. (15초에서 20초간 기다린다.)

- 이제 다른 곳에서 오는 정보들을 알아차려 봅니다. 귀에 들리는 소리들……. 제 목소리, 난방시스템이 돌아가는 소리, 전등이 윙윙거리는 소리……. 눈꺼풀 위 불빛의 패턴……. (15초에서 20초간 기다린다.)

- 이제 신체 안에서 이러한 감각들을 따라가서, 어떤 신체적 감각이 있는지 알아차려 봅시다. 배고픔이나 배부름, 긴장이나 이완, 편안함이나 아픔과 같은 있는 그대로의 감각으로 의식을 가져가 봅니다. (5초에서 10초간 기다린다.) 만약 어떤 감각이 당신의 주의를 끈다면 다가가 그 감각에 머무르며 그것이 어떤 것인지 알아차려 봅니다……. (15초에서 20초간 기다린다.)

- 이제 호흡의 감각으로 의식을 가져가 봅니다. 몸에서 얼마나 빠르고 혹은 느리게 숨이 들어가고 나오는지 알아차립니다. 심장이 뛰는 것을 알아차려 봅니다……. (15초에서 20초간 기다린다.)

- 이제 흥분이나 편안한 감각을 따라 당신이 느낄 수 있는 어떤 감정으로 의식을 옮겨 봅니다. 흥미로움? 지루함? 기대감? 호기심? 마음속에서 일어나는 이러한 느낌들을 알아차려 봅니다. (30초간 기다린다.)

- 이제 주의를 우리의 느낌에서 또 다른 정신적 경험인 생각으로 옮겨 봅니다. 마음속에서 일어나는 어떤 생각이나 단어 혹은 이미지라도 알아차려 봅니다. '그는 내내 느린 목소리로 이야기하려는 걸까?'와 같은 생각들이죠. 그저 마음속의 어떤 생각이라도 알아차리고, 그러한 생각들이 발생되고 사라지는 것을 관찰해 보세요. (30초간 기다린다.)

- 그리고 만약 원한다면 어떤 종류의 생각이나 기분이 일어남을 알아차렸을 때 주의를 당신의 생각과 감정의 관계로 가져갈 수 있습니다. 언제 특정 감정을 느끼고 특정 생각이 발생되었는지 알아차릴 수 있습니다. (30초간 기다린다.)

- 준비가 되면 편안한 리듬으로 호흡하며 부드럽게 눈을 뜨고, 이 방으로 주의를 다시 가져옵니다…….

처음에 이 연습은 5분에서 10분 정도가 소요될 것이지만, 내담자들에게 이 연습을 더 짧게 할 수도 있다는 것을 알려 줄 수도 있다. 만일 내담자가 자신의 경험 중 어떤 것에 더 많은 시간을 쏟고자 한다면 그것이 가능하지만, 이 연습은 긴 명상을 위해 고안된 것은 아니다. 대신 이 연습은 내담자가 자신의 신체, 감정 그리고 사고로 체크인할 수 있는 습관 형성을 효율적으로 학습하도록 제작되었다. 목적은 내담자의 신체적 경험, 감정과 사고들이 무엇인지 효율적으로 알아차리는 습관(그리고 성향)을 만드는 것이다. 마음챙김 자각 수용은 이러한 감각, 생각 그리고 감정 경험들을 있는 그대로 바라보는 것이다. 약간의 연습을 통해 이 체크인은 30초에서 1분 정도에 끝낼 수 있으며, 내담자가 자신의 신체, 감정 그리고 사고에 꽤나 빠르게 자신의 주의를 효율적으로 가져갈 수 있다. 이런 방식으로 학습함으로써 내담자는 자신의 경험을 마음챙김하기 위해 30분가량을 명상 쿠션에서 있을 필요가 없다. 내담자는 TV 광고 중, 교통체증으로 멈춰 있을 때, 혹은 슈퍼마켓에서 줄을 서 있을 때 이것을 연습할 수 있을 것이다.

내담자에게 지시문을 전달할 때, 일반적으로 차분하고 약간 느린 목소리 톤을 사용한다. 하지만 이는 내담자를 잠들게 하기 위한 것이 아님을 기억해야 한다. 나는 자연스럽게 목소리 톤과 말하는 속도의 변화를 주는 것이 내담자를 연습에 몰두할 수 있도록 한다는 것을 발견했다. 연습이 간단하긴 하지만, 내담자가 집에서 사용(혹은 어떻게 연습했는지를 상기시키기 위하여 듣는 것)할 수 있도록 연습하는 것을 녹음하는 것도 좋다. 나는 또한 이 연습과 약간의 다른 연습들을 웹사이트에 올려놓아 내담자들이 접속할 수 있게 했다. 요즘 많은 내담자들이 회기 중의 연습을 녹음할 수 있는 핸드폰 어플리케이션을 가지고 있을 것이다.

내담자들이 유용하다고 할 수 있는 몇몇 연습의 형태가 있다. 한번 기본적 훈련을 거치고 나면 우리는 내담자들에게 세 가지 원(circle)을 확인해 볼 것을 제안할 수 있다. 내담자들은 세 가지 원(위협, 추동, 안전) 가운데 자신의 신체, 감정, 사고를 가장 많이 지배하는 것을 알아차리려고 노력하거나, 각 원들을 1에서 10점이나 1에서 100점의 척도로 평가할 수 있다. 다시 말해, 내담자들은 자신이 얼마나 위협받는지, 동기부여 되어 있는지, 혹은 안전함을 느끼는지 등을 알아차리는 습관을 들이도록 한다.

또한 내담자들이 특정한 감정이나 일련의 생각들이 발생하는 것(혹은 자신이 사로잡힌 것을 알아차린 후)을 알아차릴 때는 언제든 멈추고 이것을 시도해 볼 것을 제안할 수 있다. 우리는 회기 내에서 모델이 되어 줄 수 있다(예: "지금 당신에게 무슨 일이 일어나고 있는 것처럼 보이네요. 세 가지 원에서 무슨 일이 일어났나요? 어떤 신체적 경험이 일어나나요? 어떤 감정들이 나타났나요? 무슨 생각이 마음속에 퍼졌나요?"). 이런 방식으로 내담자들이 과거에는 종잡을 수 없고 압도적으로 경험할 수 있었던 감정적 경험들을 수치스럽지 않은 방식으로 이야기하고 그 경험들을 이해하도록 진행한다.

우리는 이러한 관찰을 생각과 감정이 어떻게 우리의 신체와 마음을 유발하는지 탐색하고 익숙해질 수 있도록 돕는 발판으로 사용할 수 있다. 이것은 우리가 경험을 자세히 그리고 호기심 있게 보도록 하여 경험의 확산을 공포스러운 것으로 보는 것이 아니라, 이해하려고 하는 과정에서 나타나는 경험의 타당한 측면들을 보도록 도와줄 수 있다. 우리는 내담자들이 이러한 인간의 기본 경험을 호기심을 가지고 관리할 수 있도록, 그리고 도움이 되는 방식으로 접근하는 것을 배울 수 있도록 도와준다. 이것이 자비의 핵심적인 부분이다.

마음챙김 호흡

마음챙김 체크인이 내담자들에게 과도한 훈련 시간을 요구하지 않고 마음챙김을 소개시켜 줄 수 있는 쉬운 방법을 알려 주었다면, 좀 더 길게 수행함으로써 많은 것을 얻을 수 있는 명상적 마음챙김 훈련 또한 있다. 첫째, 이러한 훈련들이 정서 조절과 대인관계에 관여하는 뇌의 일부를 상당히 발달시킨다는 과학적 문헌들이 증가하고 있다. 둘째, 좀 더 확장된 마음챙김 회기는 내담자의 주의 통제, 마음의 움직임을 알아차리는 능력, 스트레스에 대처하는 능력을 발달시키는 데 더 도움이 될 수 있다.

마음챙김 호흡 가르치기

본질적으로 마음챙김 호흡은 복잡하지 않은 훈련이다. 즉, 내담자들의 주의가 호흡에 자리 잡고, 언제든 주의가 머무른 곳을 알아차리고, 다시 호흡으로 주의를 되돌릴 수 있도록 훈련시킨다. 알아차리고 돌아오는 것, 이것이 훈련이다. 마음챙김을 알려 주는 사람에 따라 안내는 조금씩 다르지만, 다음의 몇 가지 기본적인 요소들이 제시된다.

- 편안한 자세로 바르게 앉으세요.
- 눈을 감거나, 초점 없이 혹은 '부드럽게' 6~8피트(약 2m) 정도 아래를 응시하거나, 코 끝에 초점을 맞추어 응시하세요.
- 자연스럽고 편안한 속도로 호흡하세요.
- 호흡을 가장 쉽게 찾을 수 있는 곳에 주의를 두어 보세요. 신체로 호흡이 들어가고 나오는 코 끝, 신체의 호흡 경로인 복부의 올라감과 내려감, 혹은 내담자가 주의를 쉽게 고정시킬 수 있는 어떤 곳이든 포함할 수 있습니다.
- 내담자가 주의가 산만해지는 것(생각, 감정, 혹은 감각들로 인해)을 알아차릴 때, 주의를 다시 부드럽게 호흡으로 가져옵니다. 몇몇 지도자들은 연습하는 사람에게 집중을 방해하는 것의 이름을 붙이도록 요청합니다(생각, 듣기 등).
- 명상하는 사람에게 연습이 완료되었음을 상기시켜 주는 외적인 타이머를 설정하는 것이 좋습니다. 이러한 목적에 적합한 부드러운 종소리를 가진 수많은 타이머 어플리케이션이 있습니다.

이 연습이 회기 내에서 어떻게 소개될 수 있는지 다음의 예를 보자.

치료사: 제니, 지난주 회기에 알려드렸던 마음챙김 체크인을 했다고 들으니 반갑네요. 해 보니 어떠하던가요?

제니: 처음엔 연습하는 걸 기억하기 어려웠어요. 그래서 핸드폰에 타이머를 설정하기 시작 했죠. 아주 유용했어요.

치료사: 좋은 생각이네요. 훈련을 통해 알게 된 것은 무엇이었나요?

제니: 하나 알게 된 건 훈련이 일을 더 쉽게 해내도록 만들었다는 거예요.

치료사: (무엇인가 알고 싶다는 듯 호기심 어린 눈으로) 더 이야기해 주세요.

제니: 연습을 시작할 때 많은 시간 동안 여러 생각들이 들었어요. 가령, '내가 왜 이걸 해야 하지? 이건 핵심이 없잖아.'라든가, '틀릴지라도 모든 방법을 통해 극복할 거야.'와 같 은 생각들이요. 이번 주에 몇 번이나 그런 생각들을 알아차릴 수 있었지만, 어쨌든 계 속 했습니다.

치료사: '불안한 제니'는 여전히 많은 걸 이야기하고 있었지만, 당신은 그 이야기를 하도록 놔두고 계속 연습했군요. 대단해요.

제니: 네. '불안한 제니' 옆 다른 누군가가 뭔가 할 말이 있을 거라고 생각했어요.

치료사: 걱정말아요. 우리는 '자비로운 제니'를 개발하는 작업도 할 거예요. 자비로운 제니 의 모습은 자비롭고, 친절하고, 강인하고, 현명하며, 자신감 있죠.

제니: 저는 정말 그러고 싶어요.

치료사: 실제로 당신의 말은 제게 이미 자비로운 제니가 나타난 것처럼 들렸어요. 자비로운 제니가 불안한 제니의 꺼려지는 마음을 공유한 이후에도 계속 연습하도록 했거든요.

제니: 흠. (약간 생각에 잠긴 듯 보인다.)

치료사: 우리는 자비로운 제니를 체육관으로 보낼 겁니다. 그리고 그걸 위해서 지난 회기에 언급한 두 번째 마음챙김 훈련을 소개하겠습니다. 괜찮을까요?

제니: 좋아요.

치료사: 마음챙김 호흡은 문자 그대로 자비로운 제니를 체육관에 보내는 거예요. 마음챙김

호흡을 지속적으로 훈련하는 것이 우리의 감정과 타인과의 관계를 관리하도록 돕는 뇌 부위를 성장시킬 수 있음을 보여 준 과학적 연구들이 있습니다. 우선, 편안하고 바른 자세로 앉고, 머리는 들되 너무 높게 들지 않도록 해 보세요. (자세를 보여 준다.)

제니: 이렇게요?

치료사: 네, 바로 그겁니다. 이 훈련은 체크인 훈련보다 좀 더 시간이 걸릴 겁니다. 만약 훈련 중에 자세를 바꾸거나, 목을 가다듬고 싶거나, 침을 삼키거나 혹은 어떤 것이든지 걱정 말고 하세요. 치아 뒤 입천장에 혀가 닿은 상태에서 입을 살짝 벌리는 것도 유용할 수 있습니다.

제니: (자세를 조금 바꾼다.)

치료사: 자, 눈을 감아봅니다…….

제니: (눈을 감는다.)

치료사: 호흡이 코를 통해 들어가고 나갑니다. 편안한 리듬에 맞춰 자연스럽게 호흡하고, 속도를 늦추거나 빠르게 하려고 하지 마세요. 가장 쉽게 호흡을 느낄 수 있는 곳에서 호흡에 집중합니다. 신체의 호흡이 들어가고 나오는 코끝이 될 수도 있고, 복부의 올라감과 내려감이 될 수도 있고, 혹은 신체에서 호흡이 들어가고 나가는 것을 따라갈 수도 있습니다. (30초간 기다린다.)

호흡하는 동안 가끔 생각, 소리 혹은 다른 것들로 인해서 주의가 호흡에서 떠나는 것을 발견할 것입니다. 이것은 나쁜 것이 아닙니다. 이건 사실 우리 마음의 움직임을 알아차리는 것을 학습하는 데 도움을 줍니다. 주의가 호흡에서 떠나면 그 순간이 잠시이든 꽤 긴 시간이었든 간에 집중을 방해하는 것을 알아차리고 지속적으로 부드럽게 주의를 호흡으로 가져오면 됩니다. 주의를 호흡에 두고 집중을 방해하는 것을 알아차리고 부드럽게 호흡으로 돌아오는 것, 이것이 훈련입니다. 알아차리고 돌아오세요.

제니: (조용히 앉아 숨쉰다.)

치료사: (30초간 기다린다.) 집중을 방해하는 것을 알아차리고 다시 호흡으로 돌아옵니다.

치료사: (1분간 기다린다.) 알아차리고 돌아옵니다.

치료사: (1분 30초간 기다린다.) 이제 준비가 되면 주의를 이 방으로 가져오고 부드럽게 눈

을 뜹니다.

제니: (약 30초간 천천히 눈을 뜬다.) 음.

치료사: 그렇게 3분이 지나고 나서 혹은 내가 지시를 멈춘 이후에 무엇을 알아차렸나요?

제니: 정말 긴 시간처럼 느껴졌어요. 편안했지만 조금 불안하기도 했어요. 전반적으로 좋았
습니다.

치료사: 3분보다 길게 느껴지셨어요?

제니: 많이 길게요. 이렇게 가만히 앉아 본 적이 없어요.

치료사: 특히 우리의 마음이 내내 바빴을 때, 많이 길게 느껴질 수 있습니다. 조용히 앉아서
호흡을 보는 것에 익숙해지는 데 시간이 걸릴 수 있어요. 약간 불안했다고 하셨는데
집중을 방해하는 것이 무엇인지 찾으셨나요?

제니: 그건 좌절했을 때입니다. 한 2초간 호흡에 집중하다가 계속해서 생각이 나기 시작했
어요.

치료사: (살짝 미소 짓는다.) 네, 원래 그런 거예요! 제가 배울 때도 똑같은 일이 일어났어요.
가끔씩은 여전히 그렇답니다.

제니: 정말요?

치료사: 물론이죠! 전 가끔 정말 엉큼한 생각을 해요. '이건 대단한 명상 회기다.' '완전히 내
호흡에 집중하고 있고, 아무 생각도 없다. 난 정말 잘하고 있다.' 앉아서 내내 이런 생
각을 하고 있어요!

제니: (부드럽게 미소 지으며 웃는다.)

치료사: 우리의 추동 체계(drive system)가 호흡을 목표로 하고 있는 경우에 쉽게 좌절해요.
집중이 안 될 때, 우리는 목표를 이루는 데 실패했다고 생각하죠. 핵심은 연습의 목적
이 마음속 순간을 알아차리는 것을 배우는 겁니다. 그리고 주의를 흩트리는 생각들
이 이것을 배울 수 있는 완벽한 기회를 주죠. 만약 주의가 산만해지지 않는다면, 우리
는 결코 생각이 우리를 데려가는 것이 어떠한 것인지 알아차리는 것을 배울 수 없을
거예요. 그러니까 그건 문제가 아닙니다. 이해하시겠어요?

제니: 도움이 되네요.

치료사: 다시 한번 해 보죠. 5분 정도는 어떤가요?

제니: 좋아요.

치료사: 훌륭해요. 제가 타이머를 맞출게요. 이제 바른 자세를 취하고, 눈을 감으시고, 호흡으로 주의를 가져가 보세요……

앞서 제시된 예는 마음챙김 호흡을 내담자에게 소개하는 하나의 방법이다. 만약 마음챙김을 과제로 내준다면 연습을 녹음하거나 녹음본 파일을 올려놓은 온라인 링크를 내담자에게 제공하는 것이 좋다. 앞에서 언급한 바와 같이, 치료사는 내담자에게 짧은 지시문을 통해 어떻게 신체를 유지하는지 소개하고, 그 과정에서 나타나는 다양한 장애물들에 대해 짧게 이야기함으로써 연습을 소개할 수 있다(예: 제니에게 만약 필요하다면 자세를 바꾸라고 안내한 것).

또한 내담자가 훈련을 어떻게 경험했는지, 훈련 가운데 나타났을 수 있는 장애물들을 어떻게 탐색하고, 타당화하고, 다루었는지를 연습 후에 더 알아보는 것이 중요하다. 아울러 약간의 유머를 사용하여 치료사 자신의 훈련 경험을 언급하고, 그 가운데 어려웠던 점들을 내담자와 나눈다. 이렇게 함으로써 훈련의 중요성을 강조하고(치료사의 훈련 또한 아주 중요하다), 난이도를 검증하며, 자기-비난과 관련한 가능성을 줄이고('전문가'인 치료사도 같은 사항으로 고심한다), 어떻게 장애물들을 좋은 기분으로 다루는지 모델이 된다(내재되어 있는 당혹스러움을 약간의 유머로 다루어 부드럽게 한다). 또한 치료사가 CFT 용어를 어떻게 사용하는지에 대해서도 유의하라. '불안한 제니' '자비로운 제니' 그리고 추동 체계를 언급해 주는 것은 그녀가 학습한 CFT 개념을 숙달하는 데 도움이 된다.

마지막으로 한 마디만 더 하자면, 만약 치료 내에서 마음챙김 호흡(혹은 다른 마음챙김 훈련이라도)을 사용하려고 한다면, 그 기술을 치료자 스스로 훈련해 볼 것을 강하게 권고한다. 훈련 경험은 내담자에게 설명할 때 사용할 수 있다. 이것은 우리 안팎의 장애물들을 관찰하는 것과 무엇을 다루어야 할지에 대해 도움을 준다. 마지막으로, 마음챙김 자각은 그 자체로 효과적인 CFT 치료사가 될 수 있는 개인의 능력을 향상시킬 수 있는 많은 실질적인 이득을 만들어 낸다. 실질적 수준에서 마음챙김과 자비는 단지 치료 '기술'이 아니라는 것을 생각해 보자. 이것들은 내담자 발전을 돕는 복잡한 능력이며 기술이다. 당신은 한 번도 그것을 해 본 적이 없는 사람으로부터 악기나 스포츠를 배우길 선택하겠는가? 최고의 수행자(practitioner)가 항상 최고의 선생을 만들진 못하지만(반대도 마찬가지이다), 선생은 자신이 안내하는 데 대한 어떤 스킬을 가지고 있어야 한다.

다른 마음챙김 훈련

내담자의 삶 속에서 목적의식이 있고, 현재에 초점을 맞추고, 수용하고, 비판단적인 자각을 가져오는 수많은 다른 마음챙김 훈련들이 있다. 거의 모든 활동이나 경험은 마음챙김의 대상으로 선택될 수 있다. 마음챙김은 주의의 초점을 어디에 둘 것인가를 선택하고 선택한 경험으로 자각을 가져와 비판단적으로 그것을 알아차리고 탐색하는 것이다. 언제든 집중에 대한 방해가 일어난다면, 우리는 그것을 알아차리고, 집중하기로 선택한 곳으로 다시 주의를 가져온다. 일반적으로 호흡, 신체 내부의 물리적 감각이나 신체 외부로부터 오는 감각과 같은 감각 경험에서부터 시작하길 권한다. 그러나 심상이나 심지어 집중에 초점을 두는 생각을 사용할 수도 있으며, 혹은 특정 주의에 얽매이지 않고 무엇에 매달리거나 밀어냄 없이 경험의 발생을 단순히 알아차리는 열린 지각 내에 있을 수도 있다. 다음은 흔히 사용되는 몇 가지 마음챙김 훈련들이다.

• 신체에 대한 마음챙김: 비판단적 자각을 신체 감각으로 가져간다.

- **마음챙김 먹기**: 천천히 먹으면서 음식이나 먹는 것에 대한 모든 감각적 측면을 알아차린다.
- **마음챙김 걷기**: 천천히 걸으면서 걷는 중에 동반되는 모든 감각으로 마음챙김 자각을 가져간다.
- **마음챙김 샤워**: 샤워를 하는 동안 마음챙김 주의를 피부에 물이 닿는 느낌으로 가져간다.
- **마음챙김 과제 완성**: 설거지 혹은 청소와 같은 활동을 완료하는 동안 모든 감각적 경험을 마음챙김으로 알아차린다.
- **마음챙김 운동**: 신체 움직임에 대한 마음챙김 주의를 신체 활동에 둔다 (예: 요가).

초점은 내담자가 마음챙김 자각을 적용할 수 있는 다양한 활동들을 찾아내는 것이다. 우리는 내담자가 흥미 있어 하는 활동을 찾는 것과 연습에 대한 높은 동기를 유지시킬 수 있도록 협력적으로 작업해야 한다.

이런 종류의 마음 훈련은 시간이 흐르면서 내담자들이 주의를 점점 더 현재 순간에 가져오게 함으로써 마음을 안정시키고, 끝없는 생각들을 점진적으로 진정시키는 것을 배우는 데 도움을 줄 수 있다. 이 훈련은 많은 이득을 위한 토대를 만들 수 있다. 내담자는 부산한 마음으로 조용히 앉아 초기 불편함을 견디는 것을 배우면, 상황이 어려울 때 고통을 견디고 인내하는 힘을 키울 수 있으며, 노력이 보상을 받음에 따라 마음챙김 훈련은 더욱 강화된다. 또한 이러한 훈련은 자비로운 지혜를 성장시키는 데 기초가 된다. 수 세기 동안, 불교 수행자들은 앞서 언급한 마음챙김 호흡과 같은 훈련을 더 깊은 분석적 명상을 위한 마음을 준비하기 위해 수행해 왔다. 그들은 마음을 안정시키는 것을 배움으로써 자비와 현실의 본질과 같은 것들에 대해 더 깊이 심사숙고 할 수 있었다. 일단 내담자가 더 집중적인 훈련들에 익숙해지면 자비로운 추론을 통해 일어나는 다음과 같은 질문들을 탐구하기 위한 명상 시간을 갖기 원

할 것이다. 나는 어떤 사람이 되고 싶은가? 내 삶이 어떻게 되길 바라는가? 타인의
삶과 세상에 어떻게 기여하길 원하는가?

마음챙김 훈련의 장애물 다루기

내담자에게 훈련을 제시하며 그것을 완수하길 바랄 때, 발생할 수 있는 장
애물들을 해결해 주는 것이 중요하다. 마음챙김(특히, 마음챙김 호흡)에 대해
내담자에게 알려줄 때 방해될 수 있는 흔한 장애물들이 있다. 시작단계에서
이러한 장애물을 언급하고 대처 계획을 세우는 것이 내담자가 마음챙김 연습
을 계속하게 할 가능성을 높일 것이다.

망각

아마 가장 흔한 장애물은 단순히 연습하는 것을 잊어버리는 것이다. 과제
를 계획하기 시작할 때 장애물이 될 수 있는 것에 이름을 붙이고, 연습하기에
좋은 시간 계획과(예: 잠이 오지 않고 정신이 맑을 때) 그것을 상기시켜 주는 방
식(예: 알람 맞추기)을 내담자와 협력적으로 다룰 것을 추천한다. "마음챙김을
배울 때 발생하는 한 가지 흔한 어려움은 그저 연습하는 것을 잊어버리는 것
이다. 당신이 기억하는 데 무엇이 도움이 될 것이라고 생각하는가?"

회피와 낮은 동기

내 경험으로는 만약 내담자들에게 하루에 30분의 마음챙김 연습을 시작하
도록 시도하면 그들은 때때로 그것을 할 수 없을 것이고, 원하지 않을 수 있다.
조용히 앉아서 호흡을 지켜보는 경험이 없는 사람에게 그것은 긴 시간이다.

우리는 두 가지를 기억할 필요가 있다. 먼저, 당신의 삶에서 새로운 것을 하기 위해 20~30분의 자유 시간을 만들어 내는 것이 얼마나 어려운 일인지 생각하라. 동기가 있고 자신에게 아주 좋다는 것을 알고 있을 때에도 그것은 어렵다. 그리 호락호락한 일은 아니지 않은가? 많은 내담자들에게도 그렇다. 아울러, 많은 우리의 내담자들은(우리와 같은) 지속적으로 변화하는 미디어, 전자 기구, 문자 메시지 대화 등으로 채워진 과도한 환경 자극 속에 살고 있으며, 이것은 높은 수준으로 신경계에 지속적인 자극을 가하는 것과 같다. 우리는 계속해서 깜박이는 스크린, 울리는 전화, 연이은 상호작용 환경에 적응해 왔으므로, 상대적으로 조용하고 활동이 없는 마음챙김 명상 초기에는 혼란감, 좌불안석, 혹은 상당한 불편감을 느낄 수 있다.

그렇다면 무엇을 해야 하는가? 먼저, 우리는 이런 잠재적 장애물을 인정함으로써 이러한 장애물이 발생했을 때 내담자들이 자신에게 무엇인가 문제가 있는 것이 아니라 이것은 흔하고 정상적이라는 것을 이해하도록 해야 한다. 다음으로, 작은 것부터 시작하길 바란다. 내담자에 따라 다르지만, 첫 주에는 보통 하루 2분에서 5분의 마음챙김 호흡으로 시작한다. 그다음에는 내담자가 어떻게 작업하고 있는지에 따라 5분이나 10분의 시간을 추가한다. 할 수 있을 정도의 연습 수준으로 시작하는 것이 내담자들에게 연습을 완료했을 때 성취감을 줄 것이다. 너무 높은 수준에서부터 시작한다면, 끝까지 연습을 완수하지 못하는 초기 실패 경험이 내담자의 동기를 없앨 수 있다. 하지만 어떤 시점에서 이런 상황이 발생하더라도 내담자와 함께 이러한 장애물이 흔히 존재하는 것임을 알려 줌으로써 수치스럽지 않고 비난하지 않는 방식으로 문제해결을 할 수 있다. 삶의 어려움을 자비롭게 다루는 것의 일부는 장애물을 자비롭게 다루는 것을 배우는 것이다. "초기에는 마음챙김 연습을 따라가는 것이 정말 어려울 수 있으며 연습을 방해할 수 있는 많은 장애물들이 있습니다. 당신이 계획을 완성할 수 있는 방법은 무엇이 있나요? 이런 장애물들을 넘어가는 데 도움이 되는 무언가를 찾아봅시다."

실패한 느낌

만약 내가 마음챙김 호흡을 계속하기로 결정하고 얼마 지나지 않아 '바로 할 수 없을 것'처럼 느껴져서 포기한 사람들에게 모두 1달러씩 받았다면, 은퇴할 때까지 연구보조금을 마련할 만큼 충분한 돈을 얻었을 것이다. "주의를 호흡에 두고, 산만해지는 것을 알아차리면 부드럽게 돌아오세요."라는 지시는 단순한 것처럼 보이고, 실제로 단순하다. 단지 쉽지 않을 뿐이다. 좋은 의도를 가진 수련자들은 흔히 이 고요한 명상 경험을 해 본다는 것에 대해 매우 들떠서 시작하지만, 자신의 마음이 사방으로 뛰고 주의 초점이 호흡에 있는 시간이 거의 없다는 것을 관찰하는 순간 포기한다. 우리의 똑똑한 신뇌는 주의가 산만해질 수 있고 이것이 실패한 것이 아니라는 것을 알고 있다 하더라도, 구뇌 정서 센터는 되풀이되는 생각들로 주의가 산만해지는 자신을 발견하고 흔히 좌절감을 나타낼 것이다.

이러한 성향을 약화시키기 위해 내담자들에게 미리 마음이 산만해질 수 있으며 이것이 나쁜 것이 아니라는 것을 알려 줄 수 있다. 이건 정말 나쁜 일이 아니다. 앞서 언급했듯이, 마음챙김의 목적 중 하나는 주의 전반을 잘 통제하는 것을 배우는 것이다. 시간이 흐를수록, 수련자들은 자신의 주의를 호흡에 더 오랜 시간 동안 둘 수 있을 것이다. 하지만 마음챙김의 또 다른 목표는 마음속 움직임을 알아차리는 것을 배우는 것이라는 점을 내담자에게 강조할 수 있다. 생각, 감정, 그리고 감각들이 우리를 호흡으로부터 떼어놓을 때, 우리는 이 움직임을 알아챌 기회를 갖게 된다. 즉, 우리의 주의가 노선을 벗어나지 않는다면 이런 기회는 없을 것이다. 따라서 이런 산만함들은 실제로 생각과 감정이 일어나는 것을 알아차리고, 그것이 사라지는 것을 알아차리고, 이러한 일이 생겼을 때 호흡으로 다시 주의를 가져오는 것을 배울 수 있는 가치 있는 기회를 제공해 준다.

마지막 한 가지: 내담자들은 때때로 명상 안에서 나타난 흘려보내고 싶지

않은 생각들로 고심한다. 나는 아침에 글을 쓰기 전에 종종 마음챙김 명상을 하기 때문에, 이런 일이 빈번하다. 명상 중에 내 글에 적고 싶은 생각들이 떠오른다. 당신이 상상할 수 있듯이, 이런 생각들을 잡고 있으려고 시도하면서 동시에 호흡으로 돌아가려고 하는 것은 훈련에서 문제가 된다. 하지만 해결책이 없지는 않다. 나는 종이 묶음과 펜을 명상쿠션 곁에 놔두기 때문에 잃고 싶지 않은 생각들을 적을 수 있다. 이 연습은 내담자에게도 유용하다.

요약

관계에서의 안전감이나 우리의 발달 방식을 조형하는 우리가 선택하지 않은 요인들을 이해하는 것과 더불어, 마음챙김 자각은 CFT에서 자비 계발의 기저를 이루는 중요한 토대이다. 마음챙김 연습은 내담자가 자신의 감정과 경험을 수용적이고 비판단적으로 관찰하는 것을 배우도록 돕는다. 즉, 마음의 움직임을 주시하고, 어려움 감정을 다루고 인내하는 데 자신의 주의를 이용한다. 이러한 역량들은 자비로운 힘을 계발하는 토대가 되며, 이 책의 남은 장에서 강조될 것이다.

CFT Made Simple

8장

자비에 전념하기:
자기-비난 다루기

지금쯤에는 내담자 자신이 겪은 어려움들이 자신이 선택하지 않은 요인들로 인해 일어나고 형성된 것임을 인식하고, 생각과 정서를 판단하지 않고 호기심 있게 관찰함으로써 자기-비난이 누그러져 자기-자비를 위한 기초가 마련되었기를 바란다. 지금부터는 내담자의 자신과 타인에 대한 자비 함양을 돕고 내담자의 어려움을 다루는 데 자비를 적용하는 것에 초점을 두고자 한다.

많은 내담자들에게 자기-자비는 매우 거리감 있게 느껴질 수 있다. 그들은 타인과는 자비로움으로 연결될 수 있을지 모르지만, 정작 자신과는 자비롭게 연결하거나 직접적으로 그렇게 하고자 하는 마음이 적을 수 있다. 그들에게 내적 자기-비난은 항상 함께하는 동반자와 같으며, 삶에 동기를 부여하는 주된 방식으로 활용되어 왔을지도 모른다. 이런 내담자들은 자기-비난을 줄이거나 자신에게 자비롭게 대하는 것을 상당히 꺼릴 수 있다. 이들 중 어떤 이는 이 가혹하지만 친숙한 목소리가 사라진다면 자신에게 동기부여하는 능력이 완전히 사라질 거라고 두려워할 것이고, 이것이 가장 두려워하는 삶의 결과를 초래할 것이라고 생각한다. 또한 그들은 이런 수치심과 자기-비난을 자신이 **마땅히 받아야** 하는 것으로 느끼고, 자기-자비는 지나치게 관대하고 부적절하다고 여길 수 있다.

이러한 저항에 직면할 때 우리는 자기-자비가 자기-비난보다 얼마나 더 나은지에 대해 설명함으로써 내담자를 설득하고 싶은 마음이 들 수 있다. 내 경험에 의하면, 자기-자비의 장점으로 내담자를 설득하려고 시도하는 것이 도움이 될 수도 있지만 때로는 역설적으로 자기-비난을 옹호하도록 만들 수도 있다. 그대신 소크라테스식 대화와 사고 훈련을 사용하여, 자비가 스스로를 동기화하는 강력한 방법임을 인식하도록 도움으로써 내담자가 스스로를 탐색하도록 촉진할 수 있다. 자비를 동기화하는 것은 수치심과 자기-비난의 부정적인 부작용이 없다. 우리는 내담자들이 비난이나 자비를 받아 마땅한지에 대해 논하기보다, 고통을 다루고, 삶의 어려움과 씨름하고, 목표, 꿈 그리고 가치를 추구하는 데 무엇이 도움이 될 수 있는가를 탐색하도록 돕길 바란다.

소크라테스식 대화

자기-비난을 멈추기를 꺼리는 내담자가 있을 때, 이런 비난이 어떤 기능을 제공하는지 탐색하는 것이 도움이 될 수 있다. 이 과정에서 표준 'CFT 개입'을 사용할 수 있다. 이것은 "만약 당신이 _____ 했을 경우 생기는 위험은 무엇인가요? 자기-비난을 멈출 때, 어떤 일이 생기는 것이 두려운가요?"의 질문 형태를 포함한다. 오랜 기간 과도하게 자기-비난적 사고를 가지고 있는 내담자에게 이 전략이 어떻게 사용될 수 있는지를 살펴보자.

치료사: 제니, 그간 우리는 자비를 계발하기 위해 노력해 왔습니다. 여기서 중요한 부분은 스스로 힘겨워하고 있다는 것을 발견했을 때, 자신과 따뜻하게 관계하는 방법을 배

우는 것입니다. 만약 평소에 스스로를 비난하고 공격하곤 했다면 이것은 큰 변화일 수 있습니다. 우리 중 몇몇은 다른 사람에게는 한다고 상상조차 할 수 없는 혹독하고 비난적인 이야기를 자신에게 합니다.

제니: 제가 그래요. 지난 몇 년간, 줄곧 끊임없이 스스로를 헐뜯었어요. 정말 말도 안 되는 일이었죠. 다른 사람들은 그런 미친 짓을 안 하고도 자신이 해야 할 일들을 처리하거든요. 저한테는 무슨 문제가 있을까요?

치료사: 그러니까 당신이 힘들 때 내면의 자기-비난이 종종 큰 소리로 당신을 헐뜯었군요? 항상 이런 식이었나요?

제니: 오랜 시간 동안 그래 왔어요. 항상 그랬던 것 같아요. 어렸을 때부터요.

치료사: 오랜 시간 동안 함께하면서, 자기-비난이 매우 익숙하게 느껴지는군요. 이제 우리는 '불안한 자기'를 다루었던 것처럼 자기-비난 생각들을 다룰 겁니다. 자기-비난 목소리를 알아차리고 주의를 점점 덜 기울이면서, 격려하는 자기-자비 목소리를 계발하도록 말이죠. 어떤가요?

제니: (약간은 회의적으로 보며) 잘 모르겠어요.

치료사: (부드럽게 웃으며) 잘 모르겠나요?

제니: 뭔가 현실적인 것 같지 않아요.

치료사: 뭔가 내키지 않는 것처럼 들리는군요. 함께 살펴봅시다. 내면의 자기-비난 목소리를 듣는 것을 그만둘 수 있다면 혹은 (자기-비난의 목소리를 내는) 그녀가 멀리 가 버렸다고 상상해 봅시다. 당신은 자기-비난을 그만두길 주저할까요?

제니: (잠시 생각한다.) 그럴 것 같아요. 전 자기-비난을 그만두기가 어려울 것 같아요.

치료사: 만약 당신이 자기-비난을 그만둔다면 어떤 위험이 있을까요? 무슨 일이 일어날까 봐 걱정되나요?

제니: 이따금 내가 먼저 날 헐뜯는다면 다른 사람이 날 다치게 할 수 없을 거라고 생각하는 것 같아요. 만약 내가 스스로에게 그런 이야기를 먼저 한다면 다른 사람들이 내게 그런 말을 했을 때 많이 아프지는 않을 거예요.

치료사: 반대로 당신 스스로에게 휴식을 주고 안전감과 편안함을 느낄 수 있도록 한다

면······.

제니: 그럼 다른 사람들이 제게 상처를 줄 수 있겠죠. 마치 제가 학교에 있을 때처럼요. 전 이사를 가서 사람들을 만날 기대를 하고 있었는데, 그들이 갑자기 제게 다가왔어요. 이젠 누군가가 저에 대한 끔찍한 말을 한다면 이럴 거예요. '물론이지. 또 뭐 있어? 그건 이미 알고 있었어.'

치료사: 충분히 이해되는 말이네요. 그 일이 있었을 때 많이 힘들었군요. 다시 약점 잡히지 않도록 확실히 하고 싶은 거군요.

제니: 네.

치료사: 내면의 자기-비난의 목소리를 그만 듣는 걸 주저하게 하는 다른 이유가 있나요? 자신을 헐뜯는 것을 그만둔다면 일어날 수 있는 무서운 일은 무엇인가요?

제니: 아무것도 할 수 없을까 봐 두려워요. 정말 힘들긴 하지만, 수업에 나가고 해야 할 것들을 해요. 지금보다 더 한심해지긴 싫기 때문이에요. 제 생각엔 만약 자기-비난을 하지 않는 다면 방에 숨어서 아무것도 안할까 봐 두려운 것 같아요. 제가 말씀드렸던 의사소통 수 업의 그룹 프로젝트와 비슷하네요. 담당 선생님이 처음에 그룹을 정할 때, 그곳을 빠져 나갈 궁리만 했었어요. 화장실에 가서 돌아오지 않을 생각 같은 거요.

치료사: 내면의 자기-비난이 그런 일이 일어나지 않도록 했나요?

제니: 네. 전 그저 '제니, 바보처럼 굴지 말자. 만약에 여길 빠져나간다면 바보처럼 보일 거 야. 패배자가 되지 말자.'라고 생각했어요. 그래서 그 자리에 있었어요. 그 상황이 싫 었지만 머물렀죠.

치료사: 그럼 당신은 자기-비난을 스스로에게 동기를 부여하는 방식으로 사용했고, 비난하 는 목소리가 멈춘다면 아무것도 할 수 없을까 봐 두려워하는군요.

제니: 네. 전 제가 방 안으로 숨어 버릴까 봐, 그리고 결국에는 학교에서 낙제하고 부모님 곁으로 돌아가야 할까 봐 겁이 나요. 그건 정말 끔찍한 일이에요.

치료사: 제니, 여기에서 몇 가지 중요한 걸 알게 된 것 같네요. 당신은 자기-비난이 두 가지 중요한 기능을 하고 있다고 느끼는 것 같아요. 타인들로부터 약점을 공격받았을 때 자신을 보호하는 기능과 해야 할 일을 계속하도록 하는 기능이요. 맞나요?

제니: 그러네요.

치료사: 우리가 자기-비난하는 목소리를 낮추는 방법을 찾으려면, 안정감을 느낄 수 있고 스스로를 동기화시킬 수 있는 다른 효율적인 방법을 찾아 봐야겠네요. 당신의 자비로운 자기가 자기-비난하는 목소리가 하던 역할을 할 수 있는지에 대해 탐색해 보는 건 어떨까요?

제니: 시도해 볼 만하네요.

위 대화에서 치료사는 자기-비난을 포기하는 것에 대한 제니의 저항을 탐색하기 위해 소크라테스식 대화를 사용하여, 특히 자기-비난을 포기하는 것을 꺼리게 만드는 기능적인 측면을 확인하였다. 내담자들은 흔히 자기-비난이 삶에서 중요한 기능을 한다고 느낄 것이다. 이 기능은 내담자들이 자신과 관계하는 보다 자비로운 방식을 계발하기 위해 노력한다면 다른, 보다 적응적인 방식으로 작동될 수 있다. 당신은 삶에서 자기-비난을 사용하는 방식을 고려할 수 있으며, 이것을 포기한다면 무엇을 잃는 것이 두려운가에 대해 생각해 볼 수 있다. 자신과 자비롭게 관계하는 새로운 방식을 개발하는 동기를 구축하는 데 도움을 줄 수 있는 사고 연습을 살펴보자.

두 선생님 이야기

많은 사람들이 동기를 유발하고 자신을 보호하거나 '자신을 규제하기' 위해 자기-비난을 사용하고 있지만, 이러한 목적을 위해 자기-비난을 고수하는 것은 기본적으로 다음과 같은 논리상의 오류가 있다. 자신을 공격하는 것이 스스로를 동기화하는 유일한 방법이며 최고의 방법이라고 생각하는 것이다. 수치심과 자기공격이 몇몇 유용한 목적을 가지고 있는 것처럼 보이지만, 큰 대가가 따르고, 우리를 위협 체계(협소한 주의와 사고를 특징으로 가지며, 위협에 초점을 맞추고 있다)에 가두어 놓으며, 행복감을 떨어뜨린다. 우리는 이런 문제점 없이 내담자가 스스로를 격려하고, 동기부여하고, 지지하며 보호하는 방법을 찾을 수 있도록 돕기를 원한다. 한 가지 방법은 바로 자기-자비를 계발하는 것이다. 이것은 고통과 어려움을 섬세하게 다루고, 타당화하며, 격려하는 능력이다. 처음에는 내담자가 자기-비난에서 자기-자비로 변화할 동기를 계발하도록 도울 필요가 있다. 내가 선호하는 한 가지 방법은 '두 선생님' 이야기인데, CFT 치료사들이 종종 사용하는 경험적 연습이다(Gilbert, 2009a).

> **치료사**: 조쉬, 우리는 당신의 자기-비난이 어떻게 당신을 보호하고 동기를 부여하는지에 대해 이야기했고, 제가 그것들을 할 수 있는 다른 방식을 찾을 수 있을 것 같다고 말씀드렸어요. 그것에 관한 짧은 심상 연습을 하고 몇 가지 질문을 할까 합니다. 괜찮을까요?
>
> **조쉬**: 아마도요.
>
> **치료사**: 당신이 아주 많이 마음을 쏟고 있는 아이 한 명을 상상해 보세요. 이 아이는 당신의 아이일 수도 있고, 다른 사람의 아이일 수도 있지만, 당신이 마음 깊이 보살피는 남자아이입니다. 이 아이가 아주 어려운 과제를 하고 있어요. 그 과제는 대수학을 처음 배우는 것일 수도 있고, 악기를 배우는 것일 수도 있고, 혹은 도전적인 운동을 하는 것일 수도 있어요. 이 가운데 해 본 것이 있나요?
>
> **조쉬**: 전 기타를 연주해요.
>
> **치료사**: 그럼 당신이 처음 기타를 쳤을 때, 얼마나 어려웠는지를 알고 있겠군요. 좋은 소리를 낼 때까지 아주 많은 연습을 해야 한다는 것도요.
>
> **조쉬**: 맞아요.
>
> **치료사**: 이제 이 과제를 하는 데 있어서 아이는 두 남자 선생님 가운데 한 분을 선택할 수 있다고 상상해 보세요. 먼저, 아이에게 헐뜯는 방식으로 동기를 부여하는 냉정하고 비판적인 선생님을 상상해 봅시다. 이 선생님이 그 아이와 어떻게 소통하고 있을지 상상해 보세요: "아니야!…… 아니야!…… 또 잘못했어!…… 제대로 못해?…… 그게

아니라, 이렇게!…… 아니야!…… 아니야!…… 도대체 문제가 뭐야? 너 바보야?……
그게 아니야!"

조쉬: 익숙한 말이네요. 아버지는 항상 그렇게 말하곤 했어요.

치료사: 스스로를 비난하는 것을 어디에서 배웠는지 알고 있군요?

조쉬: (깊은 생각에 잠긴 채 고개를 끄덕인다.)

치료사: 이제 두 번째 선생님을 상상해 봅시다. 이 선생님은 자비로우며 아이가 배우는 것
을 정말 돕고 싶어 해요. 선생님은 이것이 정말 어려운 과제라는 것과 처음에는 누
구라도 고군분투하리라는 것을 이해하고 있습니다. 이 선생님은 현명해서 자신이 진
정 해야 할 일은 아이가 견뎌 낼 수 있도록 격려하는 방법을 찾는 것이라는 걸 알고
있어요. 아울러 이 과제를 완전히 익히는 데 핵심은 아이가 꾸준히 이것을 하게 하
는 것이고, 만약 아이가 그 경험을 즐길 수 있다면 더 잘해내리라는 걸 알고 있어요.
이제 이 선생님이 아이에게 어떻게 다가가는지 상상해 보세요: "잘했어…… 잘했
어…… 좋아!…… 계속해 봐요…… 그렇게는 아니고, 이렇게…… 그래, 그거야……
아주 잘했어요. 이건 힘든 건데 잘하고 있어…… 그렇지!"

조쉬: (편안해 보이고, 호흡이 부드럽다.)

치료사: 이제 몇 가지 질문을 할게요. 먼저, 당신이 마음을 쏟고 있는 아이에게 어떤 선생님
이 있어주길 원하나요? 그 아이에게 기타를 가르치는데 어떤 선생님을 고용하겠어
요? 첫 번째 선생님인가요, 아니면 두 번째 선생님인가요?

조쉬: 두 번째 선생님이요.

치료사: 저도 마찬가지예요. 좀 더 깊이 살펴보죠. 만약 당신이 그다지 신경 쓰지 않는 아이
라고 한다면, 어떤 선생님이 어려운 과제를 학습시키는 데 더 나았을 거라고 생각하
나요?

조쉬: 두 번째 선생님이요.

치료사: (끄덕임) 마지막 질문이에요. 당신이 힘들어하고 있을 때, 당신의 머릿속에서는 어
떤 선생님이 이야기하는 것 같았나요?

조쉬: (잠시 생각하더니 고개를 떨어뜨리며) 딱 걸려 버렸네요. 첫 번째 선생님이요. 전장,

항상 그랬어요.

치료사: (잠시 침묵한다.)

조쉬: 이제 알 것 같아요.

치료사: (따뜻하게) 네. (잠시 침묵) 그래서 우리는 함께 다루어야 할 몇 가지 큰 과제를 가

지고 있어요. 우리를 돕기 위해서는 어떤 선생님을 고용해야 할까요? 지금까지는 비

난하는 선생님이 기회를 가졌던 것 같네요. 이제 자비로운 선생님이 우리를 도와줄

수 있는지 기회를 주어 보겠어요?

조쉬: (숙연하게 고개를 끄덕이며) 네. 시도해 볼 만한 것 같아요.

이와 같은 연습은 경험적인 방식으로 자비의 개념과 영향력에 대해 안내해
준다. 외재적 수준(자비의 유용성에 대해 생각하는 것)과 내재된 수준(비난과 자
비의 차별적 효과에 대해 **느껴 보는 것**) 모두에서 작동하는 것이다. 만약 자비에
대해 단지 생각해 보는 수준에 머물렀다면 자기-비난 습관이 아주 뿌리 깊
을 수 있으므로 내담자의 변화는 작을 수 있다. 우리는 내담자가 자신의 욕구
를 충족시키고 목표를 추구하는 강력한 방법으로 자비를 연결시켜 자기-비
난과 **차이를 느끼기**를 원한다. 앞에 나온 예시에서 치료사는 비난하거나 혹은
자비로운 두 선생님에 대해 단지 설명하는 것이 아니라, 그들의 관점에서 무
슨 이야기를 했을지 실연하는 방식을 취했다(또한 그 상황에서 자비가 어떻게
보이는지 잠깐 들여다봄으로써 약간의 모델도 제시했다). 이 사례에서 조쉬가 이
러한 묘사에 비언어적으로 반응한 것을 볼 수 있다. 또한 내담자가 내면에서
일어나는 일을 처리할 수 있도록 충분한 시간을 제공하는 것이 필요했으며,
자기-성찰(self-reflection)을 일으키는 질문들과 예시 사이의 공간을 충분히
둠으로써 내담자가 현재의 깨달음(realization)과 연결될 시간을 가질 수 있었
다. 또한 당신은 치료사가 선생과 아이의 성별을 내담자에 맞춘 것에 주목할
것이다. 이는 내담자가 선생과 아이의 역할 모두에서 자기 자신이 되어 보도록 안
내한 것이다.

어떤 내담자들은 조쉬가 했던 반응과 매우 다른 방식으로 반응할 것이다. 가끔 자기-비난이 가진 긍정적인 영향력을 들며 "음, 그 아이에겐 (자비로운 선생님이) 더 나을 수 있겠지만, 제겐 아니에요." 혹은 "냉혹한 선생님이 있었기에 전 연주를 할 수 있었어요."와 같이 말한다. 다시 말하지만, 우리는 이러한 저항을 정면으로 다루길 원하지 않으며, 내담자에게 위협 신호를 촉발시키며 자기-비난을 방어하는 자세로 가길 원하지는 않는다. 대신, 다음과 같은 소크라테스식 대화로 탐색할 수 있다. "당신에게 자기-비난이 작동하는 것 같은데 정말로 그 전략을 포기하는 것이 꺼려지나요?" 혹은 "자신과 자비롭게 관계하는 걸 꺼리는 것이, 마치 자신이 친절하고 자비롭게 다루어질 만한 가치가 없다고 느끼기 때문인 것 같아요." 우리는 이러한 생각들을 내담자와 함께 탐색할 수 있으며, 만약 내담자가 기꺼이 하고자 한다면 자기-자비가 자기-비난을 대처해 작동할 수 있는지를 실험할 수 있다.

어떤 훈련이나 기술과 마찬가지로, 이 훈련은 뉘앙스에 주의해야 하며, 모든 사람에게 같은 효과를 나타내는 것은 아니다. 앞서 살펴보았던 비난하는 선생님처럼 많은 사람들을 훈련시킨 전쟁 참전 용사는 다음과 같이 대답할지 모른다. "전, 제 아이가 첫 번째 선생님을 가졌으면 좋겠어요. 첫 번째 선생님은 절 살아있게 해 줬어요." 우리는 소크라테스식 대화를 사용하여 각기 다른 상황에서의 요구와 걱정에 맞는 다른 전략들을 고려함으로써, 내담자가 전투 환경(신체적 위협으로 가득한 환경)과 일반 사회생활의 차이를 탐색하도록 도울 수 있다.

요약

이 장에서는 어떻게 자기-비난을 다루고 자비를 적용할 수 있을지에 대해 살펴보았다. 내담자의 자기-비난을 확인하고, 그것을 포기하길 꺼리는 마음

을 탐색하고, 자기-비난의 대안으로서 자비를 고려하도록 촉진하는 것은 스
스로에 대한 자비를 계발하는 것에 전념하도록 하는 중요한 과정일 수 있다.
아주 견고한 수치심과 자기-비난 습관을 가진 내담자와 작업을 할 때는 치
료사의 인내심과 일관된 태도가 요구된다. 내담자들은 점차적으로 수치심과
자기-비난이 나타나는 것을 마음챙김으로 알아차리는 데 익숙해지고, 이러
한 성향들을 인정하며, 수치심과 자기-비난이 일어나는 의미를 자비로운 마
음으로 알아차리면서, 의도적으로 좀 더 자비로운 관점으로 옮겨 갈 것이다.
다음 장에서는 자비로운 관점이 어떠한지 살펴볼 것이다.

CFT Made Simple　9장

자비로운 자기 기르기

자비 작업은 다른 무엇보다도 **사회적 정신틀** 또는 관점의 전환을 촉진하는 데 초점을 둔다. 이를 통해 내담자들은 유연한 주의(attention)와 추론 (reasoning) 능력을 가지고 자신의 어려움에 접근할 수 있고, 안전감을 느낄 수 있으며 자신의 고통에 접근하고 효과적으로 작업하는 데 큰 동기부여가 된다. 우리는 내담자들이 위협이나 불편함을 피하거나 없애려고 하는 위협 기반의 관점을 바꾸고, 삶과 마음속에서 일어나는 것들을 자비롭게 대하고 다룰 수 있는 힘을 기르도록 돕길 바란다. CFT에서는 이러한 관점을 **자비로운 자기**라고 부른다.

자비로운 자기

CFT에서는 내담자들에게 자비 기법을 가르치는 것보다 자비로운 **생활양식**을 기르도록 돕는 것에 더 중점을 둔다. 이 생활방식은 세상에 대해 개방된 태도, 용감한 가슴과 유연한 마음을 가지며 효과적인 행동에 따르는 존재방식이다. 자비로운 자기는 우리가 자비로운 힘으로 조직화되도록 해 준다. 따라서 우리는 내담자의 자비로운 자기 영역을 개발하고 계속해서 심화되고 강화되도록 도와줄 것이다. 이렇듯, CFT는 원치 않는 경험을 없애는 것이 아니다. CFT는 인생에서 일어난 일을 다루는 데 지혜롭고 친절하며, 용기 있고 헌신하는 자비로운 자기를 기르는 것에 관한 것이다.

메소드 연기

앞서 제시된 글을 읽고 난 후, 고심하고 있는 자신을 발견할지도 모른다. '음, 이건 전부 괜찮고 좋은 말이지만 정말 그림의 떡 같다. 나의 내담자들은 많은 현실적인 문제를 가지고 있다. 그들의 삶의 경험은 어떤 것도 그처럼 그림 같지 않고, 사실 내 삶도 역시 그렇다.'

당신이 상상했을지 모르는 이런 생각은 매우 흔한 경험이다. 잇따른 위협 경험에 의해 삶이 좌우되는 내담자들에게 자비로운 자기에 대한 생각은 불가능할 정도로 멀게 느껴질 수 있다. 지금까지의 삶의 경험과 너무 거리가 멀어서 터무니없다고 생각할 수도 있다. '나는 그런 사람이 아니다.'라는 생각은 주된 장애물이 될 수 있으며 따라서 이것을 다룰 방법을 찾는 것이 필요하다.

우리는 이러한 생각을 다루기 위해 CFT에서는 메소드 연기를 통해 자비로운 자기를 계발시킨다(Gilbert, 2010). 배우들은 종종 자신과 전혀 다른 특성과 성격을 가진 상태로 자신이 경험하는 것과는 완전히 다른 캐릭터들을 연기해야 한다. 배우들은 어떻게 이런 일을 할 수 있을까? 그들은 이 캐릭터가 되면 어떨할지 상상하는 것으로 이를 해결한다. '만약 내가 이런 성격을 가진 사람이라면 어떻게 느낄까? 무슨 생각을 할까? 무엇을 하고 싶어 할까?' 다른 감정과 동기들이 주의, 감정, 사고, 상상, 동기부여와 행동을 매우 다른 방식으로 조직하는 것처럼, 우리는 내담자에게 만약 자신이 깊은 자비의 자질(자비로운 동기, 지혜, 확신, 헌신 그리고 감정을 허용하는 용기)을 가지고 있다면 어떻게 마음이 구성될지 고려하도록 유도할 수 있다. 우리는 내담자가 이러한 강점을 가지고 있는지 아닌지에 대해 논쟁하는 데 머무르지 않고, 내담자가 이러한 것들을 가지고 있다면 어떨지 상상하는 것을 도울 수 있다. 심상화를 사용하여 내담자가 ① 상황을 어떻게 느끼고, 이해하고, 해석할 수 있을지, ② 자신의 감정들 그리고 다양한 '감정적 자기'들과 어떻게 관계할 수 있을지, ③ 자비로운 관점에서 어떤 일을 하도록 동기화할 것인지를 탐색하도록 도울 수 있다. 이러한 방식으로, '나는 그런 사람이 아니다'라는 생각에 사로잡히는 것이 아니라 내담자가 자비로운 방식의 추론, 느낌 그리고 행동을 개발하도록 도울 수 있다.

자비로운 자기 훈련

자비로운 자기 훈련에 대해 소개했으니, 이것을 내담자에게 어떻게 알려줄 수 있을지 살펴보자. 먼저 내담자가 메소드 연기에 익숙해지도록 한 다음, 다양한 자비의 자질을 가지고 있다면 어떨지 상상하도록 유도한다. 내담자의 욕구에 따라 자비의 특성이 달라질 수 있지만, 우리는 흔히 자비로운 동기(친절하고 기꺼이 돕고자 하는 헌신적인 욕구), 지혜와 이해심, 감정을 허용하는 용기와 자신감에 기반을 두고 자비를 훈련한다. 보통 진정 리듬 호흡으로 시작해서, 따뜻함과 강인함을 몸으로 느끼는 연습으로 이어지며, 이후 여러 자비로운 정신적 자질들을 가지고 있다면 어떠할지에 대해 상상하는 과정으로 진행한다.

치료사: 제니, 이제 두 번째 선생님을 초대해서 자비로운 자기 훈련을 소개해 주고 싶군요. 이 연습에서는 당신이 다양한 자비로운 자질을 가지고 있다면 어떨지 상상하도록 요청할 거예요. 예를 들어, 자신이나 다른 사람들을 돕기 위해 헌신하고자 하는 욕구, 힘든 일을 이해하고 다루는 데 있어서 깊은 지혜, 힘든 상황을 직면하거나 이를 다루는

데 있어서의 자신감과 용기 같은 것들이죠. 시작하기에 앞서 질문할게 있나요?

제니: (의심하는 눈초리로) 그건 좀 억지 같은데요. 전혀 나 같지 않아요.

치료사: 그것이 연습의 멋진 점이죠. 이 연습에 이렇게 접근할 거예요. 마치 우리가 생각하는 우리의 모습과 완전히 다른 모습의 역할을 맡은 연기자처럼 말이죠. 실제 이 모습과 비슷한지 아닌지에 대해 생각하는 대신에 우리가 이러한 자질을 가졌다면 어떨까에 대해 상상해 볼 거예요. 무엇을 느낄지, 무엇을 이해할 수 있을지, 그리고 어떻게 생각할지 이런 것들이요. 시도해 볼 수 있겠나요?

제니: 네. 한번 해 보죠.

치료사: 그럼 익숙한 방식으로 시작해 봅시다. 편안하고 몸을 세운 자세에서 약 30초 정도간 천천히 호흡합니다. (30초에서 1분 정도 기다린다.)

제니: (바로 앉아 눈을 감는다. 천천히 호흡 한다.)

치료사: 이제, 편안한 일상적인 호흡을 해 봅니다. (3~5초간 기다린다.) 이제 당신이 다른 자질들을 가졌다고 상상하도록 요청할 거예요. 제가 설명했던 자질들을 만약 당신이 가지고 있다면 어땠을지 상상해 봅니다. 만약 당신이 이러한 자질들을 키우는 데 이미 성공한 아주 자비로운 사람이라면 어떻게 느꼈을지, 어떻게 생각했을지, 그리고 어떻게 경험했을지 상상해 봅니다. 만약 이런 상상을 하는 것이 힘들다면, 이런 자질들을 가진 누군가를 떠올리며 그 사람이 어떻게 느낄지 상상해 볼 수 있습니다. 계속할 준비가 되면 천천히 고개를 끄덕여 주세요.

제니: (끄덕인다.)

치료사: 먼저, 당신의 몸이 진정되고, 평화로우며, 안전하다고 상상합니다. 따뜻함과 힘으로 충만합니다. 얼굴에 부드러운 미소를 지어 봅니다. (30초간 기다린다.) ……

- 이 따뜻함과 힘이 당신 곁에 있고, 고통받는 자신이나 타인을 돕기 위한 친절과 동기가 충만하다고 상상해 봅니다. 돕고자 하는 친절한 바람이 당신을 채우고 커지며, 이를 위한 힘과 의도로 채워진다고 상상해 보세요. 돕고자 하는 깊은 바람을 느껴 보세요. (30초에서 1분 정도 기다린다.)

- 헌신하고자 하는 동기가 당신 안에 있고, 지혜가 충만하다고 상상해 봅니다. 유연하게 생각하며, 다른 관점으로 어떤 일들을 볼 수 있다고 상상해 보세요. 당신은 힘든 상황과 감정이 들어오고 사라지는 것을 자각하고 이러한 경험에 사로잡히지 않고 적절히 대처하며 삶을 살아갈 수 있습니다. 당신은 어려운 경험들 또한 삶의 일부라는 것을 알고 있으며, 그러한 경험과 자신을 판단하지 않고, 이러한 감정과 경험이 생겨난 이유와 의미, 그리고 이들을 다루는 데 도움이 되는 것들을 깊이 이해합니다. (30초에서 1분 정도 기다린다.)
- 친절한 동기와 지혜로, 깊은 자신감을 갖게 된다고 상상해 봅니다. 이 자신감이 당신을 용기로 채우는 것을 느껴 보세요. 당신은 힘든 느낌과 상황에 기꺼이 함께하고자 하는 마음으로 채워져 있습니다. 이것은 어떤 일이 일어나더라도 헤쳐 나갈 수 있다는 것을 알고 있는 느낌이기도 합니다. 이런 자신감과 용기가 내 안에서 커지고, 힘으로 충만해지는 것을 느껴 봅니다. (30초에서 1분 정도 기다린다.)

제니: (눈을 감고 조용히 앉아 있다.)

치료사: 당신이 친절, 도움에 대한 헌신적 동기, 깊은 지혜, 자신감 그리고 감정을 허용하는 용기 같은 자질로 충만하다고 상상해 봅니다. 이러한 자질들이 내 안에서 커질 때 어떤 느낌인지 알아차려 봅니다. (30초에서 1분 정도 기다린다.)

- 진정되고 평화로우며 힘이 넘치는 몸의 느낌에 주의를 기울여 봅니다. 당신이 친절하고, 평화로우며, 자신감 있고, 자비로운 존재일 때 어떻게 느끼고 세상을 바라볼지 상상해 보세요. (20초 정도 기다린다.)
- 당신이 아주 자비로운 존재라면 세상을 어떻게 경험하고 이해할지 상상해 보세요. (몇 초간 기다린다.) 어떤 느낌을 느낄 것 같나요? (몇 초간 기다린다.) 어떤 생각을 할 것 같나요? (몇 초간 기다린다.) 어떤 것을 하고 싶을 것 같나요? 무엇을 할 것 같나요? (1에서 2분간 기다린다.)

제니: (눈을 감고 조용히 앉아 있다.)

> **치료사:** 준비가 되면, 이 방으로 주의를 돌리고 눈을 뜨세요. 아까 느꼈던 지혜로움, 친절함 그리고 자신감을 계속 가지고 있는지 살펴보세요. 원한다면 스트레칭을 해도 됩니다.
>
> **제니:** (천천히 눈을 뜨고 스트레칭을 한다.) 음, 좋았어요.
>
> **치료사:** (부드럽게 웃으며) 무엇이 좋았나요?
>
> **제니:** 정말 평화로웠고, 그런 존재를 생각하는 것이 좋았어요. 아주 편안했어요.
>
> **치료사:** 친절하고, 지혜롭고, 자신감 있는 매우 자비로운 사람처럼 상상하는 것이 어떤 느낌이었나요?
>
> **제니:** 처음에는 어려웠어요. 어떤 건지 정말 못 느낄 것 같았어요. 하지만 그저 어떨 것 같은지 상상해 보자고 계속 스스로에게 이야기했죠. 마지막 즈음에, 어느 정도 느낄 수 있었어요. 조금 다른 느낌이었어요.
>
> **치료사:** 중요한 관찰을 하셨네요. 처음에는 느끼기 힘들 수 있습니다. 그래서 때때로 우리가 할 수 있는 것은 우리가 그것을 느낄 수 **있다면** 어떨지 상상하는 것입니다. 만약 자비로운 관점에서 어떻게 사물을 볼 수 있을지에 관심을 기울인다면 도움이 될 수 있습니다. 우리가 이런 자질들을 가지고 있다면 어떻게 생각하고 이해했을지 상상해 보는 거죠.
>
> **제니:** 진행할수록 더 쉬워지는 것 같았어요.

초기에 자비로운 자기가 어떤지 느끼기 힘들었다는 제니의 관찰은 흔한 반응이다. 많은 내담자들에게 자비로운 관점은 그들의 일상 경험과 매우 다르다. 따라서 느낌이 나타날 때까지 시간이 좀 걸릴 수 있다. 핵심은 계속해서 자비로운 관점을 취하는 것이다. 어떤 내담자에게는 자신이 정말 **자비로웠던** 시기를 불러오는 것이 도움이 될 수 있다. 누군가를 돕고자 하는 동기가 있었거나, 실제 도와주었거나, 그로 인해 기분이 좋았던 순간을 떠올리는 것이다. 그러나 진공 상태(참고할 만한 상황이 제공되지 않은 상태에서 자비롭고, 친절하고, 지혜롭거나 용기 있었던 때를 상상하는 것은 모호할 수 있다)에서 이런 자질들을 상상하기는 힘들다. 이러한 이유 때문에 자비로운 자질들을 가지고 있다고 상상하는 것에서 그 자질들을 어떻게 **사용할** 것인지 상상하는 것으로 빠르게 옮겨가는 것이 좋다. 이것을 할 수 있는 몇 가지 방안에 대해 생각해 보자.

연약한 나에게로 자비 확장하기

내담자들이 자비로운 자기의 감각을 키우는 데 도움을 줄 수 있는 한 가지 방법은 자신이 힘들었던 상황을 떠올려 **자신에게** 자비를 적용하는 것을 배우는 것과 동시에 현재의 자비로운 자기로부터 당시 고군분투했던 자신에게 자비를 확장시키도록 하는 것이다. 이러한 연습을 안내함에 있어서 치료사는 내담자가 고군분투했던 자신에게 자비, 응원 그리고 이해의 마음을 확장하는 것을 상상하도록 하며, 한편으로는 내담자가 그 당시 애썼던 자신을 공감하고, 동감하고 존중할 수 있도록 한다. 이 과정이 어떻게 안내될 수 있는지 살펴보자.

> **치료사**: 제니, 이제 자비로운 자기에 대해 익숙해졌으니, 또 다른 연습을 시도해 보고 싶군요. 자비로운 자질들은 만약 우리가 **가지고** 있다고 상상만 한다면 애매하다고 느낄 수 있어요. 이것을 생생하게 느끼기 위해 특정 상황에 이 자질들을 적용하는 상상을 해 보는 것이 도움이 될 수 있습니다. 이 연습은 당신이 힘들었던 상황에 자비를 일으키기 위해 사용할 수 있습니다. 어떻게 들리나요?
>
> **제니**: 괜찮네요.
>
> **치료사**: 좋습니다. 이 연습이 당신이 이야기했던 공포나 불안과 싸울 때 자신에 대한 자비를 키우는 데 도움이 되길 바랍니다. 먼저, 최근에 힘들었던 상황을 떠올려 보면 어떨까요. 아마 당신이 매우 불안하거나 두려워했거나 아니면 자기를 비난했던 상황이었을 겁니다. 잠시 그런 상황을 떠올려 보시고 이야기해 줄 수 있겠어요?
>
> **제니**: (몇 분간 조용히 앉아 있다.) 지난주에 이야기한 것처럼 어떤 선생님이 의사소통 과목에서 조별 프로젝트를 하게 될 거라고 했어요. 선생님은 조를 나누었고 우리에게 프

로젝트를 진행하기 위해 밖에서 만나자고 했어요. 전 겁에 질려 앉아 있었어요. 우리는 전화번호를 교환했고 이번 주에 만나기로 했어요. 걱정돼요. 그것만 생각하면 속이 울렁거려요. 제가 해낼 수 있을지 모르겠어요.

치료사: 프로젝트는 어떤 건가요?

제니: 조별로 과제 후에 그것을 수업시간에 발표하기로 되어 있어요. 다른 조들과 효과적으로 소통하는 거죠. 이 과제는 수업 점수의 1/3 정도 차지해요. 주제는 흥미롭지만 전 조별 프로젝트가 싫어요.

치료사: 이 프로젝트가 불안을 유발하는 것 같나요?

제니: 네. 제가 두려워하는 모든 것들이 다 들어 있어요. 첫 만남이 두려워요. 우린 아마 역할을 분담하고 누가 책임질 건지 이야기하겠죠······. 전 말하는 걸 어려워해서 사람들은 저를 게으름뱅이라고 생각할 거예요.

치료사: 우리 연습에 아주 적합한 상황 같군요. 시도해 볼까요?

제니: 해 보죠.

치료사: 그래요. 몸을 세운 편안한 자세에서 눈을 감고 30초 정도 천천히 호흡해 봅니다. (30초에서 1분 정도 기다린다.)

제니: (눈을 감는다. 천천히 호흡한다.)

치료사: 이제 평화로움, 따뜻함 그리고 강인함이 당신의 몸을 채웁니다. 자비로운 자기의 자질들을 내 마음속으로 가져옵니다. 입가에 미소를 지으며 아주 자비로운 사람으로서 나의 몸이 무엇을 느낄 수 있는지 상상해 봅니다. (15초에서 30초간 기다린다.) ······.

• 당신이 깊은 친절함(나 자신을 포함한 고통받는 모든 이들을 돕고자 하는 헌신)으로 가득 차 있다고 상상합니다. 이런 친절한 헌신이 내 안에서 자라남을 느껴봅니다. (30초간 기다린다.)

• 당신이 친절한 동기를 가지고 깊은 지혜와 이해로 가득하다고 상상해 보세요. 이것은 유연하게 사고할 수 있게 해 주고, 다양한 관점에서 사물을 볼 수 있도록 해 주며, 무엇을 해야 할지 생각해 낼 수 있도록 해 줍니다. (30초간 기다린다.)

- 당신이 지혜와 함께 강력한 자신감과 용기를 경험한다고 상상해 보세요. **무슨 일이 일어나더라도 내가 이 일을 헤쳐 나갈 수 있을 것이라는** 강한 느낌을 가지는 것입니다. 그것은 당신이 도울 수 있다는 것을 알고 있다는 느낌입니다. (30초간 기다린다.)

제니: (조용히 앉아 있다.)

치료사: 이제 다시 교실을 떠올려 보세요. 당신은 그룹 배정을 받았습니다. 그룹의 사람들 사이에 앉아 핸드폰 번호를 주고받는 연약하고 불안한 당신을 보세요. 친절하고, 지혜로우며, 자비로운 관점에서 그 상황 속 불안한 나를 바라보는 것을 상상해 봅니다. 그 상황이 그녀에게 얼마나 어려운지 보이나요?

제니: 네. 그녀는 겁에 질렸어요. 그 여자는 자신이 그것을 해낼 수 있을지 확신이 없어요.

치료사: 친절하고, 지혜로우며, 자신감 있는 관점에서 당신이 그녀의 고통으로 인해 마음이 움직이거나, 단지 수업에서 좋은 성적을 받길 원하는 불안한 당신에게 자비심을 갖는 것이 가능한지 살펴보세요. 예전에 몇몇 반 친구들이 그녀를 끔찍하게 괴롭혔고, 지금 같은 상황이 되면 정말 무서워한다는 것을 알게 되었습니다. 당신은 그녀가 왜 그렇게 무서워했는지 이해할 수 있나요? 그녀가 그렇게 두려워했다는 게 이해되나요?

제니: 네. 그녀가 이런 식으로 느낀 것이 이해가 돼요. 그녀는 당황하거나 창피 당할 것을 아주 두려워해요.

치료사: 그건 그녀의 잘못이 아니잖아요. 그렇죠?

제니: 네. 그녀의 잘못이 아니죠.

치료사: 그녀가 얼마나 힘든지를 보면서 그녀에게 어느 정도의 따뜻함과 자비를 느끼는 것이 가능한가요? 어떻게든 도와줄 수 있으면 좋겠다고 생각하나요? 그녀에 대해 어떻게 생각하나요?

제니: 그녀가 참 안쓰러워 보이고 도울 수 있으면 좋겠어요. 그녀에겐 너무 힘든 일이에요.

치료사: 당신이 그녀가 힘겨워하는 것을 보고 뭉클해진 느낌, 그것이 당신이 가진 자비입니다. 그녀를 돕고자 하는 자비로운 바람을 느껴 보세요. 그녀가 얼마나 용감한 존재인지 보세요. 불안한 당신은 겁에 질려 있음에도 불구하고 그곳에 머물러 있습니다. (몇 초간 기다린다.)

제니: (눈을 감고 앉아 있다.)

치료사: 강하고 자비로운 모습의 자기가 그녀의 곁에 있다고 상상해 보세요. 당신은 그녀와 함께 있고 오직 그녀만이 당신을 볼 수 있고 들을 수 있다고 상상해 봅니다. 고군분투하는 자신을 위해 어떻게 할 수 있을지 생각해 보세요. 안전감을 느끼도록 어떻게 도울 수 있을지, 어떻게 용기를 줄 수 있을지를요. 당신은 다른 누구보다 그녀를 잘 알고 무엇을 원하는지 알고 있습니다. 그녀를 어떻게 도와줄 건가요?

제니: 전 그녀에게 아무말도 하지 않을 것 같아요. 그저 그녀의 손을 잡고 곁에 앉아 있겠어요. 그녀가 안심할 수 있도록 도와 줄 거예요. 괜찮다는 걸 알려 주고, 내가 여기 널 위해 존재한다는 것을 알려 주기 위해서요.

치료사: 그녀의 곁에 앉아서 그녀에게 당신의 친절, 이해 그리고 지지를 보낸다고 상상해 보세요. 당신은 그녀가 무슨 일을 겪고 있는지 이해하고 있습니다. 이것이 그녀에게 얼마나 힘들지, 그리고 거기에 있기 위해 얼마나 노력하고 있는지 알고 있습니다. 그녀는 정말 강해서 이런 공포에 맞서고 있지만 아직 이것에 대해 알진 못했습니다. 이 순간 그녀를 도울 수 있다는 것에 대해 좋은 기분을 느껴 보고, 당신이 보낸 친절, 지지 그리고 용기로 그녀가 충만해지는 것을 상상해 보세요. 상상할 수 있겠어요?

제니: (눈을 감고 앉은 채로, 약간 울먹이지만 선명한 목소리로) 네.

치료사: (조금 기다리다가) 그녀가 당신으로부터 이해와 지지를 받을 수 있다고 상상해 보세요. 그녀의 기분은 어떨까요?

제니: (잠시 있다가) 나아졌어요. 여전히 무서워하고 있지만 나아졌어요. 지지받았어요. 자기편이 생겼어요.

치료사: 자비로운 관점에서 볼 때, 당신은 그녀가 무엇을 이해하길 원하나요?

제니: 괜찮아질 거라는 거요. 그리고 내가 그녀를 돕기 위해 거기 있다는 것을요.

치료사: (잠시 있다가, 웃음 짓는다.) 멋지군요. 제니. 몇 분 정도 더 불안한 자기의 곁에 머물면서 자비와 지지를 그녀에게 보내는 것을 상상해 봅시다.

내담자가 이 작업을 할 수 있을 때, 고군분투하는 자신의 모습에 대해 자비를 확장시키는 것을 상상하는 것은 강력할 수 있다. 우리는 이 시나리오에서 무엇을 느끼고, 실행하고, 경험하는지 가능한 한 상세하게 상상하도록 하면서 그 경험을 선명하게 만드는 것을 돕는다. 뿌리 깊은 수치심과 자기-비난을 가진 내담자들은 처음에는 이러한 연습을 힘겨워할 수 있다. 우리는 힘겨워하는 자신을 도울 수 있는 방법을 조심스럽게 제안하며 그들을 도울 수 있다. 이런 내담자의 경우, 그들이 걱정하는 누군가가 힘들어하는 상황을 상상하고 그 사람에게 자비를 확장하는 상황을 상상하는 것으로 시작하는 것이 더 유용할 수 있다. 그들의 자기-비난이 자비로운 사고 연습이나 다른 훈련으로 수그러지고 나면, 이 연습이나 후에 소개할 자비 의자 작업을 통해 스스로에게 자비를 확장하는 작업으로 돌아올 수 있다.

어떤 내담자들은 자신이 이러한 자질을 갖는 것을 상상하는 것이 거의 불가능하다는 것을 발견할지도 모른다. 하지만 이런 내담자들은 자신이 생각하기에 이런 특질들을 지닌 누군가를 생각해 낼 수 있으며, 그 사람의 관점에서 느끼고 생각하고 행동하는 것이 어떨지 상상할 수 있다. 이런 사람들에 있어 핵심적인 부분은 위협 경험보다는 자비 경험에 의해 구성되는 관점으로 전환하는 능력을 개발하는 것이다.

자비로운 자기의 실행

일단 자비로운 자기 훈련이 진행되었으면 내담자가 가능한 한 자주, 그리고 다양한 상황에서 자비로운 관점으로 옮겨 가도록 함으로써 이를 강화시킨다. 이어지는 후속 회기들을 시작하면서 짧은 자비로운 자기 연습을 할 수 있으며, 회기 내에서는 특히 내담자가 위협 체계에 완전히 사로잡힌 경우 잠시 멈추고 다른 관점으로 전환할 때 할 수 있다. 이 작업에 있어 우리는 회피를 형성하는 것이 아니라는 것에 주목하는 것이 중요하다. 주의를 위협자극이나 위협상황에서 떨어뜨림으로써 우리는 위협으로 인한 감정을 진정시킬 수 있고, 자비로운 자기의 관점으로 이동할 수 있으며, 이후 문제적 상황이나 감정을 다루는 작업으로 돌아올 수 있다. 우리는 내담자들이 위협 경험에 사로잡혔을 때를 마음챙김으로 알아차리는 것을 배우고 이러한 자각을 신호로 사용하여 감정을 다루고, 일을 균형 있게 처리하고, 자비로운 관점에서 문제상황에 다시 돌아와 처리할 수 있는 과정을 만든다. 문제상황이나 감정으로 다시 돌아오는 것이 결정적으로 중요하다. 그렇지 않으면 우리는 단지 내담자들이 경험을 회피하는 패턴을 강화하는 것을 돕는 것이 되며, 이것은 내담자에게 전혀 도움이 되지 않는다.

또한 우리는 내담자들과 협력하여 회기 밖에서 훈련할 수 있는 계획을 만들 수도 있다. 이 훈련은 처음에는 상황이 괜찮을 때(내담자가 위협적인 감정이나 상황에 완전히 압도당할 때가 아니라) 실시하는 것이 중요하다. 심지어 우리는 내담자가 자비로운 관점에서 느끼고, 생각하고, 주의를 기울이며 행동하도록 동기화되는 시간을 특정하는 계획을 세우도록 할 수 있다. 직장에서 모임에 참석하거나 프로젝트를 시작하기 전에, 학교에 아이들을 데리러 가기 전에, 아침에 일어나거나 밤에 잠자리에 들기 전과 같이 자비로운 자기의 관점으로 바꾸는 연습 시간을 확인하는 것이 핵심이다. 훈련을 하며 친절, 지혜, 용기, 자비와 같은 단어를 단순히 떠올리는 것만으로도 꽤나 빨리 관점의 전환을 이룰 수 있다. 그다음으로 이 새로운 관점을 점차적으로 내담자의 삶에서 도전적인 상황에 적용할 수 있다. 자비의 관점에서 어떻게 생각하고, 느끼고, 주의를 기울이고, 어떤 행동을 할지에 대해 상상하는 것이다.

가정에서의 훈련을 계획함에 있어서 여느 회기 밖에서의 훈련과 마찬가지로 접근하길 바란다. 즉, 잠재적인 장애물을 고려하고 성공을 위한 울타리를 쳐야 한다. 내담자와 협력적으로 어떻게 동기를 지속적으로 높일 수 있을지(시작은 작게, 성공할 느낌이 높은 상황에 대해 계획하기), 또한 훈련을 상기시켜주는 무엇인가를 만들어 훈련을 잊지 않도록 하는 것이 핵심적인 작업일 수 있다. 우리는 내담자들이 계획을 끝까지 해낼 수 있을 가능성을 높이기 위해 활동 계획 세우기(activity scheduling; Persons, Davidson, & Tomkins, 2000)와 같은 행동적 기술을 사용할 수 있다.

아울러 우리는 자비의 관점으로 바꾸는 것이 처음에는 어려울 수 있고, 그들 스스로 그렇게 느끼지 않다는 것을 포함한 다양한 이유로 그렇게 하는 것에 저항할 수도 있다는 것을 내담자와 의사소통하기를 바란다. 우리는 단지 친절하고, 지혜롭고, 용기 있고, 자비로운 자기의 관점에서 내담자가 어떻게 느끼고, 생각하고, 집중하고, 행동할 수 있을지를 상상하기 위해 노력하는 것이 핵심이라는 것을 강조한다. 심지어 '집에서의 연습을 하고 싶지 않은' 상황을 목표로 할 수도 있다. "친절하고, 지혜롭고, 자신감 있고 자비로운 자기는 연습하기를 저항하는 당신을 어떻게 이해할 수 있을까요? 당신에게 용기를 주기 위해 그녀는 무엇을 할 수 있을까요?" 가정에서의 훈련은 위협 감정 모니터링 양식(Threat Emotion Monitoring Form)으로 도움을 받을 수 있다. 이는 기본적인 인지 행동 관찰 양식으로, 상황과 개인의 반응을 자비로운 자기의 관점에서 고려할 수 있도록 하는 과정을 포함하고 있다. (이 양식은 이 책의 부록에 포함되어 있으며, 웹사이트 http://www.newharbinger.com/33094에서도 확인할 수 있다.)

자비로운 편지 쓰기

특히 사회불안으로 힘들어하는 내담자나 집중하는 데 어려움을 보이는 내담자는 자비로운 자기를 적용하는 회기가 상당히 도전이 될 수 있다. 그들은 스스로에 대해 자의식을 느끼거나 혹은 자비로운 관점과 연결하는 방식(혹은 언어화)이 바로 위협적으로 다가올 수 있기 때문이다. 이때 자비로운 편지 쓰기는 회기 내 연습에서의 수행에 대한 부담을 벗어나도록 허용해 주므로 내담자 자신에게 자비를 확장하는 것을 배우는 데 도움이 될 수 있다. 또한 자비로운 편지 쓰기는 연약한 자신을 위한 자비로운 메시지를 만들고 생각하는 데 충분한 시간을 제공한다(Gilbert 2009a; 2010).

아울러 이 연습은 내담자가 자비로운 지지, 격려 그리고 코칭이 필요한 순간에 몇 번이고 읽을 수 있는 자비로운 편지를 만들어 준다. 이러한 편지는 회기 내에 작성할 수도 있지만 종종 집에서 더 강력한 편지가 완성된다. 내담자들은 무엇을 쓸지 며칠간 생각할 수 있고, 쓰는 데 필요한 시간을 충분히 가질 수 있으며, 심지어 여러 가지 상황에서 자신을 지지할 수 있는 여러 개의 편지를 만들 수도 있기 때문이다. 아래에 내담자의 집에 보낼 '자비로운 편지 쓰기를 위한 지시문'의 예시를 제시하였다. (이 설명문은 http://www.newharbinger.com/33094에서 다운로드할 수 있다.)

자비로운 편지 쓰기를 위한 지시문

이 연습은 자비로운 자기를 계발하기 위해 설계된 연습이다. 우리는 어려운 경험들과 작업할 수 있는 용기를 발견하도록 도울 수 있는 정신적인 패턴을 구축하고 강화하기를 바란다. 이를 통해 우리는 자신을 수용하며, 타인들과 공유할 수 있는 우리 안의 평화로운 느낌을 만들어 낼 수 있다. 자신에게 편지 쓰기는 자비롭게 생각하고 행동하는 법을 배우는 데 도움을 줄 수 있다. 이 연습에서 당신은 어려운 문제들에 대해 쓰겠지만, 자비로운 자기의 관점에서 쓰도록 해야 한다. 당신은 자신에게 일반적인 형식의 편지를 쓸 수도 있지만, 특별히 어려운 상황에 대해서 자신을 지지하는 편지를 작성할 수도 있다.

- 우선, 펜과 종이를 꺼낸다. 특별한 일기장이나 노트북을 선택할 수도 있다.
- 몇 분간 진정 리듬 호흡을 한다. 자신을 이완시키고 일어나는 경험에 머문다.
- 이제 자신의 자비로운 자기의 관점으로 이동한다. 자신의 최선의 모습—가장 고요하고, 가장 현명하고, 가장 배려하고, 가장 자신감 있고 용기 있는—을 상상하면서, 자비로운 자기와 연결한다. 자신이 친절함, 강함,

확신으로 가득 차 있음을 느껴 본다. 자신을 현명하고, 이해하며 타인을 돕는데 헌신하는 자비로운 사람으로 상상한다. 현명한 존재로서 당신의 태도, 목소리 톤, 느낌은 어떨지 상상한다.

- 우리가 조금이라도 자비로운 마음에 머물 때, 개인적인 삶의 경험을 지혜롭게 사용해 볼 수 있다. 우리는 삶이 어렵다는 것을 알고 있다. 우리는 어려운 상황에 놓여있는 자신과 타인들의 관점을 깊게 인식할 수 있으며, 그들이 느끼고 행동하는 방식이 어떤 의미를 갖는가를 이해하려고 한다. 우리는 힘과 지지를 보내며, 따뜻하고, 판단하지 않으며, 비난하지 않는 태도를 가지려고 한다. 잠시 호흡을 한 후 지혜롭고, 이해하며, 확신에 찬, 자비로운 자기를 느껴본다—당신의 일부인 자비로운 자기가 편지를 쓸 것이다.

- '내가 이것을 제대로 하고 있나?' 혹은 '나는 자비로운 자기가 일어나는 것을 느끼지 못해'와 같은 자신을 의심하는 생각이 들 때, 이런 생각들은 마음이 만들어 내는 일상적인 코멘트라는 것을 알아차리고, 할 수 있는 최선을 다해 편지를 쓰면서 무엇이 경험되는가를 관찰한다. 옳은 것도 그른 것도 없다… 당신은 당신의 자비로운 자기와 함께 작업하면서, 단지 연습하고 있을 뿐이다. 편지를 쓸 때, 할 수 있는 한 많이 감정적으로 따뜻하고 이해심 있는 태도를 갖는다.

- 편지를 쓰는 동안, 자신의 고통을 이해하고 수용하도록 스스로를 허용해 본다. 예를 들어, 나는 슬프고 고통을 느낀다. 나의 고통은 이해할만하다 왜냐하면 ……과 같은 글로 시작할 수 있다.

- 고통의 이유들을 적어본다—자신의 고통이 가진 의미를 알아차린다. 그 다음 계속해서… 나는 ……의 의미를 알고 싶다.

- 자비로운 편지 쓰기의 핵심은 우리가 다룰 필요가 있는 것들과 작업하는 자신을 돕기 위해 이해하고 배려하며 따뜻한 태도로 대화를 나누는 것이다.

처음 자비로운 편지를 썼을 때, 열린 마음으로 그것을 자세히 검토하고 그 편지가 실제로 당신을 향한 자비를 담고 있는가를 살펴본다. 만약 그렇다면, 편지 안에서 다음과 같은 특징을 찾을 수 있는가 살펴보라.

- 편지는 관심, 진실한 배려와 격려를 표현하고 있다.
- 편지는 당신의 고통과 요구에 민감하다.
- 편지는 당신이 경험하는 감정과 직면하고 더 인내할 수 있도록 돕는다.
- 편지는 당신이 겪고 있는 감정, 어려움, 딜레마를 더 잘 이해하도록 돕는다.
- 편지는 판단적이지 않고 비난하지 않으며, 당신이 안전하고 수용받는 느낌을 갖도록 돕는다.
- 진심으로 따뜻하고, 이해하며, 돌보는 느낌이 편지를 채우고 있다.
- 편지는 당신이 더 나아지기 위해 가질 필요가 있는 행동에 대해 생각하도록 한다.
- 편지는 당신이 더 좋아지기 위해 노력을 해야 할 이유를 되새겨준다.

자비로운 편지의 예를 살펴보자.

조쉬에게.

힘든 한 주였고, 네가 힘들다는 걸 이해해. 넌 화난 채로 열심히 일하려고 했었지. 네 기준에 맞지 않으면 스스로에게도 쉽게 화가 났다. 이 화를 만든 위협 체계는 네가 선택하지 않았고, 네가 화를 내는 것도 네 잘못이 아니란 걸 기억하렴. 너에게 잘못된 점은 없어. 단지 너의 구뇌가 널 보호하려 했을 뿐이야. 넌 아버지가 화를 내는 걸 보면서, 그리고 학교에서 괴롭힘을 당하면서 화내는 것을 배웠어. 그것 또한 네 잘못이 아니야. 하지만 넌 더 나은 사람이 되기 위한 책임을 가지고 있고, 그건 많은 용기가 필요해.

난 이게 끔찍하고 때로는 네가 포기하고 싶다는 것을 알지만, 난 네가 잘하고 있고 해낼 수 있다는 걸 알아. 널 공격했던 아버지나 학교에서의 아이들처럼 다른 사람들이 널 공격할까 봐 두려워하지만. 지금은 상황이 완전히 달라졌어. 아버지는 떠나셨고, 심지어 마리아는 상황이 정말 안 좋을 때에도 네 곁에 있어 줬잖아. 클로이와 에이든은 널 존경하고 있고, 넌 그들에게 좋은 아버지가 되려고 많이 신경 쓰고 있지. 넌 발전하고 있어. 그냥 계속 하기만 하면 돼. 이 자비 작업은 강한 것과 화를 내는 것이 서로 다르다는 것을 알려줬어. 넌 좋은 사람이 될 소질이 있어. 넌 할 수 있어. 힘들겠지만, 할 수 있어.

만약 네가 이걸 읽고 있다면 아마 정말 힘든 하루를 보냈기 때문일 거야. 너 스스로를 자책하는 행동이나 말을 했겠지. 이런 시간들도 지나갈 거라는 걸 기억해. 그저 계속 나아가렴. 안 좋아 보였던 모든 상황들을 생각해 봐. 그래도 넌 이겨 냈잖아. 헬스장에 가서 스트레스를 좀 풀 수 있을 거야. 운동하는 게 도움이 된다는 걸 알고 있잖아. 조나단과 외출해 봐. 천천히 숨을 쉬어 봐. 주로, 네가 왜 이걸 하는지 기억하렴. 가족이 얼마나 널 사랑하는지, 그리고 네가 얼마나 그 곁에 있고 싶어 하는지를 기억하렴. 넌 안전해. 그리고 넌 아무 문제없어.

조쉬로부터.

우리는 내담자에게 자비로운 편지를 회기에 가져오게 하여 괜찮다면 큰 소리로 읽도록 한다. 이것은 내담자가 자신의 어려움에 대해 자비롭게 말하는 것을 듣는 강렬한 경험이 될 수 있다.

어떤 내담자는 자비로운 편지를 만들어 낼 수 없어서 난감해할 수도 있다. 만약 이 문제가 동기와 관련된 것이라면 강요하는 대신에 소크라테스식 대화를 사용하여 이 저항을 탐색하는 것이 낫다. 다시 한번 말하지만, 우리는 내담자를 밀어붙여서 자비를 자기 자신에게 확장하는 것을 저항하게 만들기를 원하지 않는다. 반면에 때로는 내담자가 단순히 자비로운 방식으로 자신을 다루는 방법을 모르는 경우도 있다. 이런 경우, 앞의 예에서 언급한 것과 같이 회기에서 자기-자비 연습을 하고(치료사와 내담자 모두 자비로운 자기의 관점에서 작업하는 것), 자비로운 편지를 협력하여 작성한다. 작성할 때 치료사는 지지를 제공하고, 소크라테스식 질문을 하며, 자비롭고 지지적인 방식으로 내담자가 어떻게 어려움(투쟁하는 자신)과 관계할 수 있을지에 대해 제안한다.

요약

CFT에서 자비로운 자기 작업은 단순한 기법이 아니다. 이것은 치료의 다른 모든 측면을 통합하는 틀로 작용할 수 있으며, 내담자들이 어려움과 고통에 용기 있게 접근하고 작업하는 것을 배우게 하는 관점을 제공한다. 이 관점이 자리 잡고 나면 이것은 문제해결의 기준으로서("당신의 자비로운 자기는 어떻게 생각하거나 행동했을까요?"), 동감과 공감의 기준으로서("당신이 이렇게 힘들어하는 것을 당신 안의 자비로운 자기가 보면 어떻게 느낄까요?" "이런 식으로 느끼고 행동하는 이유에 대해 당신의 자비로운 자기가 이해할 수 있는 것은 무엇인가요?"), 그리고 치료 작업에 대한 동기를 부여하는 데 사용할 수 있다. 나는 가정에서 하는 훈련을 계획하는 과정에서 꽤나 자주 내담자에게 물을 것이다. "다음 주 까지 당신의 연습에 대해 당신의 자비로운 자기가 원하는 것은 무엇일까요?"

다음 장에서 보게 될 것처럼, 자비로운 자기의 관점이 자리 잡는 것은 또한 치료 회기 내에서 일어나는 자비 의자 작업, 다중 자기 연습과 같은 중요한 작업을 위한 기반이 된다. 궁극적으로 CFT의 주된 목적은 자신 안의 자비로운 모습과 기저 하는 신경구조를 강화시키는 것이다. 이를 통해 자비로운 방식으로 존재하고 자신 및 타인과 관계하는 것이 내담자의 일상에 촘촘하게 자리 잡게 된다.

자비로운 사고와 추론

사고 작업에서 CFT는 마음챙김과 전통적인 인지치료 요소 모두를 포함하고 있다. 마음챙김 기반의 접근과 같이 CFT는 내담자에게 도움이 되지 않고 다루기 힘든 생각들을 단지 정신적 사건으로 알아차리고 비판단적으로 수용하도록 도와주고, 이러한 생각에 매달리거나 논쟁하거나 의식 밖으로 밀어내려는 시도를 멈추게 한다. 그러나 CFT는 정서적 뇌에 들어온 암묵적 입력, 동기와 행동을 조직하는 사고의 힘을 인식하고, 도움이 되는 사고 패턴 기르기를 강조한다는 측면에서 많은 인지치료 모델들과 토대를 같이한다. 다만 CFT에서의 사고 작업은 자비로운 생각을 강조하는 것으로 정의된다. 자비로운 생각은 어려운 상황에 직면했을 때 이해심과 정서적 균형감을 가지고 자신을 격려하도록 하고, 자비로운 힘을 계발하는 것을 돕는다. 앞 장의 편지쓰기 연습에서 보았듯이, 자비로운 사고 작업은 따뜻하고, 타당화하며, 유연한 사고를 계발함으로써 도움이 되는 행동을 활성화시키는 데 초점이 맞춰져 있다.

CFT의 사고 작업은 독립적인 훈련으로 간주되지 않는다. 오히려, 자비로

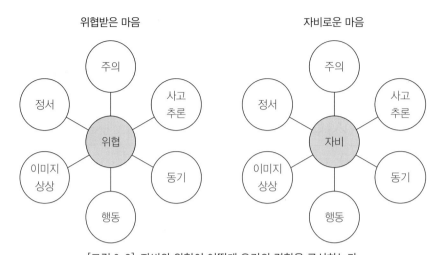

[그림 9-2] 자비와 위협이 어떻게 우리의 경험을 구성하는가
(Gilbert, The Compassionate Mind [2009]에서 Little, Brown Book Group의 허락하에 발췌)

운 자기의 계속되는 발전과 정교화 과정에서 나타나는 자연스러운 부분이다. 친절하고, 현명하며, 자신감 있는 자비로운 나는 이 상황을 어떻게 생각할까? 깊은 자비의 관점에서 이 경험을 어떻게 이해할 수 있을까? 지금 상황을 다루는 데 무엇이 도움이 될 수 있을까? 이것은 단지 자비로운 사고를 만들어 내는 것이 아니라, 자비로운 관점으로 더욱 온전히 전환하는 것을 배우는 것이다.

내담자와 함께 자비로운 사고를 살펴볼 때, 우리는 내담자에게 다양한 감정과 사회적 정신틀이 매우 다른 방식으로 마음과 신체 경험을 조직하며, 서로 연결된 주의, 생각, 심상, 경험에 대한 느낌, 동기 및 행동 패턴을 생성할 수 있다는 것을 상기시켜 줄 수 있다. 자비는 특히 당면한 고통을 다루는 데 유용한 방식으로 마음을 구성한다.

자비로운 사고 작업을 하기 전에 자비로운 관점으로 전환시키기 위해 간단한 자비로운 자기 연습을 하는 것이 유용할 수 있다. 이런 방식으로 사고 작업을 치료의 전체적인 맥락(적응적이고 자비로운 자기의 함양과 강화)에 연결시킨다.

위협중심 사고와 작업하기

내담자의 심리적 고통 대부분은 사고의 패턴을 통해 촉발되고 유지될 수 있으며, 자신, 세상, 그리고 다른 사람들에 대한 부정적인 사고의 패턴이 심리적 고통에서 중요한 역할을 할 수 있다는 점은 익히 알려져 왔다(Beck, 1976). 앞서 우리는 자비로운 사고 작업에 중요한 역할을 하는 마음챙김을 소개했다. 마음챙김 훈련은 도움이 되지 않는 생각이 일어나는 것을 알아차리도록 하고, 그것을 판단하는 것을 자제하도록 하며, 반추에 사로잡히지 않고 주의를 재정향하게 하여 이러한 생각과 융합되지 않도록 도와준다.

앞선 몇 임상장면의 사례에서 보았듯이, 내담자가 도움이 되지 않는 견고한 사고의 패턴을 가지고 있을 때, 때때로 CFT 치료사는 이러한 사고가 어떤 위협적인 감정의 산물이라는 것과 학습된 반응 패턴이 마음을 구성한다는 것을 인식하도록 돕는다. 이것은 '불안한 자기' '우울한 (내담자 이름)' 혹은 '자기-비난적인 (내담자 이름)'과 같은 언어를 사용하여 이루어질 수 있다. "그렇다면, 불안한 제니는 이 상황이 끔찍하게 잘못될 수 있는 모든 가능성을 나열하는 데 아주 능숙하군요." 혹은 "오늘은 당신의 자기-비난이 할 말이 많은 것 같군요."

이런 언어를 사용하는 것은 내담자들이 이러한 사고나 비판적인 메시지로부터 한발 물러서서 비난하지 않는 방식으로 자신과 관계하도록 돕는다. 또한 치료를 통해 이러한 사고들이 자신을 보호하기 위해 혹은 사회적 형성을 통해 학습된 습관으로서 마음을 구성하는 어떤 강력한 위협 정서의 산물로 이해하고, 이러한 경험들이 자비로운 이해의 주제로 닻을 내리도록 돕는다. 우리는 불안하거나 혹은 화난 자기(self)를 미워하지 않는다. 오히려 그런 자기를 안심시키고 도울 수 있길 원한다. 이런 방식으로 사고를 이해하는 것은 사고로부터 오는 혹독함을 완화시키는 데 도움이 될 수 있으며, 이를 자비롭게 다루는 구조를 제공한다. 이런 방식이 어떻게 나타날 수 있는지 살펴보자.

치료사: 제니, 지금껏 마음챙김 연습을 정기적으로 꾸준히 해 왔어요. 마음챙김 연습을 하면서 새롭게 알게 된 것이 있나요?

제니: 이 연습을 꾸준히 하는 것을 기억하는 데 몇 주가 걸렸지만, 지금은 잘 하고 있어요. 하루 종일 떠오르는 모든 생각들, 특히 내가 하는 일들에 방해가 되는 생각들을 점점 더 잘 알아차리게 되는 것 같아요.

치료사: 멋지군요. 무엇을 알아차렸는지 좀 더 이야기해 줄 수 있겠어요?

제니: 음, 제가 뭔가 하기 전에, 특히 다른 사람들과 함께 뭔가를 할 때, 그 일이 잘못될 수 있는 모든 경우를 생각하는 데 많은 시간을 보낸다는 것을 알았어요. 전 항상 이런 생각들을 하고 있어요. '이건 끔찍할 거야.' 혹은 '이건 내가 할 수 없어.' 혹은 '그들은 날 좋아하지 않을 거야.' 아니면 '난 바보처럼 보일 거야.'

치료사: 불안한 제니가 하고 싶은 말이 많은 것 같군요.

제니: (웃음) 정말 그러네요! 불안한 제니가 열심히 일하고 있었네요.

치료사: 불안한 제니가 당신을 보호하기 위해 열심히 일하고 있었어요. 그렇죠? 그녀는 예전에 상처받은 경험이 있고, 다시 그렇게 다치지 않도록 무척 애쓰고 있네요. 우리가 그녀의 입장을 이해할 수 있을까요? 예전 경험을 비추어 볼 때 그토록 경계하는 그녀를 이해할 수 있나요?

제니: (잠시 생각에 빠진다.) 네. 이해할 수 있어요.

치료사: 곤란한 부분은 불안한 제니의 관점이 아주 제한적이라는 거예요. 그녀는 위험한 것만 보고 때로는 그 위험이 실제 존재하지 않는데도 위험하다고 봐요. 그렇지 않나요?

제니: 그래요. 전 온갖 생각들에서 그랬어요. 전 제 생각에도 별것 아닌 것들에 대해 불안해 해요. 중요하지 않은 것들에 대해서도요. 어쨌든 그것에 대해 걱정해요.

치료사: 영화에서 나오는 캐릭터를 실물 크기로 만든 등신대(cardboard cutouts)를 본적 있나요?

제니: 네. 제 방 아래층에 사는 여학생의 방에 몇 개 있어요.

치료사: 앞에서 보면 꽤 실물 같아요. 실제 크기이고 디테일이 살아 있거든요. 떨어져서 보면 진짜 사람이라고 생각할 수도 있어요.

제니: 네. 그 아이는 저스틴 비버(Justin Bieber) 등신대를 가지고 있어요!

치료사: 저스틴 비버요? (웃음)

제니: 정말요. 그 아이는 저스틴 비버를 가졌네요. 맞죠?

치료사: (빙그레 웃는다.) 제가 하려고 했던 것에 대한 좋은 단서네요. 온전히 공포와 불안으로 채워진 불안한 제니에 대해 생각해 본다면, 이건 마치 당신이 정말 무서운 등신대를 앞에서 보고 있는 것과 비슷해요. 정말 위협으로 보이는 거죠. 그러니 거기엔 당신을 보고 웃고 있는 누군가, 혹은 당신을 비난하는 선생님…… 혹은 저스틴 비버의 등신대가 있겠죠. 이 위협의 등신대는 바로 그곳에 있었고, 바로 앞에서는 진짜 같겠죠. 불안한 제니가 이것을 본다면 정말 무서워할 거고, 그러니 우린 그녀를 이해 할 수 있어요.

제니: (끄덕인다.)

치료사: 하지만 자비로운 제니가 나타나 그녀가 얼마나 불안해하고 있는지 지켜본다고 상상해 보세요. 자비로운 제니는 친절하고, 현명하며, 온방을 걸어다니며 자세히 들여다보고 모든 각도에서 상황을 볼 수 있을 만큼 용기 있습니다. 자비로운 제니는 무엇을 볼 수 있을까요? 그리고 무엇을 이해할 수 있을까요?

제니: 자비로운 제니는 이것이 실제가 아니라고 알 수 있을 것 같아요. 무서운 사람이 실제로 그곳에 있지 않다는 것과 실제로 위험하지 않다는 것을 보게 될 거예요. 그저 등신대일 뿐이죠.

치료사: 그녀는 왜 불안한 제니가 그렇게 흥분했는지 이해할 수 있을까요? 불안한 제니의 입장에서 과거 경험으로 미루어 볼 때 정말 무서워 보였을까요?

제니: 네. 그랬을 거예요.

치료사: 불안한 제니는 그곳에서 이런 무서운 생각 속에 빠져 있어요. '이 끔찍한 게 안 보여? 그들은 우리를 공격할 거야! 우린 감당할 수 없어!' 자비로운 제니는 이것을 어떻게 생각할까요?

제니: 자비로운 제니는 그것에 대해 과도한 생각을 하지 않을 거예요. 그녀는 불안한 제니가 무서워서 그냥 불안해한다는 것을 알고 있어요.

치료사: 그거예요! 그것이 자비의 지혜예요! 자비로운 모습의 당신은 생각들을 볼 수 있고, 이런 생각들이 어디서 왔는지 이해할 수도 있지만 그것을 믿는 것은 피할 수 있어요. 만약 자비로운 제니가 불안한 제니가 안정감을 느끼도록 도와주고 싶다면 어떻게 할까요? 만약 친절하고, 자비롭고, 지혜로운 모습의 당신이 그곳에 있었다면, 뭐라고 이야기해 줄까요? 불안한 제니가 무엇을 이해하길 원할까요? 어떻게 그녀를 안심시킬 수 있을까요? 그녀에게 바보같이 좀 그만 굴라고 이야기해 주겠어요? (웃음)

제니: (웃음) 아니요. (잠시 멈춘다.) 전 그녀에게 이 무서운 사람들은 진짜가 아니고, 단지 그녀가 서 있는 위치 때문에 그렇게 보인다고 말해 주고 싶어요. 제가 그녀를 안아주고 손을 잡아 방의 다른 한쪽으로 데려가면 그녀가 그저 등신대를 보고 있다는 걸 알 수 있을 거예요.

치료사: 멋지군요, 제니. 당신이 그렇게 해 준다면 불안한 제니는 어떻게 생각할까요?

제니: 도움이 되었다고 생각할 거예요.

치료사: 지난 회기에 검토한 자비로운 편지에서 당신이 정말 격려해 주고, 자비로운 생각들을 썼던 것이 생각나네요. 이번 주에 다시 읽어 봤나요?

제니: 네, 읽어봤어요. 정말 도움이 되었어요. 저는 정말 편지 쓰는 것이 좋았고, 그것을 읽는 건 제 불안한 생각들이 늘어 갈 때 저를 진정시키는 데 도움이 되었어요. 지난 번 이야기 했던 의사소통 수업의 프로젝트를 위한 조 미팅 전에 편지를 읽었는데, 꽤나 좋았어요. 심지어 한두 번 크게 읽기도 했어요.

치료사: 제니, 환상적이네요! 잘했어요. 자랑스러워요.

제니: 저도 제가 자랑스러워요.

이 대화에서 자비로운 사고 작업의 몇 가지 특징을 볼 수 있다. 우선, 주목할 부분은 '나쁜 생각을 어떤 좋은 생각으로 바꾸자'라는 말을 하지 않았다는 것이다. 치료사는 제니의 마음챙김 훈련을 격려하고, 생각을 호기심 있고 비판단적인 관찰자의 관점인 마음챙김 관점에서 토론했다. 그 후 치료사는 걱정하는 생각들은 불안이 마음을 구성한 결과라는 점을 설명하고 '불안한 제니'

라는 언어를 소개했다. 또한 불안한 자신의 모습을 비난하거나 증오할 대상이 아니라 돕고자 하는 동정 어린 대상으로 설정했다. 하지만 불안한 제니의 제한된 관점(등신대 비유를 사용해 특정한)은 종종 그녀의 노력을 방해해 도움이 되지 않는 결과를 만들어 낸다. 그래서 치료사는 제니를 자비로운 관점으로 바꾸게 하여 보다 안심시키고 도움이 되는 생각으로 연결되도록 준비시킨다. 이는 불안한 생각에 대해 논쟁하거나 다투는 것이 아니라 불안한 자신의 부분을 진정시키고, 그녀가 가진 관점을 넓히는 것이다.

이 논의는 이후 제니가 특정한 힘든 상황에서의 사고와 작업할 수 있도록 이어질 수 있다. 자비로운 관점에서의 제니가 그 상황을 접촉하고 다룰 때 격려, 이해, 안내 그리고 문제해결을 제공하도록 준비시키는 것이다. 이 예시에서는 제니가 두려워하던 상황을 다루는 것을 돕기 위해 사용했던 자비로운 편지(이전 장에서 소개했던)를 현재의 토론과 연결하는 형태를 취했다. 대화를 마치며 우리는 이러한 연결이 어떻게 제니가 자신에 대해 긍정적인 생각을 일으킬 수 있었는가를 볼 수 있다. 제니는 자연스럽게 자신을 비난하기보다 따뜻하게("나도 내가 자랑스러워요.") 대했다.

'정서적 자기' 언어를 사용하는 것이 편하지 않다면 꼭 사용할 필요는 없다. 대신 내담자를 촉발하는 위협 정서의 산물인 사고에 다음과 같은 식으로 간단한 이름을 붙일 수 있다. "당신은 걱정스러운 생각을 많이 하고 있군요." 내담자들이 자비로운 자기 연습에 꽤 익숙해지고 난 후에는 다음과 같은 관점으로 넘어가도록 시도할 수 있다. "당신의 현명하고, 친절하고, 자신감 있는 자비로운 자기는 이 상황에 대해 어떻게 생각할까요? 무엇을 하라고 우리에게 충고해 줄까요?" 다시 말하지만, 이러한 접근은 위협을 유발하는 생각이나 자기-비난적인 생각을 반박하기 위한 것이 아니다. 이 작업은 그것을 인정하고 점차적으로 깊은 자비로운 자기의 관점으로 변화를 용이하게 하는 것이다.

자비로운 사고와 추론

자비로운 자기의 주요한 자질은 자비로운 방식으로 생각하고 추론하는 능력과 이러한 사고방식을 마음의 습관적 패턴으로 발전시키는 것이다. 자비로운 방식의 사고와 추론은 두 가지 기본 목표에 기반한다. ① 고통을 이해하고, ② 고통을 다루고 완화하거나 예방하는 것을 돕는다. 내담자가 자비로운 사고방식이 어떤 것인지 이해하도록 돕기 위해, 자비로운 방식의 사고와 위협 기반의 사고를 비교하는 것이 유용할 수 있다.

위협 기반 사고	자비로운 사고
위협에 한정되어 초점이 맞춰져 있다.	상황을 이해하는 데 넓게, 다양한 요인들을 고려한다.
판단하고, 꼬리표를 붙이는 데 초점이 맞춰져 있다.	이해하는 데 초점이 맞춰져 있다.
융통성이 없으며, 계속해서 반추적이다.	융통성 있으며, 문제 해결적이다
위협 체계를 활성화시킨다.	안전 체계를 활성화시킨다; 편안함과 평화로움을 느낄 수 있게 도와준다.
타인이나 자신에게 적대감, 공포 혹은 혐오감을 보낸다.	타인이나 자신에게 친절함을 보낸다.
판단적이며 비난적이다.	비난하지 않고, 공감적이며, 용기를 준다.
회피하고, 지배하거나, 처벌하는 데 초점이 맞춰져 있다.	자기 자신이나 타인을 돕고, 모든 이에게 이득이 되고 해가 되지 않는 해결책을 찾는 데 초점이 맞춰져 있다.

내담자와 이런 차이를 탐색할 때 위협 기반의 사고는 나쁘고 자비로운 사고는 좋다는 형태의 방식을 택하지 않는 것이 중요하다. 세 가지 원에 대해 익숙하면 내담자들은 위협 체계가 왜 아주 좁고 제한적인 방식으로 사고를

구성하는지 이해할 수 있다. 위협 체계는 즉각적인 물리적 위협에 직면하여 이런 방식으로 작동하도록 설계되었다. 하지만 그런 위협이 없을 때, 상황을 이해하고 접근하는 데 더 도움이 될 수 있는[혹은 ACT 치료사들이 이야기하는 작동하는(workable)] 방법들이 있다는 것을 인식하게 될 수도 있다. 위협기반의 사고에 반해, 자비로운 사고는 종종 질문의 형태를 취한다(Gilbert, 2009a).

- 내가(혹은 그가/그녀가) 이런 식으로 느끼는(혹은 생각하는 혹은 행동하는) 것을 어떻게 이해할 수 있을까?
- 무엇이 위협 체계를 작동시켰는가? 내 안에 무슨 느낌이 일어나고 있는가?
- 친절하고, 지혜롭고, 용기 있는 자비로운 관점에서 이 상황을 어떻게 이해할 수 있을까?
- 내가 안전감을 느끼고 이 상황을 좀 더 능숙하게 다루도록 도움을 줄 수 있는 것은 무엇이 있을까?
- 내가 이 힘든 상황을 다루는 데 도움이 될 수 있는 것은 무엇일까? 이 상황을 다루는 데 도움이 될 수 있는 자원은 무엇일까?
- 다른 사람은 이 상황을 어떻게 이해할 수 있을까?
- 나의 자비로운 자기는 이 상황을 어떻게 생각할까(혹은 느끼거나 말하거나 행동할까)? 자비로운 자기는 내가 어떤 행동을 하도록 격려할까?

정신화

내담자들이 자신의 생각을 자비롭게 이해하는 것을 강조하는 데 있어, 정신화(mentalizing)의 개념을 소개하는 것이 도움이 될 수 있다(Fonagy & Luyten, 2009; Liotti & Gilbert, 2011). 정신화는 어떤 방식으로 행동하고 느끼는 사람의 마음속에 무엇이 진행되고 있는지를 숙고해 봄으로써 정서와 행동을 검토하는 것을 포함한다. 이런 행동들 속에 반영된 바람, 느낌, 욕구, 신념 그리고 동기는 무엇인가? 이러한 숙고는 심지어 좌절감이나 극단적인 행동도 자비의 맥락으로 보게 한다. 즉, 자해를 하는 환자는 고통스러운 감정을 줄이고자 필사적인 시도를 한 것이라고 인식하게 된다.

사고 작업을 자비로운 이해와 연결시키기

내담자의 자비로운 사고와 행동 패턴의 개발을 돕기 위해, 우리가 하고 있는 것이 뇌에는 어떻게 작용하는지 이해하는 것이 유용할 수 있다. 즉, 사고 작업을 우리가 개발하고자 했던 자비로운 이해와 연관시키는 것이다. 우리는 내담자가 행동하고, 말하고, 생각하고, 느끼는 모든 것이 뇌세포의 활성화 패턴에 반영된다는 것을 고려하도록 할 수 있으며, 이러한 패턴들이 반복적으로 활성화됨에 따라 강화되어 점점 더 쉽게 활성화될 수 있음을 알려줄 수 있다. 신경과학자들이 말했듯 "함께 발화하는 세포들은, 함께 묶인다."

시간이 지나면서 이렇게 연결된 세포들의 패턴은 잘 점화되기 때문에 종종 내담자의 자각 없이도 쉽게 활성화될 수 있다. 그래서 자기-비난적 사고와 같이 오래 지속된 습관은 깨지기 어려울 수 있다. 이들의 기저를 이루고 있는 뇌 활동 패턴은 수천 번의 시행을 통해 강화되어 왔다. 이런 뇌 활동에 대한 인식은 자기-자비 함양에 두 가지 측면에서 도움이 될 수 있다. 먼저, 실패로 인한 자책을 줄이는 데 도움을 줄 수 있다. 오래된 습관을 바꾸는 것이 어려운 것은 그들이 약하거나 의지력이 부족해서가 아니라 뇌가 작동하는 방식 때문이라는 것을 이해할 수 있다. 또한 변화하는 방법을 명확히 하여 도움을 준다. 즉, 자비로운 관점으로 반복적으로 이동하여 자비로운 생각, 주의, 행동을 지속적으로 훈련함으로써 뇌 안의 **새로운** 패턴을 형성하고 강화하는 것이다. 이러한 부분이 치료 회기에서 어떻게 나타날 수 있는지 살펴보자. 여기에서는 '숲 속의 길' 은유를 사용했다.

치료사: 그래요. 자비로운 사고에 대해서, 그리고 이것이 불안한 위협 기반의 사고방식에

비해 어떻게 우리를 다르게 조직하는지 살펴봤어요.

제니: (얼굴을 찡그리고 고개를 떨어뜨린다.)

치료사: 제니, 방금 당신에게 무슨 일이 있었던 것 같아요. 지금 기분이 어떤지 이야기해 줄

수 있겠어요?

제니: 좀 좌절했을 뿐이에요. 우리가 계속 자비로운 생각에 대해 이야기해 왔지만, 불안하

고 비난하는 생각들이 계속해서 떠올라요. 전 좀 더 긍정적으로 생각하려고 노력하

지만, 제가 뭔가를 하고 싶을 때마다 항상 불안한 생각들이 있는 것 같아요. 정말 맥

빠지네요.

치료사: (몸을 기울이고 조용히 있다.)

제니: 그 생각들은 자동적인 것 같아요. 순간적으로 떠오르고, 그리고 전 그 생각들에 빠져

버려요.

치료사: 맥 빠진다는 게 이해가 되네요. 어떤 심리학자들은 그런 생각들을 자동적 사고라고

불러요. 이 시점에서의 그런 불안한 생각들은 자동적인 것이 틀림없어요. 당신의 뇌

안처럼 자동적이죠. 왜 그런지에 대해 잠시 이야기해도 괜찮을까요?

제니: (생각하며) 물론이죠.

치료사: 상상해 보세요. 제 집 뒤에는 숲이 있고, 전 10년간 매일 이 숲속을 걸었어요. 같은

길을 항상요. 시간이 지나면, 제가 걷고 있던 땅에 무슨 일이 일어날까요?

제니: 당신의 길을 만들게 되겠죠.

치료사: 그렇겠죠. 그럼 비가 올 때 물은 어디로 흐를까요?

제니: 길을 따라 내려가겠죠.

치료사: 정확해요. 왜 그럴까요? 물이 그 길을 따라 내려가길 선택했나요?

제니: 아니요. 그냥 그렇게 된 거죠. 다른 어디로 흐르는 것보다 그 길로 흐르는 것이 쉬웠

을 거예요. 그 길이 저항이 적을 테니까요.

치료사: 정확해요. 우리의 뇌가 이 숲과 비슷하다고 하면 어떨까요? 우리가 특정한 방식으

로 생각하거나 행동할 때마다, 우리는 길을 걷고 있고, 그런 방식으로 더 많이 생각하

고 행동할수록 그 패턴은 더 깊게 새겨지겠죠. 패턴은 시간이 지나서 더 강해지고, 더욱더 쉽게 발화하게 되겠죠. 결국, 자동적으로 발화할 거예요. 당신이 사회적 상황에 대해 생각하면, 자기-비난적 패턴이 자동적으로 커질 거예요. 마치 당신의 뇌에서 저항이 가장 적은 길처럼요. 그래서 자기비판적인 생각들이 자동적으로 나타나는 거죠. 이건 우리 잘못이 아니에요. 그저 우리 뇌가 그렇게 작동하는 거죠.

제니: (잠시 생각하고 난 후에) 말이 되네요. 하지만 정말 짜증나네요.

치료사: (웃는다.) 정말 별로일 수 있어요! 실망스러울 수 있죠! 하지만 이건 삶의 변화를 일으킬 수 있는 단서를 주기도 하죠. 제가 그 길이 싫어졌다고 해 보죠. 아마 비가 올 때마다 비가 길을 타고 내 뒷마당에 흘러들어와 물바다가 됐기 때문이겠죠. 산책을 포기하고 싶지 않다면 어떻게 해야 할까요?

제니: 당신이 그 길을 걷는 걸 멈춰야겠죠. 다른 길을 찾아 걸어야 해요.

치료사: 정확해요. 더 괜찮은 길을 찾아서 그 길로 걸어야 하겠죠. 전 가끔 잊어버리고 습관처럼 오래된 그 길을 걸을 거예요. 그래서 제가 할 일은 그런 상황이 일어났을 때를 알아차리고, 제가 가고 싶어 하는 곳으로 가는 새로운 길로 바꾸는 것입니다. 이것이 어떻게 자기-비난적이고 불안한 생각들에 적용되는지 아시겠어요?

제니: 알 것 같아요. 정말 깊게 패인 길이네요.

치료사: 네. 자동적이고, 대부분의 상황에서 정말 걷기 쉬운 길이죠. 수년간 만들어 왔기 때문이에요. 자비로운 사고의 길은 더 많은 노력이 필요해요.

제니: 물론 그렇겠죠.

치료사: 그러나 내가 어디를 걷고 있는지 자각하려고 노력하고, 많은 시간 동안 새로운 길을 걷고자 시도해야 한다는 것을 기억한다면 점점 더 쉬워질 거예요. 시간이 지나면서, 숲이 다르게 보이지 않을까요? 결국, 오래된 길은 서서히 사라지고, 새로운 길이 천천히 새겨지겠죠. 하지만 오래된 길이 싫어졌다고 해도 하룻밤 사이에 숲이 바뀌진 않겠죠? 많은 시간 동안 지속적인 노력이 필요합니다.

제니: 이해했어요.

치료사: 계속해서 새로운 길을 걷고자 한다면 새로운 길이 만들어질 거예요. 그렇게 만들

어지는 거죠. 그럼 만약에 오래된 길을 걷고 있는 나 자신을 발견한다면, 무엇을 하는

게 최선일까요? 그러니까 나 자신에게 미친 듯이 화를 내는 것 말고요. (웃으며 따뜻

하게 말한다.) 농담인 거 아시죠?

제니: (웃는다.) 네. 알아요. 그저 멈추고 새로운 길로 가는 거죠.

치료사: 맞아요. 이게 우리가 불안한 그리고 비난하는 생각들과 대화하는 이유랍니다. 우리

는 마음챙김을 증가시켜 이런 생각들이 떠오를 때 당신이 알아차리길 바랍니다. 오

래된 옛 길을 걷고 있을 때를 말이죠…….

제니: (고개를 끄덕인다.)

치료사: …… 그렇게 자비로운 방식의 사고와 관련된 뇌의 패턴을 강화해서, 당신은 계속해

서 새로운 길로 방향을 바꿔 걸을 수 있어요. 이제 자비는 저항이 가장 적은 길이 됩

니다. 우리는 불안하거나 비난하는 생각들과 싸우지 않아요. 단지 오래된 패턴의 생

각을 자각하고, 그것을 놓아 주고, 새로운 패턴을 강화하기 위해 계속해서 바꾸는 거

죠. 어떻게 생각하나요?

제니: 괜찮네요. 어쨌든 말이 되네요.

치료사: 낡은, 그러니까 불안한 패턴이 나타난 상황에 대해 생각해 보죠. 당신이 듣고 있는

의사소통 수업의 그룹 프로젝트요. 맞죠?

제니: (약간 움츠리며) 네……. 우린 다음 2주 동안 일주일에 두 번씩 만날 거예요.

치료사: 지난 모임에서 잘했음에도 불구하고, 여전히 기대하는 건 별로 없는 것 같군요. 불

안한 생각의 패턴이 모임 전에도 나타나나요?

제니: (여전히 움츠리며) 네. 여전히 많이 불안해요.

치료사: 무슨 생각들이 떠오르나요?

제니: 끔찍할 거라는 생각이요. 제가 바보 같아 보일 거라는 생각이요. 머릿속엔 일이 잘못

될 거라는 형태의 생각들로 가득해요.

치료사: 오래된 길이군요. 새로운 길은 어떻게 보일지에 대해 알아보죠. 불안한 생각을 마

음챙김하면서 알아차리고 그 생각을 놓아 주었다고 상상해 보죠. 이제 친절하고, 지

혜롭고, 용기 있는 당신의 자비로운 자기의 관점으로 바꿔 봅시다. 30초 정도 호흡을

천천히 가져가는 것으로 시작할 거예요……. 몸과 마음이 편안해집니다.

제니: (자세를 조금 바꾸고, 눈을 감고, 천천히 호흡한다.)

치료사: (30초에서 1분 정도 기다린다.) 이제, 당신이 자비로운 자기의 관점에서 친절, 지혜 그리고 용기로 가득 찼다고 상상해 보세요. 이것은 자비로운 편지에서 썼던 당신의 한 부분입니다. 이 부분은 모임 활동과 같은 일들이 당신에게 얼마나 힘든 일인지를 알고, 당신을 격려해 주고 안전감을 느끼도록 도와주고자 하는 부분입니다.

제니: (몇 분 후, 끄덕인다.)

치료사: 자비로운 자기는 당신이 모임에 갈 준비를 할 때 무슨 생각을 할까요? 불안한 자신의 부분에게 어떻게 친절과 격려를 베풀 수 있을까요? 자비로운 자기로서 당신은 무슨 말을 할 수 있을까요?

제니: 정말 힘든 일이지만, 예전에도 해 본 적이 있으니까 다시 할 수 있을 거라고 할 것 같아요.

치료사: 자비로운 관점에서 해 줄 수 있는 또 다른 말이 있을까요?

제니: 난 혼자가 아니라는 거요. 모임 안에는 제가 함께 있는 것을 좋아하는, 절 좋아하는 사람들이 있는 것 같아요. 난 내가 생각하는 것보다 강하다는 걸 자신에게 이야기해 줄 거예요. 제가 지난주에 이야기했을 때, 끔찍한 일이 전혀 일어나지 않았다는 걸 상기시켜 줄 거예요. 할 수 있다는 것도요.

치료사: 당신이 이런 말을 하는 것을 들었을 때, 기분이 어떤가요?

제니: 좋아요. 약간은 가짜 같지만, 좋아요.

치료사: 새로운 길이 오래된 길처럼 쉽고 자연스럽게 느껴지기에는 시간이 어느 정도 걸릴 거라는 게 이해되나요?

제니: 네. 그 부분을 상기시킬 필요가 있겠네요.

치료사: 자비로운 생각들이 약간 가짜처럼 느껴질 때, 자비로운 자기는 어떻게 자신에게 그걸 상기시킬 수 있을까요?

제니: 완전히 새로운 방식의 생각이기 때문이라고 말할 거예요. 당연히 예전의 방식만큼 자연스럽게 느껴지지 않을 거라고요.

치료사: 정확하군요! 자비로운 자기가 뭔가 알아낸 것 같네요.

제니: (웃음) 그녀가 노력하고 있어요.

초기에 내담자들은 비판적인 혹은 위협 기반의 자기의 목소리가 새롭고 자비로운 방식의 사고방식보다 훨씬 더 강력해 보일 때 사기가 꺾일 수 있다. 한 가지 방안은 내담자에게 왜 이런 것인지를 이해시키기 위한 맥락을 제공하는 것이다. 이것은 자비로운 공감을 기반으로 제공할 수도 있다("이런 불안한 생각들이 자동적으로 떠오른다는 것은 내게 정말 힘든 일이야."). 이런 맥락이 제공된다면, 내담자들은 계속해서 자비로운 관점으로 이행했을 때 어떤 일들이 일어날 수 있는가를 볼 수 있다. 즉, 현재 순간에서 자비로운 사고방식을 개발하고, 동시에 앞으로 이런 사고방식이 더 쉽게 떠오를 수 있도록 만들 수 있는 기저의 신경구조를 강화할 수 있다.

요약

이번 장에서는 내담자들의 사고와 추론에 자비를 적용시킬 수 있도록 돕는 방법들에 대해 살펴보았다. 자비로운 사고방식을 기른다는 것은 시간이 지나면서 자비로운 생각들이 자연스럽게 점점 더 빈번하게 일어난다는 것이다. 다음 장에서는 내담자들이 자신의 어려움과 어떻게 자비롭게 관계할 수 있을지에 대해 자비 심상화에 초점을 두고 계속 알아보겠다.

자비 심상화 사용하기

자비가 내담자들에게 와닿기 위해서는 경험적 수준에서 체험될 필요가 있다. 우리는 심상화가 내담자와의 경험적 작업을 촉진시킬 수 있는 효과적인 방법이라는 보고가 증가하고 있음을 발견했다(Hackmann, Bennett-Levy, & Holmes, 2011). 우리는 자비로운 자기 연습에서 내담자들이 관점을 바꾸고 어려운 상황에서 자비로운 방식을 실천하도록 돕기 위해 심상화를 사용했었다. 이번 장에서는 내담자들의 고통을 다루고 정서의 균형을 맞추는 것을 돕기 위한 심상화의 사용 방법을 알아볼 것이다.

심상화 소개하기

CFT에서는 심상화를 자주 사용하므로 내담자에게 심상화 작업을 효과적으로 소개하는 방법을 생각해 보자. 종종 내담자들은 '상상(imagine)'이나 '심상화(imagery)'라는 단어를 들었을 때, 이 의미를 '마음속에 생생한 그림을 만드는 것'이라고 생각한다. 이러한 생각은 장애물이 될 수 있다. 어떤 내담자들은 그런 선명한 정신적 그림을 손쉽게 만들어 낼 수 있는 반면에, 다른 많은 내담자들은 그렇게 하는 데 어려움을 겪을 수 있기 때문이다. 이러한 장애물을 극복하기 위한 핵심은 내담자들이 심상화 작업이 선명한 이미지를 만들어 내는 것이 아니라 **정신적 경험**(mental experience)을 만들어 내는 것에 관한 것임을 깨닫게 하는 것이다(Gilbert, 2010). Paul Gilbert가 개발한 훈련 소개 방법을 살펴보자.

> **치료사**: 제니, 제가 지난 회기에서 언급했듯이 오늘은 당신의 위협 체계가 작동하고 있을 때 감정의 균형을 맞추기 위해 안전감을 불러올 수 있도록 도와주는 몇 가지 심상화 연습을 소개할 거예요. 시작하기 전에 심상화를 어떻게 사용하는지에 대해 이야기를 나눠 보는 게 유용할 거라고 생각해요. 괜찮을까요?
>
> **제니**: 좋아요.
>
> **치료사**: 우리가 하고 있는 자비로운 자기 연습 외에 심상화를 사용해 본 적이 있나요? 눈을 감고 무언가를 상상하는 것 같은 형태요.
>
> **제니**: 저는 작년에 요가 수업을 들었어요. 때때로 선생님은 어딘가에 있는 존재를 상상하도록 했어요. 해변이나 땅에서부터 우리에게로 흘러들어 오는 생명을 느끼는 나무가 되어 보는 것 같은 거요.
>
> **치료사** ; 멋지군요. 좋았었나요?
>
> **제니**: 좋았어요. 가끔 다른 사람들보다 더 잘 되었거든요. 요가 수업을 한 번 더 들어야겠어요. 정말 편안했었거든요.
>
> **치료사**: 좋은 생각이군요. 요가는 멋진 운동이고 우리가 하려고 하는 것과 정말 잘 맞아요. 심상화에 대한 경험이 있다니 다행이군요. 때때로 사람들은 마음속에 아주 생생한 그림을 만들어 내야 한다고 생각하기 때문에 심상화 작업을 힘들어하죠. 어떤 사람들은 그렇게 할 수 있지만, 다른 누군가에겐 정말 어려운 일이에요.
>
> **제니**: 당신이 무엇을 말하는지 알겠어요. 전 거기에 정말 서툴러요.

치료사: (웃음) 저도요. 전 마음으로 '무언가를 본다는 것'에 서툴러요. 하지만 중요한 건 이 거예요. 우리가 추구하는 것은 마음에 생생한 그림을 만드는 것이 아니라 정신적인 경험을 만드는 것입니다. 이 말의 의미를 보여 주기 위해 짧은 연습을 해 볼까 해요. 제 말의 뜻을 보여 주기 위해 간단한 연습 하나를 해도 괜찮을까요?

제니: (흥미로워하며 고개를 끄덕인다.) 물론이죠.

치료사: 좋아요. 우선 우리가 연습에서 사용했던 편안하고 바른 자세를 취해 보겠습니다. 발은 바닥에 붙이고, 등을 세우고, 눈을 감습니다. 이제 30초 정도 천천히 호흡을 가 져갑니다. 호흡이 점점 느려지고, 이 느려진 감각에 주의를 기울여 봅니다. 몸과 마음 을 편안히 합니다.

제니: (눈을 감고 천천히 호흡한다.)

치료사: (30초간 기다린다.) 제가 당신이 몇 가지 상황들을 떠올릴 수 있도록 해 보겠습니 다. 제가 묘사하는 상황을 상상해 보세요.

제니: (끄덕인다.)

치료사: 먼저, 아침에 어떻게 여기에 왔는지 떠올려 보세요. 운전하거나, 차를 타거나 혹은 여기까지 걸어왔던 길을 상상해 보세요. (30초간 기다린다.)

이제, 당신이 좋아하는 디저트를 떠올려 보세요. (30초간 기다린다.)

이제, 지난 휴가를 떠올려 보세요. 잘 떠오르지 않는다면, 당신이 원하는 휴가 장면을 떠올리세요. (30초간 기다린다.)

준비가 되면, 부드럽게 눈을 뜨세요.

제니: (잠시 후, 천천히 눈을 뜨고 움직이며 살짝 웃는다.) 음.

치료사: 제가 말한 모든 것들의 정신적 감각을 느낄 수 있었나요?

제니: 네. 멋졌어요. 그만두고 싶지 않았어요.

치료사: 좋군요! 당신이 왔던 길, 디저트, 휴가 이런 것들의 정신적 경험을 할 수 있었던 것 같네요. 어떤 감정이 느껴졌나요?

제니: 네. 지난 여름에 해변을 걸었던 것을 생각하니 기분이 좋았어요.

치료사: 훌륭해요! 그게 심상화예요. 심상화는 경험을 마음에 떠올리게 하고 우리는 그걸

잘 느낄 수 있어요. 당신은 이미 심상화의 장점 하나를 알고 있는 것 같네요. 우리의 구뇌. 정서적인 뇌가 다양한 감정들을 만들어 냄으로써 심상화에 반응한다는 거죠. 마치 당신이 해변에 있었던 것을 상상하면서 기분이 좋았던 것처럼요.

이런 연습은 내담자들에게 심상화 작업이 어떤 것인지 알려 줄 수 있으며 그것을 할 수 있다는 자신감을 줄 수 있다. 우리는 내담자가 심상화 연습에 집중할 수 있는 정신적 맥락을 만들고자 한다. 그들이 올바르게 하고 있는지 아닌지에 대한 자기—평가적인 생각으로 야기되는 산만함을 최소화하는 것이다.

안전 공간 만들기

CFT의 목표 중 하나는 내담자의 정서적 균형을 위해 내담자가 세 개의 원 작업을 학습하도록 돕는 것이다. 특히, 위협 모드에 있다는 것을 알아차려 균형적 접근이 되도록 하거나, 반추 혹은 위협적 심상이 위협적인 느낌을 불 지피고 있다는 것을 관찰하도록 한다. 심상화는 안전 체계에 접속하기 위한 강력한 도구가 될 수 있으며, 안전 공간 심상화가 하나의 방법이다. (때때로 '안전 공간'이라는 용어를 좋아하지 않는 내담자들을 위해 '편안한 공간'이라 말하기도 한다.)

이 훈련에서 내담자는 자신이 안전감, 평온함, 평화로움 그리고 소속감을 느끼게 하는 환경 속에 있다고 상상한다. 많은 치료사들이 이런 방식으로 심상화를 사용했을 것이다. 다른 훈련과 같이 내담자로 하여금 내 마음을 진정시키는 장소의 다양한 감각에 집중하도록 한다. CFT에서는 전형적인 안전 공간 훈련에 더하여 친화적 요인을 심상화에 추가하였다. 이는 "만약 이 공간에 다른 존재가 있다면, 그들이 당신을 반겨 주고, 당신을 가치 있게 생각하고, 당신을 만나 행복해하는 것을 상상해 보라. 마치 당신이 이 공간을 완성하고 여기 있어서 즐거워하는 것과 같이 이 장소가 당신의 존재를 가치 있게 여긴다고 상상해 보라."와 같은 특정한 지시를 통해 이루어진다. 치료 회기에서 이 훈련이 어떻게 소개되고 촉진될 수 있는지 살펴보자.

치료사: 제니, 심상화가 무엇을 의미하는지 살펴보았으니, 이제 안전 체계가 작동하는 것을 돕도록 만들어진 세부적 훈련을 소개하고 싶어요. 이 훈련은 위협 체계가 작동되고 있다는 것을 알아차렸을 때, 평온함과 평화로움에 연결되도록 도와줄 거예요. 어때요?

제니: 시도 안 할 이유가 없죠.

치료사: 좋아요. 어떤 측면에서, 당신은 남들보다 유리하게 시작한 거예요. 몇 분 전에 휴가 때의 해변을 상상하는 것이 즐거웠다고 말했었죠. 어떤 것이 좋았나요?

제니: 전 그 해변을 사랑해요. 그곳의 모든 것이 사랑스러워요. 냄새, 발 아래 모래의 느낌, 파도치는 걸 보는 것. 파도치는 소리를 듣는 것 모두요. 전 몇 시간 정도 해변을 걷는 걸 좋아해요. 정말 평화롭거든요.

치료사: 멋진 것 같네요.

제니: 네, 제가 좋아하는 거죠.

치료사: 그럼 다음 연습으로 넘어가기가 더할 나위 없이 좋지요. 이것은 '안전 공간 연습'이라고 불립니다. 우리는 당신이 안전하고, 편안하고, 평화롭고, 진정되도록 도와줄 수 있는 곳에 있다고 상상할 것입니다. 그 장소와 그 공간에서 오는 느낌들에 대해 정신적 경험을 만들어 내는 것입니다. 때때로 어떤 종류의 장소를 떠올릴지 찾는 데 시간이 걸리기도 합니다. 하지만 이미 당신의 마음속에 좋은 장소가 있는 것 같군요. 금방 이야기했던 해변이 이 연습에 적절할 것 같나요?

제니: 그 해변이 완벽할 것 같아요.

치료사: 좋습니다. 그럼 시작해 보죠. 먼저, 몸과 마음을 진정시키기 위해 호흡을 부드럽게 하는 것으로 시작해 보죠. 이후에는 해변을 떠올릴 수 있도록 할 거예요. 해변에서의 상황이 어떤지 생생하게 묘사해 달라고 할 겁니다. 이를 통해 우리는 깊은 정신적 경

험을 만들 수 있습니다. 그 이후엔 전 당신이 심상화를 경험할 수 있도록 5분 정도 조용히 당신 곁을 떠나 있을 거예요. 만약 어떤 생각들로 인해 산만하거나 주의가 흐트러진다고 해도 그건 문제가 되지 않아요. 그저 마음챙김 호흡에서 조절했던 것처럼 주의가 흐트러진 것을 자각하고, 자신을 다시 부드럽게 해변으로 데려가면 됩니다. 준비되셨나요?

제니: 해 보죠.

치료사: 편안한 위치에서 바로 앉으시고 부드럽게 눈을 감습니다.

제니: (조금 움직인다. 눈을 감고, 호흡을 천천히 가져간다.)

치료사: 천천히 그리고 부드럽게 호흡합니다. 느려지는 느낌에 주의를 기울입니다. (5초간 기다린다.) 몸과 마음이 느긋해집니다. (30초에서 1분간 기다린다.)

제니: (천천히 호흡한다.)

치료사: 이제, 당신이 아름다운 해변에 있다고 상상해 봅니다. 그곳의 부드러운 경험에 자신을 개방시킵니다. 그곳의 모습이 떠올랐을 때, 당신이 무엇을 하고 있는지 그리고 경험하는 것을 그려 보세요. 그 해변의 모든 소리, 냄새 그리고 당신이 사랑하는 모든 것들이 그 해변에 있다고 상상해 봅니다.

제니: (5초에서 10초 정도 멈추고 있다.) 전 해변을 걷고 있고, 제 발 아래에 모래가 밟히는 것을 느낄 수 있어요. 제 발가락에서 느껴지는 느낌이 좋네요.

치료사: 훌륭하군요, 제니. 또 느껴지는 건 없나요? 어떤 느낌인가요?

제니: 따뜻하고 평화로워요. 햇살이 제 얼굴을 비추고 있고, 바람이 부드럽게 제 머리를 스치고 있어요. 파도 소리와 갈매기 소리가 들려요. (몇 초간 멈추고 있다.) 바다 냄새가 느껴져요.

치료사: 그 멋진 공간의 안전한 느낌, 평화로운 느낌, 그리고 그곳에 있다는 기쁨으로 당신을 가득 채워 보세요. 그곳에 있는 것을 즐기는 것처럼, 얼굴에 부드럽게 미소를 지어 봅니다.

제니: (웃음) 음.

치료사: 갈매기들이 당신이 함께 있다는 사실에 행복해한다고 상상해 봅니다. 마찬가지로,

다른 사람이나 다른 존재가 그곳에 있다면 그들이 당신을 환영한다고 상상해 보세요. 그들은 당신을 소중히 여깁니다. 그들은 당신이 여기 있다는 것을 행복해 합니다. (20초에서 30초 정도 기다린다.) 그 공간 자체가 당신을 환영해 준다고 상상합니다. 마치 당신이 그 공간을 완전하게 만드는 것처럼, 당신의 존재를 가치롭게 여깁니다. 당신이 있어서 기쁩니다.

제니: (평온하게 호흡한다.)

치료사: 잠시 그 공간에 채워진 안전하고 평화로운 만족감에 머물러 봅니다. 그곳에 있을 때 생기는 모든 감각을 상상해 보세요.

제니: (계속해서 평온하게 호흡한다.)

치료사: (5분간 기다린다.) 준비가 되면, 주의를 부드럽게 호흡의 감각으로 옮겨 봅니다. 이제 눈을 뜨세요.

제니: (20초 정도 후 눈을 뜨고 웃는다.)

치료사: 어땠나요?

제니: 정말 좋았어요. 정말 평화로웠어요.

치료사: 정신적인 경험이 있었나요? 그리고 거기에 따른 느낌도 있었나요?

제니: 네. 있었어요. 정말 편했고, 평화로웠어요.

치료사: 그 장소와 그곳에 있는 존재들이 당신을 환영하는 것을 상상할 수 있었나요?

제니: 네. 동물들이 재미난 일을 벌이는……. 아이들을 위한 영화 같았어요. 갈매기들이 제 옆을 날아가거나 해변에 서 있는 저를 쳐다보는 것을 상상했어요. 상상하는 것이 재미있었어요.

치료사: 해변에 다른 사람은 없었나요?

제니: 처음엔 그랬는데, 당신이 이야기하고 난 뒤에 몇몇 사람들이 해변에서 담요 위에 누워 햇볕을 쬐고 있거나 그들끼리 즐기고 있는 것을 상상했어요.

치료사: 그것이 바로 제가 하고자 했던 작업이에요. 다음 주까지 두 번 혹은 세 번 정도 연습해 보실 수 있을까요? 중요한 것은 마음속 이 공간을 방문하는 것에 정말 익숙하게 되는 것과 안전감, 만족감 그리고 평화로움을 느끼도록 도와주는 뇌 부위를 활성

화시키는 것입니다.

제니: 좋아요.

치료사: 좋습니다. 처음엔 마음이 평온할 때 연습하는 것이 도움이 될 거예요. 심상을 떠 올 리는 것이 익숙해지도록 하는 거죠. 조절 가능하다고 느끼면, 이 심상을 위협 체계가 활성화되었을 때. 그리고 안전감과 연결하여 마음의 균형을 맞추고 싶을 때 사용해 보세요. 이해되셨나요?

제니: 물론이죠.

이 대화는 아주 순조롭게 진행되었다. 제니는 이전 심상 연습에서 '안전 공간'과 유사한 것(심상화를 소개하는 단계에서 '좋아하는 휴가'를 생각하며 얻은 이미지)을 찾았으며, 관련한 해변에서의 이미지를 잘 떠올렸다. 또한 그녀는 심상으로 빠르게 들어가 그것을 묘사할 수 있었다. 항상 이렇게 순조롭게 진행되는 것은 아니다. 어떤 내담자들에게는 기억에 남을 만한 장소가 없을 수도 있다. 따라서 우리는 내담자와 함께 그런 장소가 어떤 곳일지 생각해 본다. 나는 가끔 나의 '장소' 중 몇 개를 간단히 언급하는 것으로 시작한다. 북서쪽 해변을 걷고 있는 모습, 소나무 숲에 앉아 있는 것, 심지어 좋아하는 영국식 술집에서 맥주 한 잔을 하는 것, 웃고 있는 얼굴들이나 300년 된 오크 나무로 둘러싸인 곳, 테이블에 있는 파이의 부드러운 냄새가 코에 가득한 상황 등이 바로 그것이다.

제니가 했던 것만큼 심상화로 쉽게 전환하지 못하는 내담자들을 위해, 내담자를 진정시킬 수 있는 것에 대한 우리의 지식을 활용하여 다음과 같은 감각적인 언어들을 제공할 수 있다. "얼굴에 닿는 햇빛을 느끼고, 바다의 냄새와 소리를 느낀다고 상상해 보세요……." 심상화와 동반되는 평화롭고 부드러운 기분을 활성화시킬 수 있는 충분한 안내문을 제공하고, 이후엔 치료사가 내담자의 심상에서 빠져나와 조심스럽게 물러난다. 몇몇 내담자에게는 머무를 장소를 찾기 전에 몇 개의 다른 '장소'를 시험 할 필요가 있을 것이다.

마지막으로 신체 작업이 중요하다. 진정 호흡 리듬과 부드러운 미소를 짓는 것은 내담자들이 경험에 좀 더 온전히 몰입하게 하고, 부가적으로 내담자의 정서적 뇌의 진정 시스템을 암묵적으로 활성화시킨다.

이 훈련에 대한 모든 것을 충분히 설명하기는 어렵다. 모든 사람에게 적용되는 훈련은 없지만, 나는 수년간 분노와 씨름하면서 폭력 범죄로 감옥에 있는 남성들에게 화가 올라오는 것을 알아차릴 때 자신을 진정시키기 위한 방법으로 이 훈련을 사용했다. 이 남성들은 자기 감정을 조절하고, 언어적으로나 물리적 공격을 받은 상황을 효과적이고 적극적으로 대처하기 위해 심상화를 사용했다.

이상적인 자비 이미지 훈련

영국의 심리학자 Deborah Lee는 '완벽한 양육자(perfect nurturer)' 혹은 '이상적 자비 이미지'라고 불리는 훈련을 개발했다(Lee, 2005). 이 훈련은 자기-비난적인 내담자들이 자기를 위안하는 것을 배우고, 수용받는다는 느낌과 돌봄 받는다는 느낌을 계발하는 데 도움이 되도록 만들어졌다. 이 훈련은 내담자를 이해하고, 내담자에 대한 자비와 친절, 지지 그리고 격려를 주는 이상적인 대상을 상상하는 것을 통해 이루어진다. 이 훈련에서 치료사는 내담자와 협력하여 이상적인 양육자가 가질 수 있는 특성(수용, 친절한 관심 그리고 애정 같은)을 확인하고, 내담자가 무엇을 경험하고 있는지 깊이 이해한다. 이 양육자는 내담자가 삶에서 만났던 사람들과의 경험과는 대조적으로 지지적이고, 보살펴 주며, 격려해 주고, 판단하거나 비난하거나 수치스럽게 하지 않는다. 또한 치료사는 이 양육자가 어떻게 보이고 들리는지, 그리고 어떻게 자신과 상호작용하는지에 대한 이미지를 개발하는 것을 도울 것이다. 중요한 것은, 앞서 안전 공간 연습에서와 마찬가지로 내담자들이 가능한 한 생생한 정신적 경험을 만들어 낼 수 있도록 돕는 것이다. 만약 내담자가 자신의 삶 속에서 이러한 자질을 갖춘 누군가를(영적 존재처럼 자질을 갖춘 대상) 떠올릴 수 있다면, 이 대상의 심상을 사용할 수 있다.

일부 내담자들은 자신의 삶에서 이런 대상을 한 번도 가져본 적이 없다고 말하며, 처음에 이 연습을 힘들어할지도 모른다. 이런 일이 일어난다면, 사실 우리들 중 어느 누구도 이런 대상(완전하게 나를 이해해 주고, 지지해 주고, 비판단적인 대상)을 가지고 있지 않다는 점을 강조할 수 있다. 심상에서 중요한 것은 이러한 사람이 어떤 존재일지 상상하는 것이다. 그리고 그 사람이 우리에게 친절, 이해 그리고 수용을 베푸는 것을 상상하는 것이다. 이 훈련이 치료 회기에서는 어떻게 나타날 수 있는지 살펴보자.

치료사: 제니, 지난 회기에 소개했던 안전 공간 심상화가 좋았다니 기쁘군요. 지난 한 주간 연습은 어땠나요?

제니: 정말 좋았어요. 정말 좋았던 과제였어요. 지난주 동안 세 번 해 봤어요.

치료사: 훌륭하군요! 반복해서 훈련하는 것이 정말 중요해요. 훈련하면서 도움이 되거나 방해가 되는 것은 없었나요?

제니: 음. 조용한 장소가 훈련에 도움이 됐어요. 제가 시간을 낼 수 있는 저녁 때의 기숙사는 꽤나 시끄러울 수 있어요. 결국 저는 더 조용한 환경을 만들기 위해 헤드폰을 썼어요. 그리고는 바다 소리를 mp3로 다운받을 수 있을 거라는 생각이 들었죠. 그래서 다운받았어요. 이제는 연습할 때 그 바다 소리를 들어요. 좀 더 생생하게 만들어 주거든요.

치료사: 와우! 당신에게 이걸 알려줄게요! 제니, 그건 정말 자비로운 생각이에요. 문제나 장애물을 알아차리고 그것에 사로잡히거나 포기하는 대신에 이 문제를 다루는 데 무엇이 도움이 될까라고 자문했던 거죠. 당신이 이렇게 했을 때 장애물을 다룰 수 있었을 뿐 아니라 훈련을 더 나아지게끔 하는 방법도 찾았어요. 나조차도 그 방법은 해 본 적이 없었어요.

제니: 멋진 일이네요.

치료사: 물론이죠. 그나저나 그 mp3 아이디어는 나도 쓸게요. 정말 멋진 발견이에요!

제니: (웃음) 마음대로 하세요.

치료사: 우리가 다른 심상화 연습을 시도해 볼 수 있겠다고 생각했어요. 괜찮나요?

제니: 물론이죠.

치료사: 이전에 우리가 이야기했듯이, 자기-비난은 당신을 힘들게 했어요. 그리고 타인으로부터 비난받고 괴롭힘을 당했었죠. 그건 정말 고통스러운 경험이에요.

제니: (괴로운 표정을 지으며 고개를 떨군다. 그리고 천천히 말한다.) 네.

치료사: 그런 기억들(당신 안의 경험)이 여전히 많은 상처를 준다고 할 수 있어요. 당신이 정말 다른 경험을 하도록 돕기 위해 심상화를 사용해 보려고 해요. 돌봄 받고, 수용과 이해를 받는 경험이죠.

제니: (고개를 들어 치료사를 쳐다본다.)

치료사: 이제 우리는 완전한 양육자를 상상할 거예요. 이 양육자는 전적으로 당신을 돌보아 주고, 수용해 주고, 깊이 이해해 주는 사람이에요. 그리고 당신이 잘되길 바라는 사람입니다. 어떻게 들리나요?

제니: 상상하기 힘들어요. 제 삶에서 그런 존재가 있었던 적이 없어요.

치료사: 정말 우리에겐 없죠. 실제 사람들은 완전히 그런 식으로 우리를 지지할 수 없을 거예요. 이 자비의 이미지는 꼭 사람일 필요는 없어요. 동물이나 다른 형태의 존재가 될 수 있어요. 예를 들어, 제가 아는 사람은 오래된 나무를 상상했어요. 중요한 것은 당신이 안전하고, 수용받고, 이해받고, 지지받았다는 느낌을 느낄 수 있도록 도와주는 대상을 상상하는 거예요. 당신의 양육자가 가졌으면 하는 자질을 상상하는 것으로 시작해 보죠. 이 존재는 어떤 존재일까요? 당신과의 관계는 어떨 것 같나요?

제니: 음, 제게 친절하게 대해 줄 것 같고, 제가 바보 같다는 느낌을 절대 안 받게 할 것 같아요. 그저 제 모습 자체를 받아줄 것 같아요.

치료사: 좋아요. 친절하고 수용적이군요. 다른 부분은요?

제니: 절 판단하거나 비난하지 않을 거예요. 그냥 절 좋아할 거예요.

치료사: 당신을 판단하지 않고요. 아울러, 그 존재는 당신을 완전히 이해하고, 당신이 어디에서 태어났던 이해할 거예요. 그리고 정말 당신을 좋아하고, 당신이 힘들 때 돕고 격려해 주고 싶어 합니다.

제니: 네. 좋아요.

치료사: 먼저 다음의 자질들을 생각해 보죠. 친절, 수용, 이해 그리고 격려. 이런 존재가 어떨지 상상해 봅시다. 사람인지 사람이 아닌지, 성별은 어떠할지, 어떻게 생겼을지…… 이런 내용이요. 당신의 완벽한 자비 이미지는 어떨 거라 생각하나요?

제니: 모르겠어요……. (잠시 생각한다.)

치료사: (조용히 기다린다.)

제니: 여자일 것 같아요. 모든 것을 겪고 여성으로 성장하는 것이 어떤 것인지, 그리고 이것을 극복하는 것이 어떤 것인지를 알고 있는 나이 많은 여자요.

치료사: 진정으로 이해하는 사람이군요. 그녀는 이미 다 겪었으니까요.

제니: 정확해요. 그녀는 제 안에서 자신의 모습을 볼 수도 있고, 이미 그녀가 겪어 봤기 때문에 저를 어떻게 도와줄 수 있을지 알고 있어요.

치료사: 그녀는 어떻게 생겼나요? 목소리는요? 어떻게 행동할까요?

제니: 그녀는 회색 머리에 정말 친절한 웃음을 가지고 있을 거예요. 목소리는 부드럽고, 많이 웃을 거예요. 유머 감각이 좋을 것 같아요.

치료사: 당신의 자비로운 자기의 모습과 많이 닮았군요. 친절하고, 현명하고, 용기 있는 모습이요. 어떤 일이 다가와도 당신을 도와줄 수 있을 거예요.

제니: 정확해요.

치료사: 시작이 좋은 것 같아요. 이제 연습을 시작해도 괜찮을까요?

제니: 물론이죠. (자세를 바로하고, 눈을 감고, 천천히 호흡한다.)

치료사: 부드러운 리듬으로 호흡하는 것부터 시작해 보겠습니다…… (20초에서 30초 정도 기다린다.) 몸과 마음을 진정시킵니다……. (20초에서 30초 정도 기다린다.)

제니: (평온하게 호흡한다.)

치료사: 마음속에 친절하고, 현명하며, 자신감 있는 여성의 이미지를 떠올려 봅니다. 이 여

성은 당신을 진심으로 걱정하고, 이해하며, 당신을 지지하기 위해 있습니다.

제니: (얼굴에 긴장이 살짝 풀린다. 평온하게 호흡한다.)

치료사: 그녀가 당신 곁에서 친절하게 웃는 모습을 상상해 봅니다. 그녀가 당신을 좋아하고, 당신이 이해받았다고 느끼기를 원한다고 상상해 보세요. 그녀가 당신에게 가장 도움 되고 위로하는 방식으로 친절과 자비를 전달한다고 상상해 봅니다. 그녀가 무슨 행동이나 말을 할지 상상해 봅니다. 그 존재가 친절함, 이해심 그리고 수용으로 가득 차 있다고 상상해 보세요.

제니: (계속해서 평온하게 호흡한다.)

치료사: (5분 기다린다.) 만약 불안이나 다른 힘든 감정들이 떠오른다면, 이해심 있고 지지적인 그녀가 당신 곁에 있다고 상상해 봅니다. 당신이 고통스러워할 때, 그녀가 당신을 믿고 지지한다고 상상해 봅니다. 그녀는 그것이 얼마나 어려울 수 있는지 이해하고 있으며, 그것이 당신의 잘못이 아니라는 것도 이해하고 있습니다. 당신이 이러한 어려움들에 맞서는 동안 그녀가 보내는 친절과 지지를 상상해 봅니다.

제니: (평온하게 호흡한다.)

치료사: (5분 기다린다.) 준비가 되면 수용받고 이해받고 지지받은 느낌을 가지고 다시 이 방으로 돌아와서 부드럽게 눈을 뜨세요.

제니: (몇 분 정도 후에, 천천히 눈을 뜬다.)

치료사: 어땠나요?

제니: 정말 좋았어요. 진짜 정말 멋졌어요.

치료사: 경험에 대해 이야기해 줄 수 있겠어요?

제니: 전 그녀를 볼 수 있었고, 그녀는 그곳에서 저와 함께 있어 줬어요……. 그리고 어느 순간 이 모습이 미래의 나라는 것을 알 수 있었어요. 그녀는 내가 경험하는 것을 정확하게 이해해 줬어요. 그리고…… (조용히 울기 시작한다.)

치료사: (친절한 미소를 지은 상태에서 조용히 기다린다. 눈물이 차올라 있다.)

제니: (울면서) …… 그리고 그녀는 제가 행복하길 바랐어요. 그리고 그녀는 제가 괜찮을 거라는 것을 알고 있었어요. 제가 할 수 있다는 것을요. (부드럽게 웃는다.)

> **치료사:** (기대며, 부드럽게 이야기 한다.) 당신은 할 수 있을 거예요.
>
> **제니:** (웃는다.) 이제 할 수 있다는 걸 믿게 되었어요.

이 사례에서, 우리는 이 훈련이 얼마나 강력한지 볼 수 있다. 여기서 나타난 어떤 요소들은 훈련의 경험적 요소들을 더 깊어지게 할 수 있다. 우선 치료사는 이 연습을 소개하기 전에 그들이 다루어야 하는 장애물이 있는지 알아보기 위해 다른 심상화 연습을 살펴보았다. 제니 또한 많은 내담자들처럼 문제를 해결할 수 있었고, 그 장애물을 다루며 연습이 더 깊어졌다. 이는 치료사의 따뜻함으로 강화되었다. 훈련에 들어가면서 치료사는 제니에게 잠재적인 장애물(제니의 삶에서 완전한 양육자로 상상할 만한 대상이 아무도 없었다는 것)에 대해 그것은 일반적인 상황임을 ("우리들 중 누구도 그와 같은 사람을 갖고 있지 않아요") 말해 주고, 양육자의 자질에 대해 상세히 설명해 주었다.

심상화로 들어가기 전에, 치료사는 제니의 양육자가 가지길 바라는 자질(심상화를 가능하게 할 신체적 특징과 제니에 대해 가졌을 정서적 성향)들에 대해 함께 탐색했다. 훈련 중 치료사는 먼저 양육자가 제니를 지지한다고 상상하도록 하고, 이후 불안이나 다른 힘든 느낌들이 일어날 경우 어떻게 다루어야 할지 알려주었다. 언제나처럼 치료사는 연습 후 이상적인 자비 이미지가 어떻게 제니를 지지했는지에 대해 확인한다.

마지막으로, 제니의 심상화 경험을 들으며 치료사에게 눈에 보이는 감정의 변화가 있었다는 것을 알 수 있다. 이것은 CFT에서 계획된 부분은 아니지만(솔직히 그렇지 않을 수도 있다), 치료 경험을 떠올리고 이 대화를 작성하는 동안 내 눈에 눈물이 차올랐기 때문에 이 부분을 축어록에 포함하였다. 물론, 치료사의 감정이 치료 초점을 내담자에서 치료사로 옮기는 형태의 방해나 침범으로 이어져서는 절대 안 된다. 하지만 나는 가끔 치료사가 진정으로 감동받는 것을 내담자가 보는 것이 내담자에게 강력한 경험이 될 수 있다는 것을 발견했다. 치료사는 진정한 감정을 가진 진짜 인간이 되는 것이 중요하다. 아울러 그것을 보여 주는 것은 치료 경험을 심화시키는 의미 있는 순간을 만들 어 낼 수 있다. 또한 이것은 자신의 경험을 받아들이거나 감정을 표현하는 데 어려움을 겪는 내담자에게 용기와 수용의 모델이 될 수 있다.

짐작했을 수 있겠지만, 연습이 제니가 했던 것만큼 언제나 순조롭게 진행 되지는 않는다. 모든 훈련들이 그렇듯, 내담자에게 훈련이 잘 되지 않는 것 이 명확해지면 그것을 강요하지는 않는다(그렇다고 처음에 나타나는 저항의 신 호에 포기하라고도 하지 않는다). 예를 들어, 이 연습을 한 내담자 중 한 명은 진 정으로 돌봄을 제공해 주는 사람이 한 번도 없었던 경험과 관련하여 지속적 으로 깊은 고통을 느꼈다. 어떤 존재가 그녀에게 친절하게 대하는 것을 상상 하려는 시도는 그녀의 애착 시스템을 매우 위협적인 방식으로 자극했다. 이 내담자에게는 자신에게 자비의 마음을 확장하기 위해 자비로운 자기 연습(이 연습은 강력한 정서적 기억을 자극하진 않는다)을 사용하는 것이 훨씬 더 도움이 되었다. 또한 수용과 지지의 실제 경험을 제공할 수 있는 삶에서의 인간관계 를 개발할 수 있도록 작업했다.

다른 심상화 연습

비록 본문에서는 안전 공간과 이상적인 자비 이미지 훈련을 집중적으로 다 루었지만 CFT에 공통적으로 적용되는 또 다른 심상화 연습들이 있다. 이러 한 훈련들에서 반복되는 주제는 자비의 **흐름**이다. 자비의 흐름은 외부로부 터 자신으로, 자신으로부터 자신으로(혹은 아픔과 같은 자기의 부분들로), 그리 고 자신으로부터 타인으로 진행된다. 각각의 연습에서는 자비를 주거나 받 는 경험 만들기, 동기적인 측면(자비를 주거나 받는 것에 대한), 자비로 가득 찬 느낌이나 이것을 타인에게 확장할 때의 **따뜻함**으로 가득 찬 느낌, 심상화 요 소(자비로 가득 찬 존재 혹은 자비가 자신에서 타인으로 흘러나가는), 그리고 종종 구절(예: 당신이 행복하고, 평화롭고, 편안하길)을 반복하는 것을 강조한다. 자비 심상화 훈련의 자세한 예시가 담긴 많은 문헌들이 있다(예: Germer, 2009; Kolts & Chodron, 2013). 여기서 몇 개의 훈련을 짧게 소개하겠다.

괴로움, 위협적인 느낌 그리고 아픔을 위한 자비

이 훈련에서 내담자는 친절하고, 현명하며, 자신감 있는 자비로운 자기의 관점으로 전환하고, 경험하고 있는 괴로움, 아픔, 불안, 화 혹은 슬픔과 같은 위협적인 느낌에 자비를 보내는 상상을 한다(Gilbert, 2009a; Kolts, 2012; Gilbert & Choden, 2013). 내담자는 그 과정에서 일어나는 자비와 따뜻한 느낌을 상상하고, 자비를 고통이나 불편함으로 확장시키는 상상을 한다. 이 작업에서 고통받고 있는 내담자를 따뜻한 색을 띈 빛(내담자가 색을 선택)의 형태로 자비가 둘러싸고, 진정시키고 친절하게 감싸는 심상화를 포함할 수 있다.

자기를 위한 자비

이 훈련에서 내담자는 불교에서의 훈련과 유사하게 자신이 외적 혹은 내적 근원으로부터 자비가 충만하다고 상상한다. 한 가지 차이점은 자비가 우주나 외부(내담자의 자비로운 이미지 같은)로부터 색감 있는 빛의 형태로 심장이나 정수리로 흘러들어 온다고 상상하고, 개인 안에서 그것이 채워지고 흘러감에 따라 안전과 편안함의 느낌을 만든다는 것이다.

이 훈련의 또 다른 차이점(이전에 작업했던 훈련과의 차이점)은 내담자가 자비로운 자기의 관점으로 바꾸고 힘겨워하는 자신의 모습에게 자비를 확장한다고 상상하는 것이다. 이 훈련에서는 자비로운 자기를 유도한 이후에 어려운 상황에서 취약한 자신의 모습(불안한 자기, 자기-비난적인 자기, 화난 자기 등)을 상상하게 된다. 내담자는 자비로운 자기의 관점에서 연약한 자기가 얼마나 애쓰고 있는가를 보고 따뜻함과 자비의 마음을 애쓰고 있는 자신에게 확장하는 것을 상상한다. 아마 그들은 자신의 투쟁 뒤에 있는 느낌이나 좋은 의도와 연결될 수 있을 것이다(예: 제니의 불안은 그녀가 진정 얼마나 다른 사람들과 연결되고 싶어 하는지를 반영하는 것일 수 있다). 그리고 그들은 연약한 자기를 진정시키고 안심시키는 가장 도움이 되는 방법으로 자비를 확장시키는 상상을 한다. 또한 이 훈련은 내담자에게 가장 도움이 될 수 있는 문구를 따뜻한 목소리로 반복적으로 말하거나 상상하는 것을 포함할 수 있다. 자비와 자애(loving-kindness, 자비는 모든 존재들이 고통에서 자유로워지기를 바라는 마음이며, 자애는 모든 존재가 행복하기를 바라는 것이다) 명상에서 흔히 사용되는 문구는 다음과 같다.

> (이름)이 고통에서 벗어나기를.
> (이름)이 행복해지기를.
> (이름)이 잘 지내기를.
> (이름)이 평화를 찾기를. (Gilbert & Choden, 2013, 247)

이러한 문구들은 불안이나 자기-비난과 같은 어려움을 경험하는 자기에게 자비를 확산할 수 있도록 바꾸어서 사용할 수 있다. 예를 들어, 불안(당신이 동요와 불안으로부터 벗어나기를, 당신이 안전하기를), 화(당신이 화와 좌절을 일으키는 혼란으로부터 벗어나기를), 자기-비난(당신이 자기-비난을 일으키는 고통으로부터 벗어나기를)(Gilbert & Choden, 2013). 어려운 감정적 상태에서 '벗어나게' 된다는 문구는 안전, 평화 그리고 균형감을 계발하는 전체 훈련에 포함되어야 한다.

타인을 위한 자비

타인의 안녕에 초점을 맞춘 자비와 자애 명상 훈련이 개인의 행복과 마음챙김, 삶의 목적, 사회적 지지 그리고 질병의 감소와 같은 행동적 지표 모두에서 주목할 만한 효과를 만들어낸다는 연구들이 증가하고 있다(예: Frederickson, Cohn, Coffey, Pek, & Finkel, 2008). CFT는 자기-자비의 계발에 큰 비중을 두고 있지만, 나는 모든 사람에 대한 자비를 계발하는 데 초점을 맞추는 것이 중요하다고 생각한다. 자기에 대한 자비는 모든 사람에 대한 자비 안에 포함되어 있다. 안전 체계가 관계에 반응하기 위한 진화에 의해 설계되었다는 점을 감안했을 때, 타인에 대한 자비를 증가시키는 것을 통해 얻는 사회적 이득은 내담자들에게 분명히 가치 있는 것이다. 또한 타인에 대한 자비를 배양하는 것은 타인을 실제로 해칠 수 있는 문제가 될 수 있는 분노로 힘들어하는 내담자들을 치료하는 데 주요한 역할을 할 수 있다(Kolts, 2012). 타인에 대한 자비와 자애의 함양에 사용되고 있는 많은 훈련들 가운데 다수는 불교의 자료로부터 응용한 것이다(예: Salzberg, 1995).

- 자애 명상: 자비를 타인(사랑하는 사람, 고통받고 있는 사람, 심지어 내담자가 힘들어 하는 대상에게까지)에게 보내는 상상을 한다(일반적으로 내담자가 걱정하고 도움이 되기를 원하는 사람부터 시작하는 것이 더 쉽다). 내담자는 자비로운 자기의 관점으로 이동하여 타인에게 친절, 따뜻함 그리고 자비로운 소망을 보내는 것을 상상한다. 이 활동은 내담자의 친절과 자비가 다른 사람에게 빛의 형태로 확산하는 것을 상상하고, 그 사람이 평화, 편안, 행복으로 채워지는 것을 포함할 수 있다. 또한 '자기를 위한 자비'에서 만들어진 문구를 타인에게 이야기하는 것을 포함할 수 있다. 이러한 문구는 따뜻함, 자비 그리고 그 대상에게 도움이 되고자 하는 바람에 주안점을 두고, 받는 사람(타인)의 특정한 욕구에 맞춰질 수 있다.

- 내담자는 다른 사람들과 마찬가지로 이 사람도 행복하고, 고통받고 싶어 하지 않는다는 것을 생각하며 타인을 상상할 수 있다(혹은 실제로 그 사람을 볼 수 있다). 이 짧은 훈련은 걷는 동안, 정지 신호에서 기다리는 동안 혹은 그 타인이 존재하는 언제라도 할 수 있다. 자비로운 방식으로 타인을 인식하는 습관을 반복적으로 만드는 것이 핵심이다.

- 이전 연습의 확장으로서, 내담자는 다른 모든 사람과 마찬가지로 그 사람도 열심히 살아 왔다는 것을 인식하며 마음속에 그 사람을 그려 볼 수 있다. 즉, 내담자 자신의 삶이 희망, 꿈, 승리, 비극, 실망과 같은 인간의 모든 경험으로 채워져 있듯이, 그 역시 마찬가지라는 것을 인식하는 것이다. 그 사람이 무력한 아이로 태어나 자라나고 성장하는 과정에 수반된 모든 환경을 포함하여, 나이가 들고 죽어가는 출생과 죽음의 과정을 상상하고, 명상자는 이 개인의 삶의 전 과정에 자비와 자애를 전달하는 것을 상상할 수 있다. 이 연습은 타인이 고통에서 벗어나 행복과 자유를 찾길 바라는 깊은 소망과 연결되어, 다음과 같은 성찰이 일어날 수 있다. **내가 이 사람의 삶에 기여할 수 있다면, 나는 그들이 어떤 삶을 누리기를 바라는가?**(Kolts, 2012; Kolts & Chodron, 2013)

동기가 부여된 내담자들이 자신과 타인에 대한 자비 경험을 더 깊이 할 수 있도록 도와주는 자비와 자애 훈련들이 많이 있다. 서적(예: Kolts & Chodron, 2013; Gilbert & Choden, 2013; Germer, 2009; Neff, 2011)뿐만 아니라, 인터넷에서 '자비 명상' 혹은 '자애 명상'을 검색하면 자신과 타인에 대한 자비를 키우는 데 사용할 수 있는 수많은 문서와 청각 자료(명상을 안내해 주는)를 찾을 수 있다. 내담자들에게 맞는 특정 훈련을 찾기 위해 그것들과 협력적으로 작업하는 것을 추천한다. 중요한 것은 내담자들이 자신이나 타인의 고통을 마주했을 때 움직이는 마음을 느끼도록 돕고(혹독한 비난보다 따스한 연민), 따뜻한 느낌과 돕고자하는 친절한 동기를 발전시키도록 하는 것이다.

요약

심상화는 내담자들이 감정을 다루는 능력을 기르고 자신과 타인에 대한 자비를 확장시키는 강력한 도구가 될 수 있다. 치료에서 심상화를 사용하는 데 있어서, 핵심은 우리가 활성화하고자 하는 근본적인 심리과정에 대한 발상에서 시작한다. 즉, 심상화 사용이 내담자가 안전한 느낌을 갖게 하는 데 도움이 되는가? 외부의 자원으로부터 자비를 받아들이는 것을 배우는가? 자신의 고통과 힘든 감정에 대한 자비를 계발하고 확장시키는 것을 배우는가? 타인에 대한 자비를 계발하고 확장시키는 것을 배우는가? 이러한 과정을 염두에 두고 우리는 심상화 연습을 선택할 수 있으며, 내담자들의 자기-위안 능력과 자신과 타인에 대한 진정한 자비의 느낌을 점진적으로 심화하는 데 도움이 될 수 있는 훈련 계획을 세울 수 있다.

자비 체화하기:
CFT에서 의자 작업

CFT에서는 내담자가 힘든 감정을 자비롭게 다루도록 돕기 위해 가능한 체험적인 방식을 추구한다. 빈 의자, 두 의자 그리고 여럿(multiple) 의자 연습을 포함하는 의자 작업은 이를 이룰 수 있는 강력한 방법이다. 의자 작업은 즉각적이고 강렬한 방식으로 내담자가 실시간으로 힘든 감정을 자비롭게 다루도록 돕는다.

CFT는 현대 의자 작업의 선구자인 Lesile Greenberg로부터 많은 영감을 받았다. 그와 동료들은 의자 작업을 정서중심치료(emotion-focused therapy: EFT)의 핵심적 요소로 보았으며, 이를 자기-비난적인 환자들에게 광범위하게 적용했다(Greenberg, Rice, & Elliot, 1993; Greenberg & Watson, 2006; Pos & Greenberg, 2012). 최근 예비연구를 통해 의자 작업이 자기-비난적인 내담자들의 자기-자비와 자기-위안을 증진시키고, 자기-비난, 불안과 우울 증상을 감소시키는 데 유용하다는 것이 입증되었다(Shahar et al., 2012).

CFT의 의자 작업

CFT는 EFT의 의자 작업을 기반으로 자비로운 자기의 역할을 강조한다. CFT
에서는 지속적으로 자비로운 자기를 계발하고 이를 힘든 감정과 자기−비난을
다루는 데 적용하도록 초점을 둔다(Gilbert, 2010). 이 장에서는 치료에서 어떻
게 자비 중심 의자 작업이 적용될 수 있는지 몇 가지 형태로 제시하였다.

빈 의자 작업

자신의 어려움을 자비로운 관점에서 바라보는 것을 힘들어하는 자기−비
난적인 내담자들과 작업할 때, 빈 의자 작업은 치료를 시작하는 시점에서 좋
은 방법이 될 수 있다. 빈 의자 작업은 자비로운 자기 훈련을 소개한 직후 자
신에 대한 자비로운 관점과 더 깊이 연결하는 것을 돕기 위한 방안으로 도입
될 수 있다. 이 훈련에서 우리는 다른 의자를 가져와서 내담자의 의자 맞은편
에 놓는다. 자비로운 자기 연습을 시작하며 내담자가 걱정하는 누군가가 반
대편 의자에 앉아 있다고 상상하게 한다. 그 사람이 내담자와 비슷한 경험을
하고 있으며, 스스로를 비난하는 것과 같은 어려움을 겪고 있다고 상상하도
록 한다. 내담자가 사랑하는 그 사람에 대해 친절하고, 현명하고, 용기 있는
자비로운 자기의 관점에서 어떻게 느끼고 반응할지에 대해 상상하게 한다.
이 연습이 어떻게 나타나는지 살펴보자.

> **치료사**: 조쉬. 지금까지 당신이 분노로 고심했던 것과 그것에 대해 얼마나 수치심을 느끼는
> 지에 대해 이야기해 왔어요.
>
> **조쉬**: 네……. 이야기를 하면서 제가 정말 쓸모없는 것처럼 느껴졌어요. 이런 이야기를 하
> 는 것이 도움이 되긴 했지만, 이따금 퇴근하고 아내와 아이들과 그저 좋은 시간을 보

내고 싶어요. 그런데 아이들이 숙제나 무언가에 대해 투덜대는 것 같은 사소한 일이 저를 화나게 하고, 좋은 시간을 보내는 대신 아이들에게 언성을 높이고 있는 저를 발견하죠. 가족들은 긴장하고, 모두 내가 문제인 것처럼 쳐다봐요. 가족들이 제 눈치를 보는 게 보여요. 그게 절 힘들게 해요. 잘하려고 하지만, 계속 그렇게 돼요. 전 형편없는 남편이자 아빠예요.

치료사: 끔찍한 기분인 것 같군요.

조쉬: 네. 그렇지만 다 제 잘못인걸요.

치료사: 이 상황에 대해 자비를 가져오는 것에 도움이 될 만한 연습을 시도해 볼 수 있을 것 같아요. 우리가 그간 해 온 자비로운 자기를 강화했던 작업이 화를 다루는 데 도움이 될 수 있을까요?

조쉬: 이 상황에서는 어떤 것이라도 시도해야 할 것 같아요.

치료사: 이 과정을 헤쳐 나가는 데 정말 도움이 될 수 있는 용기 있는 마음이군요. '빈 의자' 연습을 하게 될 거예요. 이제 이 의자를 당신 맞은편으로 옮겨 놓겠습니다. 괜찮나요?

조쉬: 네……. (다소 의심스러워한다.)

치료사: (웃음) 절 믿으세요……. 저기에 의자를 두는 데는 이유가 있습니다. 저도 의자 기법을 처음 배울 때 약간 이상하다고 생각했어요. 하지만 지금은 이 작업을 정말 좋아해요.

조쉬: 알겠어요.

치료사: 지난 회기에 알려 드린 자비로운 자기 훈련으로 시작해 보죠. 부드럽게 호흡합니다. 몸과 마음을 진정시키는 것에 집중합니다.

조쉬: (자세를 바로하고, 눈을 감은 후 천천히 호흡한다.)

치료사: (1분 정도 기다린다.) 이제 친절하고, 지혜로우며, 자신감 있는 자비로운 자기의 관점으로 이동해 보겠습니다. 타인과 자신에 대한 친절한 바람들로 자신이 채워지는 것을 상상해 봅니다. (30초간 기다린다.) 깊은 지혜와 다양한 관점에서 사물을 보는 능력이 충만해집니다. 그리고 어떤 일이 일어나더라도 이 일 또한 해낼 수 있다는 것

을 알고 있는, 깊고 용기 있는 자신감이 채워집니다. 준비가 되면 이런 당신 안의 자
비로운 관점을 이 방으로 가져오고 천천히 눈을 뜹니다.

조쉬: (잠시 후, 천천히 눈을 뜬다.)

치료사: 조쉬, 이 의자에 당신을 좋아하고 염려하는 누군가가 앉아 있다고 상상해 보세
요……. 당신과 함께 외출해서 즐거운 시간을 보내거나 도움을 주고 싶어하는 좋은
친구일 수도 있습니다. 그런 사람이 있나요?

조쉬: 네. 제 친구 조나단이요. 우린 항상 함께 외출해서 운동 경기를 보거나 무언가를 해
요. 또 이야기도 많이 하죠. 내가 이 상황에 대해 이야기한 유일한 사람이에요.

치료사: 당신이 이야기를 나눌 수 있는 누군가가 있다는 말을 들으니 좋군요. 두 분이 꽤나
친한 것 같네요.

조쉬: 조나단은 그런 존재에요. 마치 형제 같아요.

치료사: 완벽하군요. 조쉬, 조나단이 이 의자에 앉아 있고, 아주 연약한 존재라고 가정해 보
죠. 그는 당신에게 자신이 계속해서 화로 힘겨워 해 왔고, 화를 통제하기 위해 정말
열심히 노력해 왔지만 아무 효과가 없어 보인다고 말하고 있어요. 최선을 다했음에
도 불구하고, 이따금 그는 아내와 아이들에게 언성을 높이고, 그들이 자신의 눈치를
살핀다는 것을 알고 있어요. 심지어 그는 이 화를 다루기 위해 치료를 받고 있는데,
그에게 이 일은 정말 힘든 일이었습니다. 그는 자신이 끔찍한 남편이자 아빠로 느껴
진다고 당신에게 말하고 있어요. 그는 정말 부끄러워하고 있습니다.

조쉬: 당신이 무엇을 할 건지 알 것 같아요…….

치료사: 당신이 알 거라 생각해요. 그렇지만 우리가 함께 해 보면 어떨까요. 어때요? 만약
조나단이 이 의자에 앉아 있고, 당신에게 화와 투쟁하는 상황에 대해 말한다면, 그에
대해 어떤 느낌일 것 같나요? 그를 비난할건가요?

조쉬: 비난이요? 아니요. 그게 어떤 건지 알 것 같다고 말해 줄 거예요.

치료사: 그가 화와 싸우고 있고, 그것이 얼마나 힘든지 알고 있다면, 당신 기분은 어떨 것
같나요?

조쉬: 정말 기분이 안 좋을 거예요. 그리고 자신의 일에 대해 그렇게 솔직한 것에 대해 그리

고 도움을 구했다는 것에 대해 존경할 것 같아요. 그렇게 하는 건 정말 힘들어요.

치료사: 물론이죠. 이 자비의 위치에서 그가 힘들어하고 도움을 원하는 모습을 보았을 때, 그가 무엇을 이해하길 바라나요? 당신은 어떻게 그를 안심시킬 수 있을까요?

조쉬: 그가 이런 경험을 하는 유일한 존재가 아니라는 것을 이해하면 좋겠어요⋯⋯. 저도 가끔 그런 걸 느끼거든요. 전 우리가 이야기한 것 중에 몇 가지에 대해 이야기를 해 주고 싶어요. 화를 내는 것이 그의 잘못이 아니라는 것과 도움이 될 수 있는 여러 가지를 배울 수 있다는 걸요. 자신이 어떤 남편이자 아빠인지를 걱정하고 있다는 것은 자신이 꽤 좋은 사람이라는 것을 의미하고, 그가 정말 좋은 친구라는 것을 내가 알고 있다고 말해 주고 싶어요⋯⋯. 그리고 힘들지만 치료에 참가해 보라고요.

치료사: 조쉬, 멋지군요. 당신의 자비로운 자기는 조나단에게 해 줄 많은 말이 있군요. 만약 에 그가 이런 이야기를 들었다면 어떤 느낌일 것 같나요?

조쉬: 기분이 나아질 거예요. 그 친구가 제게 그런 말을 해 줬을 때, 제 기분이 나아졌었어요.

치료사: 그가 예전에 당신을 이렇게 격려해 줬었군요?

조쉬: 네. 아까 말했듯, 그는 내 형제와 같아요.

치료사: 당신이 조나단에게 하는 말과 자신에게 하는 말이 매우 다르다는 것을 알았어요. 당 신이 화로 인해 힘들 때는 자기-비난적인 말로 자신을 비난하는군요. 어떤 말이 더 도 움이 되는 것 같나요? 자비로운 위안이나 격려를 주는 말인가요, 아니면 자기-비난적 인 말인가요? 어떤 방식으로 말하는 것이 화나고 위협 받고 있는 자신에게서 빠져나 오는 데 도움이 될까요? 그리고 당신이 원하는 사람으로 변하는 데 도움이 될까요?

조쉬: 알 것 같아요. 자책하는 건 상황을 더 안 좋게 만들 뿐이에요.

치료사: 맞아요. 하지만 우리는 단지 자책하는 것을 그만두라는 이야기를 하는 것이 아니에 요. 이 작업은 당신이 더 잘 할 수 있도록 자신을 안심시키고 격려할 수 있는 방법을 찾는 것입니다. 당신이 마음 쓰는 조나단을 돕고 싶었던 것처럼 스스로를 도울 방법 을 찾는 거죠. 혹은 조나단이 당신을 돕기 위해 할 수 있는 방법이요. 당신은 이런 행 동들이 자책하는 것보다 도움이 될 것 같나요?

조쉬: 그럴 것 같아요.

치료사: 당신이 하루 일을 마치고 집에 왔을 때, 그저 뭔가 잘 되기를 바라지만, 아이가 칭얼거리기 시작합니다. 그때 몇 번 호흡을 하면서 마음을 가라앉히고 자비로운 모습의 자신이 무엇을 했을지 상상해 보세요. 아니면 조나단이라면 당신이 화를 내지 않는 데 도움을 주기 위해 무슨 말을 했을지 상상해 보세요.

조쉬: 도움이 될 수 있을 것 같네요. 한번 해 볼게요.

이 사례는 내가 화로 인해 고군분투하는 내담자와 의자 작업을 할 때 사용했던 수많은 회기를 토대로 제작했다. 조쉬가 좋은 친구로 조나단을 찾을 수 있었던 것은 그가 비교적 쉽게 자비를 느끼고 보내는 데 매우 큰 도움이 되었다. 실제로 조쉬의 상황에 대해 서로 이야기를 나눈 그들의 우정 또한 도움이 되었다. 그리하여 조쉬는 자신의 화에 대해 위로하는 자비로운 관점과 쉽게 연결되었다. 화로 인해 힘들어하는 내담자의 경우 항상 이렇게 진행되지는 않으며(남성의 경우 더욱), 따라서 때로 자비로운 방식과 비판적인 방식을 대립시킬 수 있도록 하는 심상화 작업이 더 요구된다. 이것이 내가 화를 치료하기 위해 종종 집단 CFT를 사용하는 이유이다. 집단에서는 화를 다루는 것이 얼마나 힘든지 알고 있는 집단원 간의 동료애와 자비로운 이해를 만들 수 있으며, 앞선 예에서 조쉬가 조나단을 모델로 삼았던 것과 같이 서로에 대한 자비로운 이해와 격려의 모델이 될 수 있다.

두 의자 작업

의자 작업을 하게 될 즈음에는 치료의 이전 단계들(치료적 관계, 진화된 뇌와 자기의 사회적 형성, 자비로운 자기 작업)이 자기-자비의 토대를 마련했을 것이라 기대한다. 만약 그렇다면 우리는 두 의자 작업을 사용하여 자기 자비의 경험을 직접 현재로 가지고 오면서 그 경험을 심화시킬 수 있다. 이 작업을 구성하는 여러 방법이 있다. 첫 번째로, 자비로운 자기를 한 의자에 앉히고, 연약한 자기(불안한, 우울한, 화가 난 등)를 다른 의자에 앉힌 후 그들 간의 대화를 촉진시킬 수 있다. 두 번째로, 자비로운 자기와 자기-비난적인 자기의 대화를 촉진시킴으로써 내담자가 자기-비난을 작업하는 데 도움을 줄 수 있다. CFT에서 이 모든 작업은 자비로운 자기의 친절, 지혜, 용기 있는 관점을 계발하고 강화하는 데 초점이 맞춰져 있으며, 이를 통해 내담자들은 이 자질들을 삶에 더 잘 활용할 수 있다.

자비로운 자기와 연약한 자기의 대화 촉진하기

이 훈련에서는 두 개의 의자가 준비되고, 치료사는 힘들어하는 감정을 나타내는(불안, 우울, 혹은 화) 자기와 현명하고 친절하며 용기 있는 자비로운 자기 사이의 대화를 돕는다. 일반적으로 연약한 자기부터 이야기를 시작하게 하여 공포, 슬픔 혹은 화가 일어나도록 한다. 때로는 이러한 감정 중 하나 이상이 내담자에게 나타날 수 있으며, 이 경우 우리는 다중 자기 연습(14장)을 사용할 수 있다.

일단 위협에 기반한 자기가 말을 하고 나면, 내담자는 자비로운 자기의 의자로 옮겨 가고, 그 자리에서 치료사는 내담자가 자비로운 자기의 관점으로 바꿀 수 있도록 안내한다. 내담자는 자비로운 관점에서 타당화, 이해, 친절, 격려를 제공하여(필요하다면 치료사가 안내한다) 연약한 자기에 접근한다. 만약 내담자가 자비로운 자기의 관점에서 벗어나 위협 기반의 언어로 바뀌는 경우라도 그것은 문제되지 않는다. 단지 치료사는 내담자가 의자를 바꾸게 해서 연약한 자기가 이야기를 마치도록 한다. 이 과정이 어떻게 나타나는지 살펴보자.

치료사: 제니, 그간 우리는 자비로운 자기 훈련과 자비로운 편지 작업 등을 통해 어떻게 당신의 공포에 자비를 불어넣을 수 있는지 탐색해 왔어요. 전 이런 활동들이 도움이 되었다고 생각해요. 어떤가요?

제니: 정말 도움이 됐어요. 그런 관점으로 본다는 것이 좋았어요. 편지 작업은 정말 도움이 되었어요. 그 편지를 정말 많이 읽어 봤고, 제가 평소에는 하지 않는 일들을 할 수 있도록 용기를 북돋아 줬어요.

치료사: 잘됐네요. 앞서 이야기 나누었듯 불안을 자비로운 방식으로 작업하는 것의 큰 이점은 당신이 불안에 맞설 수 있도록 도와준다는 것입니다. 두려운 상황에서도 무언가를 할 수 있게 되고 당신은 그렇게 할 수 있다는 것을 배우는 거죠.

제니: 네, 그런 행동을 더 많이 하고 있어요. 재미있진 않았지만 도움이 되는 것 같아요.

치료사: 우리를 두렵게 하는 것에 직면하는 것은 못 할 일이다? 나는 그렇게 생각하지 않아요. 당신은 훌륭하게 해내고 있어요. 오늘은 당신 안의 불안한 부분을 더 깊이 작업하고 자비와 격려를 불어넣어 줄 수 있는 또 다른 훈련을 소개할까 합니다. 괜찮을까요?

제니: 그래요.

치료사: 훌륭해요! 이건 두 의자 연습이에요. 그래서 자리를 조금 움직여야 해요. (일어서서 방 가운데에 의자 두 개를 서로 마주보게 놓는다.) 이 의자는 '불안 의자'입니다. (한 의자를 가리킨다.) 불안한 제니를 이 의자에 앉히고, 그녀가 가진 모든 두려움을 표현할 수 있도록 해 보죠.

제니: (끄덕인다.) 네.

치료사: (다른 의자를 가리킨다.) 이 의자에는 자비로운 제니를 앉힐 거예요. 불안한 제니의 목소리를 들어주고, 그녀에게 동정심을 느끼고, 그녀에게 자비의 마음, 이해 그리고 격려를 주는 제니요. 이해하셨나요?

제니: 네, 그런 것 같아요. 조금 이상하지만요.

치료사: 처음엔 약간 이상해 보일 수도 있어요. 걱정하진 말아요. 제가 도와드릴게요. 제가 당신이 무엇을 생각하고 행동해야 하는지 안내해 주고 언제 의자를 바꿀 것인지 혹은 그 이외의 것들에 대해 알려 드리겠습니다. 준비가 되셨다면, 불안 의자에 앉아보는 게 어떨까요?

제니: 네. (불안 의자로 자리를 옮긴다.)

치료사: 이 의자에서 불안한 제니에게 마이크를 주면 진정한 그녀의 관점을 들을 수 있을

거예요. 당신이 애쓰고 있는 많은 일들이 있어요. 우리가 이야기했던 그룹 프로젝트, 더 많은 사회적인 활동을 하고 싶고, 심지어 데이트를 시작하는 것도 원하잖아요. 불안한 제니가 이런 것들에 대해 할 말이 많을까요?

제니: 확실히 그럴 거예요.

치료사: 그럼, 여기 그녀에게 기회가 왔네요. 당신이 하고 싶은 이런 것들에 대한 공포와 불안을 느낄 수 있도록 잠시 시간을 가져 보세요. 당신 몸속의 불안이 어떤지 알아차려 보세요. 당신이 그룹 프로젝트를 하고, 친구와 밖으로 나가고, 데이트도 나간다고 상상해 보세요.

제니: (잠시 눈을 감고 있다가 뜬다.) 하고 싶은 것들은 많은데, 하는 게 두려워요.

치료사: 무엇이 무서운 건가요?

제니: 제가 나서면 다들 절 미워할까 봐 두려워요. 제가 잘못된 말을 하고, 절 바보처럼 볼 거예요. 제가 편하다고 느끼기 시작했을 때, 다른 사람들이 절 놀리고 거절할까 봐 겁나요. (눈물이 차오른다.)

치료사: 잘했어요, 제니. 공포가 오도록 내버려 두세요.

제니: 그들이 날 알게 되면, 진정한 내 모습을 알게 될 것이고, 절 좋아하지 않을 거예요. 전 그들과 달라요, 그들도 알게 될 거예요. (소리 내어 운다.) 과거와 똑같을 거예요. 제게 무슨 문제가 있는 걸까요? 왜 사람들은 절 좋아하지 않을까요?

치료사: (다정하게 몸을 기울인다. 조용히 기다린다.) 불안한 제니가 더 할 말이 있나요?

제니: (눈물을 닦고 부드럽게 웃는다.) 아니요, 그게 다예요.

치료사: 의자를 바꿀 준비가 되었나요?

제니: 그런 것 같아요. (일어나서 다른 의자에 앉는다.)

치료사: 천천히 호흡합니다. (30초간 기다린다.) 친절하고, 현명하며, 용기 있는 자비로운 자기를 불러일으켜 봅니다. 다시 한번, 스스로나 타인을 돕고자 하는 친절한 바람, 다양한 관점에서 깊이 보는 지혜, 그리고 두려운 것들을 직면할 수 있는 용기가 당신을 채우고 있다고 상상해 봅니다. 자기 자신이 자비로 가득 차 있다고 상상합니다.

제니: (눈을 감고 천천히, 평온하게 호흡한다.)

치료사: 준비가 되었으면 눈을 뜨고 저기 앉아 있는 불안해하는 제니를 쳐다보고 그녀가 가진 불안을 느껴 보세요. 그녀는 어딘가에 속하고, 친구를 사귀고, 데이트하고 싶어 하는…… 수용받길 원해요. 최선을 다하고 있지만, 자신에게 일어난 일들 때문에 두려워하고 있어요. 친절로 충만한 자비로운 관점에서 그녀가 어떻게 느껴지나요?

제니: 안됐어요. 그녀에겐 너무나도 힘든 일이에요. 그녀는 단지 남들이 자기를 좋아하길 바라고 어울리고 싶어 해요. 또 상처받을까 봐 너무 무서워하고 있어요.

치료사: 그녀가 이렇게 느끼는 것이 이해되나요?

제니: 그 일이 일어난 이후라 이해가 돼요.

치료사: 자비로운 관점에서 제니와 이야기해 보면 좋겠어요. 제니를 인정해 주고, 격려해 주고 어떤 것이든 도움이 될 만한 이야기들을 해 주면 좋겠어요. 마치 제니가 저 의자에 앉아 있다고 생각하고 지금 이야기를 해 보세요.

제니: (잠시 생각한다.) 제니, 넌 오랫동안 무서워해 왔어. 그리고 다시는 상처받지 않으려고 세상으로부터 떨어져 있으려고 노력했지. 하지만 네게 일어났던 일은 네 잘못이 아니야. (멈춤) 왜 그 여자애들이 그런 행동을 했는지 모르겠지만, 그건 너하곤 아무 상관없어. 오랜 시간이 지났어. 그 일 이후로 너에게 잘해 주고 또 널 좋아해 주는 많은 사람들을 만나 왔잖아. (멈춤)

치료사: 정말 잘했어요. 제니. 그녀를 격려해 줄 수 있나요? 그녀가 무엇을 이해하길 바라나요?

제니: 제니, 네가 겁먹는 것이 이해가 되지만, 열심히 노력해 왔고, 성공했어. 네가 있는 그룹의 사람들이 널 좋아해. 네가 있는 층의 여학생들이 너를 초대했다는 건 널 좋아해서일 거야. 이제 더 많은 시도를 해 볼 때야.

치료사: 제니, (다른 의자를 가리키며) 그녀는 진정한 자신의 모습을 알게 된다면 사람들이 자신을 거절할까 봐 걱정하고 있어요. 그녀가 무엇을 알았으면 좋겠어요?

제니: (다른 의자를 쳐다본다.) 넌 좋은 사람이야. 넌 친절하고, 자신보다 다른 사람을 먼저 생각하지. 넌 최선을 다하고 있어. (멈춤.) 너에겐 아무 문제없어. (눈이 빨개진다.)

치료사: 제니, 다시 이야기해 볼 수 있겠어요?

제니: 너에겐 아무 문제없어. (울고 난 뒤, 부드럽게 웃는다.)

이 대화에서 보았듯이, 두 의자 작업은 자비로운 자기에 대한 이해를 경험적으로 느끼게 해 주는 힘을 갖고 있다. 이것은 치료에서 강력한 순간이 될 수 있는데, 내담자는 자신에게 실제로 친절과 자비를 느끼고 표현하는 것이 어떤 것인지 학습할 수 있기 때문이다. 치료사는 내담자가 자신과 소통할 수 있는 무대를 마련해 주고, 소크라테스식 대화를 사용하여 이를 촉진시키는 한편, 공간을 만들어 내담자가 직접 대화할 수 있게 한다. 치료사는 단지 내담자가 정서적인 자신과 연결되도록 돕고, 자비와 연결하여 이를 표현할 수 있도록 돕는다. 이 작업은 기초 작업들이 이전 장에서 설명된 방식으로 이루어졌을 때 훨씬 쉽게(그리고 좀 더 자연스럽게) 진행될 수 있다.

자비로운 자기, 연약한 자기 그리고 자기-비난적인 자기들 간의 대화 촉진하기

두 의자 작업을 사용할 수 있는 다른 방법은 자비로운 자기, 연약한 자기 그리고 자기-비난적인 자기 사이의 대화를 촉진하는 것이다. 이 작업은 내담자가 자기-비난과 마주하도록 의자 작업을 사용한다는 측면에서 정서중심치료를 연상시킨다(Greenberg, Rice, & Elliot, 1993; Greenberg & Watson, 2006; Pos & Greenberg, 2012). 앞서 논한 바와 같이, CFT는 연약한 자기와 자기-비난적인 자기를 이해하고 진정시키기 위해 자비로운 자기를 계발하고 적용하는 것이 차이점이다.

이 작업은 내면화된 자기-비난의 동기에 따라 다양한 방식으로 전개될 수 있다. '자기-비난이 무엇을 원하나요?' '그의 동기는 무엇인가요?' '자기-비난이 이야기를 멈춘다면 무슨 일이 일어날까 봐 두려운가요?'와 같은 소크라테스식 질문을 시도할 수 있다. 일부 내담자에게는 자기-비난이 주요한 행동적 기능을 하며, 단순히 스스로를 동기부여하기 위해 사용하는 학습된 전략이다. 제니의 경우에도 보았듯이, 자기-비난은 단점에도 불구하고 때로는 어떤 기능을 하는 것처럼 보이는 도구가 된다('넌 정말 한심해. 모든 사람들이 이걸 할 수 있어. 그냥 계속 해!'). 다른 내담자들에게 자기-비난은 내재된 즉각적인 공포를 차단하기 위해 생겨났을 수 있다. 그래서 그들은 위험해질 수 있는 어떤 행동에도 개입하지 않으려 한다('너는 이 일을 망치고 있을 뿐이야. 시도해 봐야 아무 의미도 없어.').

하지만 다른 내담자들에게 자기-비난은 종종 학대 경험, 트라우마 혹은 자신의 가치에 상반되는 어떤 행동을 했던 경험들을 통해 얻어져, 깊은 자기-증오나 자기-혐오에 기반을 두고 있다. 이 경우 비난은 내면화된 학대자의 목소리로부터, 혹은 자신을 학대하고 처벌하고자 하는 욕구로부터 일어날 수 있다(Gilbert, 2010). 이런 인식을 미리 가지고 있는 것이 유용할 수 있다. 자기-비난이 자신을 돕고자 하는 것인지 혹은 해치고자 하는 것인지에 대한 기저의 동기를 알 수 있기 때문이다. 자기-비난을 이용하여 스스로에게 동기를 부여하는 내담자의 경우, 자기-비난은 단지 도움을 주려는 것뿐이며, 자신을 동기부여하는 역할을 대신하고자 했음을 자비로운 자기가 인정하는 위주의 대화를 구성하면 된다. 또한 의자 작업은 자기-비난 뒤에 숨은 동기를 탐색하고, 내면화된 학대자의 목소리인지 아닌지를 확인하고, 내면의 자기-비난적 목소리가 불러오는 정서적 충격에 대한 마음챙김 자각을 기를 수 있도록 도울 수 있다. 아울러 이 연습은 자기-비난에 직면했을 때 고통 감내력을 학습하고, 비난적인 자기, 연약한 자기, 자비로운 자기 사이의 관점을 이동할 수 있는 능력을 기르는 데 도움을 줄 수 있다. 앞에서 언급한 다양한 자기-비난의 역동이 나타난 임상적 사례를 살펴보자.

치료사: 조쉬, 지난주엔 의자 연습을 잘하셨어요. 당신이 친구 조나단이 화 때문에 힘겨워하는 걸 상상했을 때, 당신은 그를 이해하고 공감하는 자비로운 자기와 연결할 수 있는 것 같았어요.

조쉬: 네. 꽤 잘했던 것 같아요.

치료사: 그 연습에서 당신이 조나단에게 공감했던 자비로운 방식은 당신 자신에게 말하는 방식과는 아주 다르게 들렸어요. 마치 지난 회기에서 자신을 '형편없는 아빠'라고 불렀던 것처럼 말이죠. 당신의 내적인 자기-비난은 때때로 상당히 커지는 것 같았어요.

조쉬: 예. 제 자신이 혐오스러워요. 계속 열심히 노력하는데, 때로는 잘 되는 것 같다가, 또 망쳐 버려요.

치료사: 당신의 자기-비난이 할 말이 많은 것 같군요. 당신이 조나단과 현명하고, 친절하며, 자비로운 모습으로 관계하는 경험을 해 보았으니, 다른 의자 작업을 해 보는 것이 어떨까요. 자기-비난을 다른 관점으로 보고 이런 느낌들을 자비로운 마음으로 다루어 보는 거죠. 한 번 해 볼까요?

조쉬: 물론이죠. 하지만 저는 당신이 제가 뭘 하길 원하는지 모르겠어요.

치료사: 음, 우리가 그것을 분명히 할 수 있을지 보죠. 전 이 세 개의 의자를 여기에 놓을 거예요. (세 개의 의자를 삼각형 모양으로 배치하고 각 의자를 안쪽으로 다른 의자를 향하도록 배열한다.) 이 의자는 (가리킨다.) 당신의 자기-비난을 위한 것입니다. 언제든 당신 자신에 대해 비난하고 싶다면, 이 의자에 앉아 있는 동안 할 수 있어요. 이 의자는 (두 번째 의자를 가리킨다.) 당신의 연약한 자기를 위한 것입니다. 당신 안의 비난하는 자기가 비난하고 공격하는 부분입니다. 당신의 한 부분으로써 비난의 영향력을 느끼는 부분입니다. 저 의자는 (세 번째 의자를 가리킨다.) 자비로운 자기를 위한 것입니다. 이 자기는 당신의 현명하고 친절한 자비로운 부분으로 다른 부분의 자기들을 돕고자 합니다. 비난받은 자기를 안전하게 느끼게 하고, 감정을 조절해 주며, 자기-비난을 진정시켜 자신을 심하게 공격하지 않도록 도와줍니다. 이해되나요?

조쉬: (약간 회의적으로 보인다.) 그런 것 같아요…….

치료사: 좋습니다. 이 의자에 앉아서 (연약한 자기 의자를 가리킨다.) 최근에 화로 고심했던 경험에 대해 이야기해 줄 수 있겠어요?

조쉬: 네. (연약한 자기 의자로 옮긴다.) 이틀 전에 저는 개를 집 뒤뜰에 풀어 놓았었어요. 제 딸 클로이와 딸애의 친구들이 밖에서 놀다가 문을 열어놓고 나갔죠. 그래서 개가 열린 문을 통해 밖으로 나가서 이웃 주변을 뛰어다니기 시작했어요. 전 너무 화가 났

어요. 저는 개를 쫓아가야 했고, 개를 집으로 데리고 오면서는 개에게 소리를 지르고 있었어요. 집에 돌아왔을 때, 개를 내려놓고 바로 클로이에게 문을 닫지 않은 것에 대해 야단쳤어요. 클로이와 아이의 엄마는 저를 마치 괴물을 보듯 쳐다봤고, 두 사람 모두 그날 저녁에 절 피했어요.

치료사: 그 일이 당신에겐 어땠나요?

조쉬: 일이 벌어졌을 땐 그저 정말 화가 났어요. 개와 클로이에게요. 전 개를 쫓아 이웃 주변을 돌아다니는 바보 같아 보였죠. 왜 딸애는 그 망할 문을 닫아 놓지 않은 거지? 그런데 그 이후에 제가 소리 지르고 야단친 것이 상황을 더 악화시켰어요. 전 항상 상황을 더 안 좋게 만들어요.

치료사: 당신의 자기–비난이 이 일에 대해 뭔가 할 말이 있는 것 같군요. 이쪽 의자로 옮겨 보시겠어요? (비난 의자를 가리킨다.)

조쉬: (의자를 바꿔 앉는다.) 네.

치료사: 이 의자에서는 비난하는 이야기를 하셔도 됩니다. 이 의자에 앉아 있던 당신의 이 모습을 보세요. (조쉬가 방금 전 앉았던 의자를 가리킨다.) 화나고, 개를 쫓고, 소리 지르고, 개를 놓치고, 클로이에게 소리 지르는 당신을요. 당신이 말한 그는 항상 상황을 더 악화시킨다고 했어요. 자기–비난적인 당신은 그에게 무슨 말을 하고 싶은 거죠? 지난주처럼 그에게 직접 말한다고 상상해 보세요.

조쉬: 네가 모든 걸 다 망쳤어. (치료사를 쳐다본다.) 이렇게요?

치료사: (비난받는 자기 의자를 가리키며, 끄덕인다.) 바로 그렇게요.

조쉬: (돌아서 의자를 바라본다.) 넌 바보야. 넌 형편없는 아빠이자 남편이야. 젠장, 모든 일에 호들갑을 떨고 도대체 뭐가 문제야? 그들이 제정신이었다면, 널 떠났을 거야! 왜 넌 항상 모든 일을 망치니? 넌 정말 역겨워! (고개를 흔들고 아래를 내려다본다.)

치료사: (30초 정도 조용히 기다린다.) 다른 건요?

조쉬: 그 정도면 충분할 것 같아요.

치료사: 그럼 다시 이쪽 의자로 옮겨 볼게요……. (연약한 자기 의자를 향해 손짓한다.)

조쉬: (의자를 바꿔 앉는다.)

치료사: 자기-비난이 말한 것들을 받아들이도록 해 보세요. (자기-비난 의자를 향해 손짓한다.) 그는 당신을 형편없는 아버지이자 남편이라고 부르고, 항상 모든 것을 망친다고 비난했어요……. 이런 말을 들으면 기분이 어떤가요?

조쉬: (위축되어 아래를 바라본다.) 정말 기분 나빠요. 사실인 것 같아요. 더 잘하고 싶지만, 일을 망쳐 버리는 것 같아요.

치료사: 그를 보세요. (자기-비난 의자를 향해 손짓한다.) 그에 대해 어떻게 생각하세요?

조쉬: 무서워요. 우리 아버지가 이야기하는 것 같아요. 그냥 절 혼자 내버려 뒀으면 좋겠어요.

치료사: 당신의 아버지가 이렇게 당신을 비난했었군요.

조쉬: 항상 그랬어요. 전 제대로 할 수 있는 일이 하나도 없었어요.

치료사: 그 말은 자비로운 지혜처럼 들리는군요. 자기-비난적인 목소리가 어디서 나오는지, 그리고 당신이 힘들어하는 화의 일부가 어디서 오는지를 알아내는 데 있어서요. 자비로운 의자에 앉아 보는 것은 어떨까요? (자비로운 자기 의자를 향해 손짓한다.)

조쉬: 알겠어요. (자비로운 의자로 옮겨 앉는다.)

치료사: 잠시 천천히 호흡하면서, 나의 자비로운 속성들과 연결하도록 합시다. (10초 기다린다.) 이 두 사람을 돕고 싶은 친절한 소망으로 가득 차 있다고 상상해 봅니다. (비어 있는 두 의자를 가리킨다.). 어떤 일들을 다양한 관점에서 깊이 살펴보는 지혜와 정말 어려운 일에 대처할 수 있는 용기로 가득 차 있다고 상상해 봅니다.

조쉬: (조용히 앉아 있다.)

치료사: 현명하고 자비로운 관점에서 이 두 사람을 어떻게 이해할 수 있을까요? 이 사람부터 시작해 보죠. (연약한 자기 의자를 가리킨다.) 그가 저기 앉아서 자신이 한 일에 대해 부끄러워하며 비난을 듣고 있습니다. 그의 기분은 어떤가요?

조쉬: 기분이 안 좋아요. 희망이 없어요. 그저 혼자 있고 싶어 해요.

치료사: 그는 항상 자신이 일을 망치고 있다고 생각하나요?

조쉬: 글쎄요, 그는 항상 일을 망쳐요.

치료사: 자기-비난이 다시 나타난 것처럼 들리는군요. 다시 의자를 바꿔 볼까요? (비난 의

자를 향해 손짓한다.)

조쉬: 아니요, 괜찮아요.

치료사: 그렇다면 이 남자를(연약한 자기 쪽을 가리키며) 친절하고 자비로운 관점에서 봤을 때, 그에 대해 무엇을 이해할 수 있나요? 그가 모든 걸 망치려고 하고 있나요? 그게 그가 원하는 건가요?

조쉬: 아니요. 그는 망치지 않으려고 노력하고 있어요. 이런 상황에 대해 기분 나빠해요. 그는 일부러 그런 게 아니에요.

치료사: 그럼 실제로 더 잘하고 싶지만, 그에게는 힘든 일인가요?

조쉬: 네. 더 잘하고 싶지만, 어떻게 해야 하는지 몰라요.

치료사: (자기-비난 의자를 가리킨다.) 이 사람은 어떤가요? 그의 이야기는 무엇인가요?

조쉬: 그는 그저 저 사람이 (연약한 자기 의자를 가리킨다.) 그만 망치는 것을 원해요. 일을 망치는 것에 질렸어요.

치료사: 그는 꽤 엄하네요……. 아버지가 말씀하셨던 것처럼 들린다고 하셨죠?

조쉬: 네. 아버지께서 늘 하시던 말씀이에요.

치료사: 그러면 우리가 자기-비난이 어떻게 이렇게 행동하는지 이해할 수 있을까요?

조쉬: 아 네…….

치료사: 자기-비난이 저 사람을 (비난받은 자기 의자를 가리키며) 공격했을 때 도움이 되었나요? 그렇게 하는 것이 그가 더 잘하는 데 도움이 되었나요?

조쉬: (잠시 멈춘다.) 아니요. 그저 기분을 나쁘게 할 뿐이었어요.

치료사: 그 말은 저에게 자비로운 이해로 들리는군요. 그토록 가혹한 자기-비난이 어떻게 당신의 아버지로부터 학습되었는지 이해하지만, 그 가혹함이 도움이 되지 않는다는 걸 알고 있군요. 이 자비로운 이해의 관점에서 그에게 무슨 말을 해 줄 수 있을까요? (자기-비난을 가리킨다.)

조쉬: (자기-비난 의자를 향해 몸을 돌린다.) 알았어요. 당신은 지쳤군요. 우리 모두 지쳤어요. 하지만 그를 공격하고 헐뜯는 것은 도움이 안 돼요. 그건 단지 당신을 더 화나게 하고 그를 더 힘들게 할 뿐이에요. (비난받는 자기를 가리킨다.) 당신 아버지 같은 사

람이 되길 원하지 않잖아요. (고개를 늘어뜨린다.)

치료사: 조쉬, 정말 잘하고 있어요. 정말 상처받기 쉬운 일이에요. 저 의자로 다시 바꾸어
앉는 건 어때요? (연약한 자기 의자를 가리킨다.)

조쉬: (의자를 바꿔 앉는다.)

치료사: 아버지처럼 되는 걸 정말 두려워하는 것처럼 들리는군요.

조쉬: 네⋯⋯. 아버지는 좋은 사람이었어요. 하지만 자라는 동안 전 아버지가 많이 무서웠
어요. 사소한 일에도 항상 화를 냈어요. 전 그저 가능한 한 아버지를 피했어요. 우리
아이들은 저에 대해 그렇게 생각하길 원하지 않아요. 제가 아버지로부터 배웠던 방
식대로 우리 아이들이 배우는 것을 원하지 않아요.

치료사: 조쉬, 아이들이 당신을 어떻게 생각하길 바라나요?

조쉬: (울먹인다.) 알다시피, 그들이 나를 사랑해 주면 좋겠어요. 그리고 내가 그들을 사랑
한다는 것을 알아주길 바라요. 하지만 전 계속 망치고 있어요. 전 더 잘할 필요가 있
어요.

치료사: 그래서 여기 오신 거잖아요, 그렇죠? 더 잘하고 싶어서. 그동안 열심히 하셨잖아
요. 그렇지 않나요?

조쉬: 네. 빨리 이뤄지면 좋겠어요.

치료사: 조쉬, 이 의자로 다시 돌아가길 원하나요? (자비로운 자기 의자를 가리킨다.)

조쉬: 물론이죠. (이동한다.)

치료사: 조쉬, 자비로운 관점에서 여길 보세요. (연약한 자기 의자를 가리킨다.) 그는 여기
에서 치료를 받고 있어요. 더 잘하는 법을 배우고, 아이들에게 좋은 모델이 되기 위해
서요. 그에게 쉽지 않은 일이죠?

조쉬: 네. 정말 어려워요.

치료사: 그에 대해 어떻게 느끼나요?

조쉬: 그 사람이 안됐다고 생각해요.

치료사: 그를 돕고 싶나요?

조쉬: 네. 가능하다면요.

치료사: 음, 당신은 그가 얼마나 열심히 노력했는지 봐 왔어요. 어떤 진전이 있었나요?

조쉬: 그런 것 같아요. 이번 주에 두세 번 정도는 제가 아니 그가 화를 내고 나서는 진정하기 시작했어요. 누가 알아챘는지는 모르겠지만 그랬어요. 한번은 제가 흥분했을 때, 화를 내는 대신에 잠시 동안 심호흡을 했어요. 우리가 얘기했던 것처럼 아이들과 더 많은 시간을 보내고 있어요.

치료사: 그럼 당신은 그의 노력이 조금의 보상을 받는 것을 보았군요. 하지만 그는 저기에 앉아서 자신이 형편없고 희망이 없다고 느끼고 있어요. 그가 아버지에 대해 느끼는 것처럼 자기 자식들도 그렇게 느낄 수 있다는 것에 대해 두려워하고 있어요. 그에게 뭐라고 하고 싶나요? 그가 무엇을 이해하길 바라나요? (연약한 자기 의자를 가리킨다.)

조쉬: (의자를 바라본다.) 적어도 나쁜 부분에 있어서는 넌 아버지와 같지 않아. 아버지는 전혀 그걸 문제로 보지도 않았고, 우리가 그것에 대해 어떻게 생각하는지 전혀 신경 쓰지 않는 것 같았어. 너는 신경 쓰고 더 잘하려고 노력하고 있어.

치료사: 그가 계속할 수 있도록 어떻게 격려할 수 있을까요?

조쉬: 넌 열심히 하고 있고, 도움이 되고 있어. 물론, 가끔 실수를 저지르기도 하지만, 완벽할 거라고 기대하기는 힘들 거야.

치료사: 훌륭하군요……. 계속해서 당신이 본 그가 잘한 것을 알려주세요.

조쉬: 진정시키는 것을 잘했고, 아이들과 축구 할 시간을 만들었어요. 아이들이 재미있어했어요. (치료사를 향해 돌아) 정말 재미있었어요.

치료사: 그런 것 같네요. 당신의 자비로운 자기는 아이들과 함께하는 활동들을 원하나요?

조쉬: 물론 그럴 거예요.

치료사: 이 의자에 다시 앉는 게 어떤가요? (연약한 자기 의자를 가리킨다.)

조쉬: (의자를 바꿔 앉는다.)

치료사: 잠시 자비로운 조쉬가 한 이야기들이 스며들 수 있도록 시간을 가져 보죠. 더 잘하기 위해 얼마나 노력했는지 그리고 그간 성공한 것들을 알아주고, 계속해서 나아가도록 격려해 준 말들을요. 느낌이 어떤가요?

조쉬: 기분이 좋네요. 좀 이상하네요.

치료사: 좀 이상하다…….

조쉬: 네, 이런 식으로 저에게 말해 본 적이 없어요.

치료사: 그렇지만 기분이 좋다는 건가요?

조쉬: 네……. 그렇게 희망이 없는 것 같지도 않고, 위로가 되는 것 같아요.

치료사: 그렇다면 이 목소리들 중에 당신이 화를 다스리고 가족과의 관계를 개선하는 데 도움이 되는 것 같은 것은 어떤 건가요? (빈 의자를 가리킨다.)

조쉬: 저거요. (자비로운 자기 의자를 가리킨다.)

치료사: 일단 자비로운 조쉬의 말을 진정으로 듣는다면, 당신의 자기–비난은 할 말이 많지 않은 것처럼 들리네요.

조쉬: 네, 할 말이 많지 않아요, 그렇죠?

이 대화에서 몇 가지 일들이 일어나고 있는 것을 볼 수 있다. 치료사는 자기–비난의 역동을 일으키기 위해 자기비난과 연약한 자기의 대화를 이끌어 냈다. 그 비난은 최소한 부분적으로는 화를 잘 내는 조쉬 아버지의 내면화된 목소리를 담고 있는 듯하다. 비난하는 자는 혐오스러운 느낌을 갖고 그를 공격함으로써 조쉬가 더 잘하게 하려는 잘못된 의도를 가지고 있을지도 모른다. 치료사가 조쉬의 의자를 바꾸게 했을 때, 그가 정서적인 상호작용의 역동에 바로 연결된다는 점에 주목하라. "그에 대해 어떻게 느끼나요?" "그 말을 들으니 기분이 어떤가요?" 연약한 자기(여전히 힘겨워하지만 노력하는)와 어린 시절의 경험을 통해 학습한 화를 내고 비난하는 언어를 재연하고 있는 비난하는 자기 둘 다에 자비로운 이해가 보내졌다.

마지막으로, 자비로운 자기는 이해, 친절, 격려를 연약한 자기에게 보내도록 촉진되고(치료사의 도움과 격려를 통해), 자비로운 상호작용과 이전의 비난적인 상호작용이 대비되어 나타난다. 당신은 우리가 자기–비난과 논쟁하고 극복하려는 것이 아니라는 것을 알게 될 것이다. 오히려 중요한 것은 자비로운 이해를 활성화시키는 것이다. 공간의 제약으로 이 연습이 포함하는 일부 예시만을 지면에 제시했다. 조쉬가 자신의 내적인 대화에 대해 더 배우고, 이러한 관점들 간을 이동하며, 자기의 여러 측면들과 자비롭게 관계하는 것을 돕기 위해 당신이라면 어떤 것을 계속해서 촉진할 것인지 생각해 보라.

요약

이 장에서는 자비로운 자기를 체험적으로 강력하게 느낄 수 있게 하는 의자 작업을 사용했고, 자기-비난의 역동을 탐색하고 자비를 적용해 보았다. 지금 여기의 현재 순간에서 자비가 체험적인 느낌, 생각, 행동으로 옮겨질수록 더 좋다. 다음 장에서는 내담자와 내담자의 문제를 이해하는 데 있어서 사례 개념화의 역할에 대해 살펴보겠다.

자비로운 통합:
CFT의 사례 개념화

    다양한 치료법들은 내담자 개개인에 초점을 맞춰 문제의 기원, 유지 요인 그리고 치료 개입을 개발하기 위한 틀로써 사례 개념화를 사용한다(Eells, 2010). 특히 복잡한 사례에 있어서 사례 개념화는 임상가가 내담자가 제공한 모든 정보를 이론에 기반한 개입을 위한 자료로 활용할 수 있도록 정리할 수 있게 한다. 이 장에서는 CFT에서의 사례 개념화에 대해 알아보겠다.

CFT 사례 개념화의 핵심 요소들

    CFT의 사례 개념화 및 공식화의 초점은 위협 반응의 역사와 내용을 '풀어 내는' 것으로 생각할 수 있다. 이를 통해, 어떤 과거와 현재의 요인들이 내담자의 행동 반응(그리고 생활 양식)을 형성해 온 위협 경험을 촉발했는지 파악할 수 있으며, 내담자가 어떻게 자신 및 타인과 관계하고 있는지 이해할 수 있다. CFT의 사례 개념화는 내담자의 문제를 탈병리화하는 데 초점을

CFT 사례 개념화 작업지

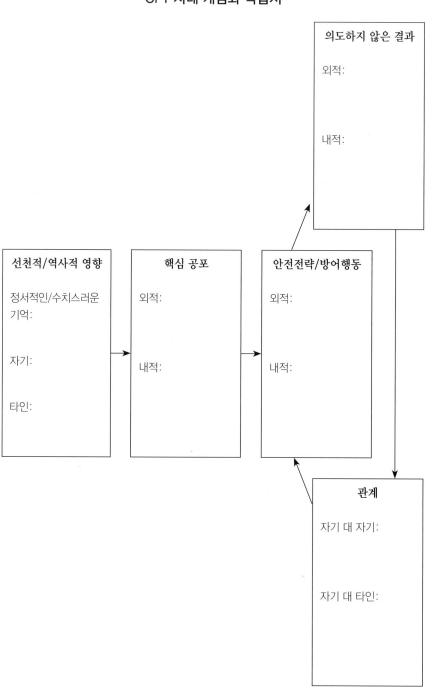

두며, 이는 내담자의 어려움을 발달적 맥락에서 이해할 수 있도록 돕는다. Gilbert(2010, 69)는 CFT의 사례 개념화가 선천적/역사적 영향의 이해를 발전시킨다고 했다. 선천적/역사적 영향은 핵심적인 외적/내적 위협과 공포를 일으키고 이것은 외적/내적 안전 전략들을 만들어 낸다. 이 안전 전략들은 의도치 않은 문제가 되는 결과들을 만들어 내는데, 이는 자기 대 자기 그리고 자기 대 타인의 관계에 영향을 미침은 물론 잇따라 새로운 안전 전략들을 형성한다. 앞에 제시된 CFT 사례 개념화 작업지는 이러한 요소들을 서로 관련지어 보여 준다(이 작업지는 http://www.newharbinger.com/33094에서도 다운받을 수 있다). 개념화의 각 요소에 대해 간단히 살펴보자.

이 작업지는 Paul Gilbert와 Compassionate Mind Foundation(http://www.compassionatemind.co.uk)의 작업에 기반하여, Russell Kolts에 의해 CFT Made Simple(본서)에서 개발되었다. 임상 혹은 훈련 목적으로 이 양식을 자유롭게 복제하고 배포할 수 있다.

선천적/역사적 영향

이전 장에서 이야기한 바와 같이, 내담자의 문제와 행동을 자비로운 관점에서 이해하는 것은 이러한 어려움들을 내담자의 삶을 형성한 다양한 생물학적·사회적 영향의 맥락 안에서 어떻게 이해할 수 있을 것인가에 기반한다. 여기에서는 내담자의 주요한 생활사건, 초기 애착 경험 그리고 6장에서 논의한 학습 이력을 이용한다. 돌봄, 위협, 무시, 학대, 고립, 수치심관 관련된 정서적 기억과 내담자가 자신과 타인을 경험하는 방식에 강력한 영향을 주었던 여타의 경험에 주안점을 둔다(Gilbert, 2010). 여러분이 생각하는 것과 같이, 이와 같은 내담자의 이력 청취는 치료적 관계에서 관계적 안전이 확립되면서 이루어진다. 매번 어떤 사실을 발견할 때마다, 치료사는 자비 중심의 개입 모델을 구축하는 자료로 활용하고, 내담자가 이러한 경험이 어떻게 자신의 삶을 형성해 왔는지를 자비, 타당화, 이해의 태도로 관계할 수 있도록 학습하는 것을 돕는다.

이러한 탐색은 내담자가 자신과 어떻게 관계하도록 학습되었는지(유능하다, 연약하다, 결점투성이다, 사랑과 돌봄을 받을 가치가 있다 혹은 없다 등), 그리고 타인과 어떻게 관계하도록 학습되었는지(안전하다, 위험하다, 믿을 만하다 혹은 아니다 등)에 대해 이해하도록 도울 수 있다. 인지 치료사들과 스키마 치료사들은 이러한 기본적인 아이디어를 자기-스키마(혹은 타인-스키마)라고 하며, 애착 영역의 치료사들은 내적 작동 모델(internal working models)이라 부를 것이다. CFT에서는 이러한 핵심적인 자기와 타인 표상이 타인과의 상호작용을 통한 정서적 기억들과 어떤 관련성이 있는가를 주목한다. 또한 내담자가 이해하거나 언어화하는 데 어려움을 갖는 강력한 정서적/신체적 반응을 일으키는 느낌 감각을 강조한다(Gilbert, 2010). 아울러 이러한 경험들이 내담자의 세 가지 원 경험을 어떻게 형성했는지(자신 그리고 세상과 관계하는 위협, 추동, 안전), 그리고 위협이나 추동 경험 속에 융통성 없이 정체되는 경향이 있는지, 아니면 다양한 상황에 대응하여 정서, 동기, 관점이 유연하게 움직일 수 있는지 살펴볼 수 있다.

핵심 공포

CFT 사례 개념화에서 이와 같은 과거의 영향은 핵심 공포, 핵심 위협, 미충족 욕구를 일으킬 수 있다. 이러한 공포는 주로 유년 시절에 근원을 두고 있으며 유기, 거절, 수치심, 위해 혹은 학대와 같은 핵심적인 주제를 중심으로 형성된다(Gilbert, 1989, 2010; Beck, Davis, & Freeman, 2014). CFT에서는 외부 위협과 내부 위협을 구분한다(Gilbert, 2010). 외부 위협은 타인과 외부 세계에 대한 경험에 기반하고 있으며, 거절, 착취 혹은 타인으로부터의 위해와 같은 주제를 포함한다. 내부 위협은 통제력 상실에 대한 두려움, 자신이 본질적으로 결함이 있거나 사랑받지 못할 것이라는 두려움, 혹은 우울, 불안, 분노에 의해 압도될 것이라는 두려움 등이 포함될 수 있다. 핵심 위협을 파악하는 것은 내담자들이 어려움을 자비롭게 대할 수 있도록 돕는 데 유용하다. 이를 통해 내담자는 자신의 과거, 핵심 공포, 현재 가지고 있는 문제 경험 간의 관계를 이해하기 시작한다.

하향식 화살 기법

내담자들이 우리에게 보여 줄 수 있는 엄청난 양의 자료들을 감안할 때, 때로 내담자의 핵심 공포 스키마를 식별하는 것이 까다로울 수도 있다. David Burns의 CBT 작업에서 착안한 **하향식 화살** 기법은 강력하고 직접적인 방식이다(Burns, 1980). 하향식 화살 기법에서 임상가는 내담자를 괴롭히는 문제시되는 생각이나 상황을 파악하는 것으로 시작한다. 일단 상황이나 생각이 파악되면 임상가는 "왜 그것이 당신을 화나게 하나요? 그것이 무엇을 의미하나요?"라는 질문(두 문장을 하나의 형태로)을 던질 수 있다(필요하다면 두 번째 문장 서두에 '당신에게'를 넣을 수 있다). 이 질문은 내담자와 치료사가 핵심 위협을 찾을 때까지 반복된다. 핵심 위협을 찾는 순간은 종종 내담자의 비언어적 행동에서의 변화를 통해 드러나는데, 핵심 위협을 진술할 때 정서적인 생생함이 가슴에 와닿게 된다. 내담자가 표현한 진술을 바꾸려 하지 말고, 다음의 예시에서 나타나듯 내담자가 이 기법에 참가하도록 하는 것이 유용할 수 있다.

치료사: 조쉬, 최근에 당신은 아들이 교실에서 한 행동 때문에 화가 많이 났다고 했어요. 아들의 성적이 좋긴 하지만, 행동은 걱정하는 것처럼 들렸어요.

조쉬: 네. 그것 때문에 정말 화가 났어요. 회의에서 선생님은 에이든이 자리에서 벗어나고 때로는 너무 말이 많아서 다른 학생들의 주의를 산만하게 만든다고 했어요. 아이의 성적이 좋았기 때문에 오히려 필요 이상으로 더 화가 났어요. 정말 절 괴롭게 했어요.

치료사: 이 일의 원인을 알아보도록 하죠. 많은 경우에 우리를 괴롭히는 성가신 생각과 상황의 아래에는 핵심 공포가 있어요. **하향식 화살 기법**을 시도해 볼까 해요. 제가 상황에 대해 질문하고, 당신이 대답하면 몇 가지 질문을 계속해서 할 거예요. 이 질문들은 당신의 핵심 공포로 이끌어 줄 거니까 귀찮아하지는 말아 주세요. 괜찮을까요?

조쉬: 안 될 게 뭐가 있겠어요.

치료사: 좋아요. 에이든이 수업 시간에 한 행동이 당신을 정말 화나게 했다고 했어요. 왜 그것이 당신을 화나게 하나요? 그것이 무엇을 의미하나요?

조쉬: 음, 그건 문제죠. 제 말은 선생님이 제 아들이 가끔 방해가 된다고 했어요.

치료사: 선생님이 가끔 아들이 방해가 된다고 말했군요. 그게 왜 화나는 거죠? 그것이 무엇을 의미하나요?

조쉬: 음, 모든 교실에는 몇몇 '문제 학생'이 있죠. 전 에이든이 교실에서 문제 학생으로 분류될까 봐 걱정이에요.

치료사: 그게 왜 화나는 거죠? 그것이 무엇을 의미하나요?

조쉬: 사람들이 그런 아이들을 어떻게 대하는지 아시잖아요. 사람들은 부모를 탓해요. 항상 부모를 탓하죠.

치료사: 그게 왜 화나는 거죠? 그것이 무엇을 의미하나요?

조쉬: 그 선생님이나 다른 부모들이 제가 나쁜 아버지라고 생각할지도 모른다는 뜻이에요.

치료사: 당신이 나쁜 아버지라고 생각할 수 있군요. 그게 왜 화나는 거죠? 그것이 무엇을 의미하나요?

조쉬: (멈춤, 아래를 바라본다.) 저는 나쁜 아버지일 거예요.

치료사: (멈춤) 이것이 핵심 공포인 것 같나요? 나쁜 아버지일 거라는 것이?

조쉬: (수심에 잠겨 보인다. 천천히 끄덕인다.) 네. 그런 것 같아요. 에이든이 태어나기 전부터 그 점에 대해 걱정했어요.

조쉬의 핵심 공포가 내적인 위협과 관련된다는 것을 알 수 있다. 그에게 아들의 행동은 그가 아버지로서 실패할 것이란 두려움을 입증하는 사건이었다. 내담자의 배경에 따라 외적/내적 위협 모두와 관련된 핵심 공포를 가지고 있을 수 있다. 예를 들어, 제니는 자신의 행동과는 상관없이 결과적으로는 타인이 자신을 거부할 것이라는 외적인 두려움과 자신에게 그런 거부를 촉발시키는 뭔가 잘못된 것이 있을 것이라는 내적인 두려움을 나타냈다. 이러한 핵심적인 공포를 이해하는 것은 종종 내담자의 '부적응적' 대처 능력의 발달을 이해하는 자비로운 관점을 제공한다.

안전 전략과 방어 행동

핵심 공포는 내담자에게 큰 고통을 야기할 수 있으며, 내담자의 문제 가운데 상당수는 이 고통을 회피하고자 하는 시도로부터 발생한다. CFT에서는 이를 안전 전략이라 부른다. 이는 위협과 관련된 고통을 최소화하고자 만들어진 방어 행동이다. 회피에 기반을 둔 이런 전략들은 많은 내담자들에게 작동하고 있다. 즉, PTSD 환자들은 외상을 떠올리게 하는 상황을 회피하려 하고 음주를 통해 고통스러운 기억을 잊으려 한다, 우울이나 공황장애 환자들은 집 밖으로 나가지 않는다, 분노 문제를 가진 내담자는 자신의 폭발에 대해 다른 사람들을 비난한다, 강렬한 스트레스를 받은 십대는 자신의 팔을 자해함으로써 강력한 감정에 대처한다. 내담자가 드러내는 문제를 탐색하기 위해 소크라테스식 대화를 사용함으로써 이러한 안전 전략들이 종종 명확해질 수 있다.

안전 전략을 파악하는 데 핵심적인 것은—안전 전략이 급성적인 대처 행동이든 장기적인 삶의 방식이든 상관없이—종종 회피를 포함하는 위협 기반의 형태라는 것이다. 이런 전략들은 위협을 일으키는 상황, 사고, 기억, 경험과의 접촉을 최소화하는 데 초점이 맞추어져 있으며, 내담자가 원하는 삶을 기반으로 만들어진 것이 아니다. 자비는 이러한 행동들을 맥락적으로 이해하는 데서 나온다. 이러한 행동만 보았을 때 무의미하고 심지어 해로울 수도 있지만, 내담자의 핵심 위협과 과거 배경에 비추어 볼 때 이러한 행동을 완전히 이해할 수 있다. 내담자는 위협에 대처하기 위해 가능한 모든 것을 하고 있으며, 종종 명백히 혹은 비밀스럽게 우리가 논의한 방식으로 전략들을 사용한다. 하지만 상상할 수 있듯이 이러한 방어 전략들은 흔히 의도치 않은 그리고 원하지 않는 결과를 가져온다. 이는 사례 개념화의 다음 단계로 우리를 이끈다.

의도치 않은 결과

안전 전략은 아주 빈번하게 의도치 않은 부적응적인 결과를 초래하며, 이는 내담자의 문제를 유지시키거나, 악화시키거나 혹은 다른 어려움들을 만들어 내기도 한다(Gilbert, 2010; Salkovskis, 1996). 이는 종종 회피를 포함하는데, 이는 내담자가 혐오적인 정서 경험, 사고(OCD에서 나타나는 강박적 충동), 상황과의 접촉을 제한하려고 하기 때문이다. 이러한 의도치 않은 결과들은 사회 불안을 경험하는 내담자가 사회적 상황에서 유발되는 불안을 피하기 위해 사회적 상황을 피해서 잠재적으로 중요한 삶의 기회를 놓치는 것과 같은 심각한 손상을 줄 수 있다. 거절을 두려워하는 제니와 같은 내담자는 타인으로부터 평가되는 것에 대한 두려움 때문에 감정적으로 솔직한 대화를 피할지도 모른다(Gilbert, 2010). 또한 정서적 고통에 대처하기 위해 자해나 약물남용을 하는 경우나 취약하다는 느낌을 막고 사회적 지배감을 만들기 위해 공격적인 모습을 보이는 경우, 이러한 행위의 결과들은 내담자나 다른 사람에게 명백히 해로울 수 있다.

소크라테스식 대화는 내담자가 자신의 안전 전략들을 과거 배경이나 핵심 공포와 관련시키고, 어떻게 이러한 전략들이 자신의 삶에 원하지 않는 결과를 만들어 내었는지를 자비롭게 탐색하는 데 사용될 수 있다. 이전 예시에서 보았듯이, 제니의 사회적 상황으로부터 회피하고 철수하는 전략은 어린 시절 외상적인 거절 경험에 비추어 이해할 수 있었다. 동시에 그녀의 전략들은 그녀가 궁극적으로 원하는 사회적 관계의 성장(그리고 타인과의 관계에서 안전감을 느끼는 것을 학습하는 것)을 막았다.

조쉬는 좀 더 미묘한 안전 전략을 보였다. 그는 분노를 폭발한 후 '나를 화나게 한' 아내와 아이들을 비난하는 경향을 나타냈다. 그러나 상담 공간에서는 분노 폭발을 비난으로 대체하지 못하므로, 소크라테스식 대화를 통해 조쉬는 자신의 화를 폭발한 직후 정서적 고통과 수치심(나쁜 아버지나 남편이 되는 것에 대한 핵심 공포의 활성화와 관련되는 것으로 보이는)이 밀려온다는 것을 자각할 수 있었다. 질문은 아마도 다음과 같을 것이다. "이런 상황들은 보통 어떻게 전개되나요?" "부인이나 아들이 당신이 한 말에 상처받는 것을 보면 기분이 어떤가요?" "다음엔 어떤 일이 일어날까요?" 조쉬는 이런 고통을 피하기 위해 거의 즉각적으로 가족들을 비난했을 것이다. 이러한 행동은 가족들에게 자신이 한 일에 대한 책임을 줄이기 위한 것이기도 하다. 우리가 상상할 수 있듯이 이러한 행동은 조쉬에게 더 많은 문제를 만들어 내는데, 가족들은 그의 변덕과 비난에 대해 거리감을 두고 가까이 있을 때는 '살얼음판을 걷는' 반응을 보인다. 조쉬는 가족들이 물러나는 것을 관찰함으로써, 자신이 결점 있는 부모이자 남편이라는 생각을 더욱 강화한다.

위협에 기반한 안전 전략의 의도치 않은 결과들은 내담자의 자기 대 자기와 자기 대 타인의 관계 패턴이 위협의 악순환에 갇혀 버리게 할 수 있다. 수치심에 기반한 자기-스키마에 깊게 자리 잡은 각본에 따라 행동하는 것은, 타인과의 돌봄의 관계에 참여하는 것을 방해한다.

자신 그리고 타인과 관계하기

CFT 사례 개념화의 마지막 요소로서, 우리는 앞서 설명한 의도치 않은 결과가 내담자가 자신과 타인을 경험하고 관계하는 방식을 어떻게 형성하고 강화하는가를 검토한다. CFT 사례 개념화에서 경직되거나 정형화된 것은 없다. 각각의 단계에서 내담자의 핵심 정서 경험과 다시 연결 짓는다. 이런 정서 경험은 자신과 타인에 대한 내담자의 암묵적인 느낌이 안전 전략의 정교화와 결과에 의해 어떻게 형성되었는가를 이해하기 위해 특히 중요하다. 거절에 대한 공포로부터 벗어나기 위해 타인을 피하는 것은 거리감을 만들어 내고 사회적 접촉을 약화시키며, 자신이 비호감이라는 것과 타인은 차갑고 자신을 거절할 것이라는 자기-지각을 강화시킨다. 외상적인 기억에 대처하기 위해 약물을 남용하는 것은 관계 문제를 야기할 수 있고, 점차 약물의 효과가 줄어듦에 따라 그들 자신이 무너지고 무능력하다는 수치심 기반의 관점을 형성하고 강화시킨다. 내담자가 자신이 사용해 온 안전 전략의 결과를 보게 될 때(혹은 단순히 느낄 때), 자신과 타인에 대한 내담자의 경험은 압도적이고 피할 수 없어 보이는 방식으로 악화될 수도 있다.

　핵심 공포처럼, 자신과 타인(그리고 고통)과 관계하는 이러한 패턴은 더욱 문제시되는 의도치 않은 결과를 야기하는 안전 전략을 만들어 낼 수 있다. 시간이 지날수록 내담자는 시도하는 모든 것(이전의 경험에 비추어 봤을 때 완전히 이치에 맞는 노력)이 자신의 문제를 더 깊게 하는 것처럼 보이는 굴레에 갇힌 기분을 느낄 수 있다. 사례 개념화의 서로 다른 요소들 사이의 연계성을 탐색함으로써, 내담자가 그들이 '옴짝달싹 못하게 갇힘'을 유지시키는 요인들을 자비롭게 이해하도록 도울 수 있다. 이러한 이해를 개발한 후에 치료사는 내담자가 안전 전략을 효과적이고 자비로운 대처와 관계 방식으로 바꾸도록 협력하여 작업할 수 있다. 자비로운 대처와 관계 방식은 내담자의 삶에서 긍정적인 결과를 만들어 내고, 자비롭고 유능한 긍정적인 자기-경험을 구축하게 한다. 조쉬의 완성된 사례 개념화 작업지를 살펴보자.

CFT 사례 개념화 작업지

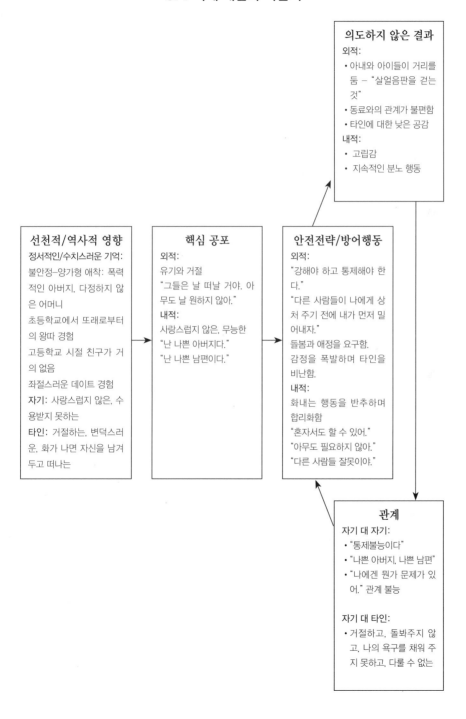

의도하지 않은 결과
외적:
- 아내와 아이들이 거리를 둠 – "살얼음판을 걷는 것"
- 동료와의 관계가 불편함
- 타인에 대한 낮은 공감
내적:
- 고립감
- 지속적인 분노 행동

선천적/역사적 영향
정서적인/수치스러운 기억:
불안정–양가형 애착: 폭력적인 아버지, 다정하지 않은 어머니
초등학교에서 또래로부터의 왕따 경험
고등학교 시절 친구가 거의 없음
좌절스러운 데이트 경험
자기: 사랑스럽지 않은, 수용받지 못하는
타인: 거절하는, 변덕스러운, 화가 나면 자신을 남겨두고 떠나는

핵심 공포
외적:
유기와 거절
"그들은 날 떠날 거야. 아무도 날 원하지 않아."
내적:
사랑스럽지 않은, 무능한
"난 나쁜 아버지다."
"난 나쁜 남편이다."

안전전략/방어행동
외적:
"강해야 하고 통제해야 한다."
"다른 사람들이 나에게 상처 주기 전에 내가 먼저 밀어내자."
돌봄과 애정을 요구함.
감정을 폭발하며 타인을 비난함.
내적:
화내는 행동을 반추하며 합리화함
"혼자서도 할 수 있어."
"아무도 필요하지 않아."
"다른 사람들 잘못이야."

관계
자기 대 자기:
- "통제불능이다"
- "나쁜 아버지, 나쁜 남편"
- "나에겐 뭔가 문제가 있어." 관계 불능

자기 대 타인:
- 거절하고, 돌봐주지 않고, 나의 욕구를 채워 주지 못하고, 다룰 수 없는

좋은 사례 개념화는 바로 치료 계획으로 이어진다. 앞에 언급된 사례 개념화를 고려해 볼 때, 조쉬가 자신의 분노와 문제들이 선천적인 기질과 사회적 형성의 맥락에서 어떻게 만들어졌는지 자비롭게 이해하는 데 소크라테스식 대화가 도움이 되었다고 생각한다. 마음챙김 훈련은 조쉬가 화나고 예민해지는 것뿐만 아니라 자신과 타인에 대한 거절, 사랑받지 못함, 부정적인 반추에 대한 생각을 인식하도록 도와주었다. 부드러운 호흡, 안전 공간 심상, 자비로운 편지 쓰기와 같은 전략들은 그런 상황에서 그를 진정시키는 데 도움을 주었고, 좀 더 자비로운 시각으로 옮길 수 있도록 했으며, 이전의 감정 폭발, 비난 그리고 수치심의 굴레로부터 피할 수 있도록 도왔다. 또한 조쉬는 자비로운 자기 작업으로부터 혜택을 받았을 것이다. 자비로운 자기 작업은 자신과 타인에 대한 정신화와 공감과 같은 기술을 계발하는 데 초점을 둔다. 이 작업은 자비로운 자기 대화와 함께 자기주장 훈련과 같은, 가족이나 직장 동료와의 적응적 관계 방식을 위해 필요한 기술을 계발하는 것을 목표로 한다.

요약

일부 내담자들은 어디서부터 치료를 시작해야 하는지 파악하기 어렵게 만드는 아주 많은 어려움을 보여 줄 것이다. 사례 개념화는 우리가 내담자에게서 관찰한 것을 정리하고 효과적인 치료 전략을 계획하는 데 도움을 준다. 여러분이 상상할 수 있듯, 내담자와 함께 사례 개념화를 발전시키고 탐색하는 과정은 정서적인 작업일 수 있다. 시간이 지나면서 내담자가 극심한 고통을 만드는 방식으로 자신의 삶이 어떻게 형성되어 왔는가를 깨닫는 것은 가슴 아픈 일이 될 수 있다. 이러한 고통은 내담자들의 대처 시도에 의해 악화되어 온 것일 수 있다. CFT에서는 이러한 과정이 자비로운 이해에 기반을 두고 있으며, 치료사는 내담자의 정서적 경험을 계속해서 탐색하며 새로운 이해를 형성한다. 다음 장에서는 내담자가 자신의 감정을 탐색하는 강력한 방식인 의자 작업의 과정(이전 장에서 소개됨)을 다중 자기 연습(multiple selves exercise)을 통해서 살펴볼 것이다.

CFT Made Simple　14장

감정 탐색하기:
다중 자기 연습

　　CFT의 일차적인 목표는 내담자들이 자신의 감정 경험을 자비를 갖고 대할 수 있도록 돕는 것이다. 우리는 앞서 다양한 감정과 동기들이 내담자의 경험을 아주 다양한 방식으로 조직할 수 있음을 살펴보았다. 또한 우리는 '자비로운 자기' 작업을 자기의 적응적이고, 따뜻하며, 자신감 있는 버전을 발달시키기 위한 구성 틀로 제안했다. 이 장에서는 이 모든 것을 통합하는 의자 연습(chair exercise)인 다중 자기 연습(Multiple Selves practice)을 소개할 것이다(Kolts, 2012).

자기의 다양한 버전들

　　Paul Gilbert가 발전시킨 '다중 자기 연습'에서 내담자들은 다양한 감정과 동기가 자신의 경험에 영향을 주는 방식을 탐색하도록 안내받는다. 우리는 내담자들이 어려움을 겪는 상황을 인식하고, 그 상황에 대한 자신의 반응을 다양한 정서적 상태와 연관된 느낌, 생각, 동기의 측면에서 탐색하도록 도우며, 내담자들이 이와 같은 다양한 정서적 '자기들' 속으로 들어가고 다시 빠져나오도록 안내한다. 다중 자기 연습은 보통 분노('화가 난 자기'), 불안('불안한 자기'), 그리고 슬픔('슬픈 자기')에 초점을 두지만, 연습의 대상이 되는 다양한 '자기들'은 내담자의 현재 문제에 따라 바뀔 수 있다. 이들 다양한 자기들의 관점을 탐색하고 난 뒤, 내담자는 자비로운 자기의 관점으로 전환하도록 안내되며, 자비로운 관점에서 다른 정서적인 자기들의 관점과 상황 모두를 숙고하게 된다. 의자 연습은 이 작업을 위한 방법으로 매우 적합하다. 서로 다른 의자가 각각의 정서적인 자기를 위해 사용된다. 다중 자기 연습은 글쓰기 숙제, 혹은 집단 장면에서의 글쓰기를 통해 이루어질 수도 있다. 글쓰기는 한 칸에 각각의 자기를 써 넣을 수 있도록 네 부분으로 나누어진 종이를 사용한다.

다중 자기 연습은 꽤 간단하게 보일지 모르지만, 연습 동안 많은 일이 일어난다. 다중 자기 연습을 연구하고 있는, 내 친구이자 동료인 Tobyn Bell은 이 연습에서 고려해야 할 목표들을 제시하고 있다. 다음은 그중 몇 가지를 추린 것이다(개인적 대화, 2015).

- 회피하는 위협 감정들에 대한 자각과 노출을 증가시키기
- 다양한 정서적 관점들이 몸과 마음을 조직하는 방식에 대해 탐색하기
- 자기-비난의 정서적 역동에 대한 이해를 제공하기("당신의 화가 난 자기는 불안한 자기에 대해 어떻게 생각하나요?")
- 다양한 정서적 경험과 관점들로 들어가고 빠져나오는 전환 방법을 배우고, 이렇게 할 수 있는 자신의 능력에 대한 자신감을 키우기
- 다양한 정서적 자기들에 대한 자비를 계발하고 표현하기
- 행동하는 자비: 자비로운 자기가 삶의 주체가 되게 하기
- 회피했던 자기의 측면들에 대한 관용과 자비를 계발하기, 이를 통해 이

러한 자기의 측면들은 긍정적인 자기 정체성으로 통합될 수 있다.

다양한 자기들에 대한 탐색

치료사는 내담자의 다양한 정서적 자기들의 관점을 탐색하기 위해, 회피했던 자기의 측면을 '초대'하여 그 감정 속으로 깊이 들어가도록 안내한다. 이 작업은 어려울 수 있는데, 내담자들은 어떤 감정들을 느끼는 것뿐 아니라 인정조차 해서도 안 된다는 것을 학습했을 수 있기 때문이다. 어떤 내담자에게는 자기의 회피된 측면과 연결하기 위해 이 연습을 여러 차례 실시할 필요도 있다. 이 연습을 촉진하는 몇 가지 사항은 다음과 같다.

- 내담자가 이 연습에 참여하는 과정 내내 당신이 함께할 것이라는 확신을 제공하라.
- 내담자가 어떻게 감정이 몸에서 느껴지는가를 알아차리도록 안내하면서 시작하라. 그리고 자신 안에서 일어나는 감각에 대해 떠올려 보도록 지시하라.
- 이후 내담자가 그 감정과 연관된 생각, 심상, 동기와 같은 정신적 경험들에 대해 생각해 보도록 하라. 이 감정이 말을 할 수 있다면, 무엇이라고 할 것인가? 그것이 무엇을 하기를 원하나? 만일 그(화난/불안한/슬픈) 자기가 완전한 통제권과 무한한 힘을 가진다면 무엇을 할 것인가? 이 정서적 자기는 무엇을 원하고 있는가?
- 내담자가 더 쉽게 연결될 수 있는 감정부터 시작하고, 이후 덜 친숙한 감정으로 진행하라.
- 하나의 자기에서 다른 자기로 전환할 때, 내담자가 진정 리듬 호흡을 하도록 안내하라. 나는 때로 마음의 '팔레트 세척제'라고 부르는 방법을 사용하기도 한다. 이것은 내담자가 마음속에 무작위적이고 종종 우스운

것을 떠올리거나 생각하도록 함으로써 특정 감정으로부터 빠져나오고 그 감정 경험을 완화하는 데 도움을 주기 위한 것이다.

• 내담자들이 '끈적끈적'하고 빠져나오기 어려운 감정을 느끼는 경우 괜찮다는 것을 알려주라. 내담자들에게 이러한 상황은 정상적이라는 것을 확인시켜 주고, 자신의 이러한 측면을 존중하고 계속 나아가도록 격려하라.

배의 선장

다중 자기 연습의 한 가지 목표는 내담자들이 자기의 다양한 위협−기반 버전들과 자비롭게 관계하도록 돕는 것이다. 핵심은 이러한 정서들과의 관계 방식을 '나는 무언가 문제가 있어'로부터 '지각된 위협에 대한 이해할 만한 반응'으로 전환하는 것이다. 진화된 위협 감정들이 나쁜 것은 아니다. 단지 그것들이 언제나 현대의 스트레스에 대한 가장 유용한 반응은 아닐 수 있다는 것이다.

나는 종종 내가 '배의 선장'이라고 부르는 은유를 활용하여 이 연습을 위한 무대를 마련했을 때, 내담자들이 위협−기반의 정서적 자기들과 자비롭게 관계하는 것이 더 쉬워진다는 것을 발견했다(Kolts & Chodron, 2013). 이 은유에서, 내담자들은 다양한 정서적 자기들을 포함하여 여러 명의 승객이 타고 있는 바다 위의 배를 상상하게 된다. 배가 태풍을 만났을 때(마치 우리가 삶에서 감정의 '폭풍'을 만나듯이), 내담자는 정서적인 승객들이 항상 하는 일들을 상상한다. 화난 자기는 폭발하고 비난하며, 불안한 자기는 걱정하고 움츠리며, 슬픈 자기는 위축되고 애통해한다. 이때 우리는 자비로운 자기를 배의 선장으로 세운다. 친절하고, 지혜로우며, 자신감 있는 이 선장은 태풍이 그저 항해의 일부임을 이해하고 있으며, 배를 안전하게 이끌 지혜와 경험을 가지고 있다. 선장은 또한 승객들이 태풍을 매우 무서워할 수 있음을 이해하며, 따라

서 그들에게 화를 내기보다 위로하고, 안심시키며, 도움이 될 만한 것들을 제
공한다.

이 은유는 내담자들이 다양한 위협 감정들로부터 생겨난 이해할 만한 반응
들과 자비롭게 관계할 수 있는 무대를 마련해 주며, 동시에 이러한 정서적인
자기가 배의 통제권을 가지는 것을 원하지 않는다는 것을 이해하게 된다. 대
신, 우리는 자비로운 자기를 자기의 상위 측면으로 설정하고, 자비 관점을 적
용하여 상황과 그로부터 일어난 감정들을 다루게 된다.

이 작업이 회기에서 어떻게 일어날 수 있을지 사례를 통해 살펴보자.

> **치료사**: 조쉬, 우리는 당신의 화에 대해 어느 정도 이야기했어요. 하지만 사례 개념화를 하
> 면서 다뤄 볼 만한 다른 감정도 있는 것 같았습니다. 당신이 다른 느낌들을 탐색하기
> 위해 또 다른 의자 연습을 할 의향이 있는지 궁금하네요.
>
> **조쉬**: 다른 연습의 목적이 뭔지 잘 이해가 안 가요. 분노가 진짜 문제라고요.
>
> **치료사**: 흥미롭게도, 분노는 때때로 이차적인 감정으로 작용할 수 있어요. 이 말은 분노가
> 다른 감정에 대한 반응으로 일어날 수 있다는 거죠. 분노를 깊이 들여다본다면, 많은
> 경우에 보다 취약한 다른 감정들이 그 뒤에서 발견됩니다. 공포, 슬픔 혹은 불안 같은
> 것들이요. 때로 우리는 심지어 화를 이용해서 그런 감정들을 피하려고 시도하기도
> 하죠. 말이 되나요?
>
> **조쉬**: 아주 말이 되는군요. 저도 그래요.
>
> **치료사**: 거기에 대해서 더 말해 줄 수 있나요?
>
> **조쉬**: 화가 나면 그런 감정들을 느끼지 않아도 되니까요. 그럼 그 감정까지 가지 않거든요.
>
> **치료사**: 아……. 저는 그런 말을 자주 들었어요. 많은 사람들이 분노를 그런 식으로 사용하
> 죠. 만일 제가 도울 수 있다면, 당신은 그곳에 가볼 수 있겠나요?
>
> **조쉬**: (마지못해) 그런 것 같아요.
>
> **치료사**: 우리가 자비에 대해서 이야기할 때를 기억해 봐요. 그것이 우리를 무섭게 하는 것
> 들에 마주할 용기를 가지는 거라고 했었죠? 지금 이게 바로 우리가 말했던 상황이에

요. 이 연습에서 최근에 당신을 화나게 했던 상황을 돌아보고, 어떻게 다른 감정이 그 상황과 관련되는가를 탐색할 겁니다. 우리는 당신의 화난 자기, 당신의 불안한 자기, 당신의 슬픈 자기의 관점을 거쳐 마지막으로 당신에게 친숙한, 자비로운 자기로 마칠 겁니다.

조쉬: 으흠.

치료사: 제가 연습을 위해서 의자를 배치하는 동안, 최근에 당신을 화나게 했던 때를 떠올려 볼 수 있을까요? (일어나서 네 개의 의자를 각각 사각형의 꼭지가 되도록, 안쪽을 향하게 하여 몇 피트 간격으로 배치한다.)

조쉬: 그건 쉬워요. 어젯밤 아내와 싸웠죠.

치료사: (다시 앉으면서) 그에 대해 좀 더 말해 줄 수 있겠습니까?

조쉬: 그럼요. 저는 직장에서 집으로 돌아왔고, 집에 들어가자마자 아내가 잔소리를 하기 시작했어요. 몇 주 전에 잔디깎이가 먹통이 되었죠. 저는 아내에게 가능한 한 빨리 그걸 고치겠다고 말했었어요. 뭐가 문제인지 모르겠는데도요. 주말 동안에 그걸 고쳐 보기로 계획했었는데 다른 일들로 바빠져 버렸습니다. 지난밤, 제가 문으로 들어서는 그 순간 아내는 잔디깎이가 아직도 작동하지 않는다고 지적했어요. (잔소리하는 목소리로) "잔디깎이 고쳤어?" 아내는 아니란 걸 알면서도 그렇게 말했어요! 저는 폭발해 버렸고, 그 망할 잔디깎이가 고쳐졌길 바란다면 스스로 고쳐 보라고 말했죠. 그 뒤로 완전히 정색했고, 그날 밤 내내 아내와 아이들은 저를 피했습니다. 저는 그 문제로 계속 마음 졸이며 저녁을 보냈고요. 항상 제가 문제인 것 같아요……. 그러니까 제가 일에서 돌아와 문으로 들어서자 마자였다구요. 정말 기분이 끔찍했어요. 이런 일에 잘 대처해 왔다고 생각했는데…….

치료사: 이 연습에 딱 맞는 경험으로 들리는군요, 조쉬. 당신은 이 상황에 대해 많은 감정들을 느끼는 것 같아요. 시작할 준비 됐나요?

조쉬: 그런 것 같아요.

치료사: 좋아요. 그러면 이 의자로 옮겨서 시작하면 어때요? (의자 하나를 가리킨다.)

조쉬: (그 의자로 가서 앉는다.)

치료사: 여기는 당신의 화난 자기가 앉을 곳입니다. 다양한 감정들이 우리의 마음과 신체를 다양한 방식으로 구성할 수 있다고 얘기했던 것 기억나요? 우리의 주의, 사고, 느낌, 그런 것들이요. 우리는 그걸 탐색할 거예요. 당신이 화난 자기를 이 방으로 초대하면 좋겠어요. 이 상황을 생각하면서, 당신이 느끼는 어떤 분노가 표면으로 떠오르게 허용해 보세요. 그 분노가 당신 안에서 올라오는 걸 느끼려고 할 때, 몸에서는 그걸 어떻게 느끼나요?

조쉬: 격하게 화가 나요! 아내에게 화나고, 나에게 화가 나요.

치료사: 아주 잘 하고 있어요. 화난 자기의 관점에서 무엇을 생각하나요? 화가 난 상태의 당신은 뭐라고 하나요?

조쉬: 아내는 내가 하는 일을 전혀 알아주지 않는다고요. 저는 일에서 막 돌아왔다고요! 제가 바라는 건 그저 조금 쉬고 긴장을 푸는 거였는데, 아내는 잔디깎이에 대해서 잔소리를 시작합니다. 왜 자기가 그 망할 잔디깎이를 고칠 수는 없냐고요? 왜 제가 모든 일을 다 해야 해요? 아내는 항상 "우리 이거 해야 해……." 아니면 "우리 저거 해야 돼……."라고 말합니다. 그런데 전 그 말이 무슨 의미인지 알아요. 바로 제가 그걸 해야 하죠! 넌더리가 나요, 알겠나요?

치료사: 당신의 화난 자기는 할 말이 많은 것 같군요. 만일 화난 자기가 이 상황에 대해 완전한 통제권을 쥐고 있다면, 무엇을 하고 싶을까요? 당신은 무엇을 할 건가요?

조쉬: 제가 뭘 할지 잘 알고 있어요. 아내에게 잔디깎이를 어디다 처박을지 말할 거예요. 저를 당연시하는 게 지겹다고 말할 거고, 내 물건을 싼 다음 차에 타고 운전을 해서 다시는 돌아오지 않을 거예요. (더 빠르게 숨을 쉬기 시작하고, 머리를 앞뒤로 흔든다.)

치료사: 조쉬, 당신은 카렌에게 화가 날 뿐만 아니라 자신에게도 화난다고 말했죠. 그것에 대해 당신의 화난 자기의 관점에서 더 말해 볼래요? 화난 자기는 당신에 대해 어떻게 느끼나요?

조쉬: 저의 화난 자기는 저를 혐오해요. 왜 나는 계속 망쳐 버리는 거지? 대체 나는 뭐가 문제야? 그리고 그다음에…… 전 아내에게 사과하고 싶었고 대화하고 싶었지만, 그럴 수 없었어요. 도대체 나는 뭐가 문제인 거죠?

치료사: 당신이 대처한 방법에 대해 화가 좀 있는 것 같군요. 그런데 상황이 진행되는 동안 그리고 그 이후에 또 다른 느낌들도 있는 것 같아요. 당신이 사과하지 못하게 했던 두려움이나 불안, 혹은 자기 자신에 대한 실망같은 거요.

조쉬: (고개를 끄덕이고, 푹 숙이며, 아래쪽을 응시한다.)

치료사: 이제 다른 의자로 옮겨 가는 게 좋을 것 같군요. 그러기 전에, 화난 자기가 해야 할 말이 더 있나요?

조쉬: (고개를 가로저으며 '아니오'를 암시한다.)

치료사: 그렇다면, 여기 이 의자로 옮기면 어떨까요? (옆의 의자를 가리킨다.)

치료사: (다른 의자로 옮겨 앉는다.)

치료사: 계속하기 전에, 진정 리듬 호흡을 좀 해 봅시다. 호흡을 느리게 하고…… 몸을 편안하게 하고…… 마음을 진정시킵니다. (30초에서 1분간 기다린다.)

조쉬: (호흡이 느려진다.)

치료사: 분노 의자를 바라보면서, 당신의 화난 자기에게 생각을 말해 주어 고맙다고 말해줍시다. 그 덕분에 우리는 당신의 분노의 관점을 잘 이해하게 되었어요.

조쉬: (중립적인 얼굴 표정으로 분노 의자를 바라본다.)

치료사: 마음의 '팔레트 세척제' 작업을 좀 해 봅시다. 제가 몇 가지를 말할 테니, 당신은 그 것을 생각하세요. 괜찮습니까?

조쉬: 좋아요.

치료사: 동그란 감자 튀김! (5초간 기다린다.) 춤추는 판다! (5초간 기다린다.) 당신이 좋아하는 스포츠 팀! (5초간 기다린다.) 그나저나 당신이 가장 좋아하는 팀이 뭔가요?

조쉬: 오클랜드 레이더즈를 좋아해요.

치료사: 그러면, 화가 날 만도 하네요. (미소 짓는다.) 농담입니다. 난 차저스 팬이에요.

조쉬: (미소 짓는다.) 그렇군요. 그 팀은 슈퍼볼에서 이긴 적이 없어서 유감이네요.

치료사: 어이쿠, 제법인데요! 이건 그저 우리의 주의를 다른 곳으로 돌리기 위한 방법이었어요. 분노로부터 전환하려고요. 약간의 우스꽝스러움이 도움이 되더군요. 진행할 준비가 됐나요?

조쉬: 안 될 것 없죠.

치료사: 좋습니다. 지금 이 의자는 '불안 의자'입니다. 이 의자에서 우린 당신의 불안한, 두려운 자기를 초대해서 그의 관점을 나눌 겁니다. 카렌과의 어젯밤 상황을 떠올리면서 올라오는 불안이나 두려움이 있나요? 일이 벌어진 방식에 대한 걱정은요?

조쉬: 네. 네, 있어요.

치료사: 앞서 한 것처럼, 불안한 자기에게 무대를 내줍시다. 불안이 당신 몸에서 일어나는 것을 상상하세요. 당신은 그걸 몸에서 어떻게 느끼나요?

조쉬: 안절부절못하고, 초조하고, 이완할 수가 없어요. 그리고 뱃속에서 불안정한 느낌들…… 조금 울렁증이 나요.

치료사: 그 불안이 점점 더 생기는 걸 상상하면서, 불안한 자기는 이 상황에 대해 어떻게 느끼나요?

조쉬: 무섭고, 걱정돼요.

치료사: 무섭나요?

조쉬: 내가 괜찮은 사람이 아니라는 것이 두려워요. 제가 계속 이런 작업에 오지만 어떤 것도 변하지 않을까 봐 두려워요. 결국 가족들이 질려 버리고, 날 떠날까 봐 걱정돼요. 제가 그들을 밀어내고, 제가 홀로될까 봐 두려워요. 젠장. 심지어 제가 그 잔디깎이를 고치지 못할까 봐 걱정돼요. 그러면 카렌이 내가 아무 짝에도 쓸모없다고 단정지을까 봐요.

치료사: 분노와 함께 많은 불안이 있는 것 같네요. 불안한 상태의 당신이 완전한 통제권을 가진다면, 무엇을 할 건가요? 불안한 자기의 관점에서, 당신은 무엇을 할 건가요?

조쉬: 어젯밤 한 거의 그대로요. 아무것도. 그저 거기 앉아서 계속 다시 생각하고, 두려워서 어떤 것도 하지 못하죠. (잠시 멈추고, 눈물을 흘리며, 아래를 바라보다가 다시 치료사를 바라본다.) 전 사과하고 싶었어요, 알겠나요. 전 아내에게 화를 내서 미안하다고 말하고 싶었고, 잔디깎이를 고치려고 했었지만 어떻게 하는지 확신이 없었다고 말하고 싶었어요. 그런데 전 그녀가 무시할까 봐 두려웠어요. 내가 정말 미안하다면, 그런 식으로 말하진 않을 거라고 할까 봐 두려웠어요. 어쩌면 그녀가 맞을지도 몰라요. 전

그녀가 더 이상 절 사랑하지 않을까 봐 두렵고 아이들이 저를 화를 내는 미치광이로 볼까 봐 두려워요.

치료사: 당신의 불안한 자기는 정말로 겁먹은 것 같군요. 사태를 더 나아지게 할 수 없고, 어쩌면 분노를 조절하고 당신 가족과의 관계를 개선할 방법이 없을지 몰라 두려운 거죠.

조쉬: (아래를 본다.) 네.

치료사: 이 상황에 대해 진정한 슬픔 또한 올라오는 것처럼 보이네요. 거부하는 대신에, 당신의 슬픈 자기를 방 안으로 초대해 보는 건 어떨까요? 이 의자로 옮겨가도 괜찮겠어요? (오른쪽에 있는 옆 의자를 가리킨다.)

조쉬: (조용히 다음 의자로 옮겨간다.)

치료사: 이것은 '슬픈 자기' 의자입니다. 제가 보기엔 당신에게 이 상황에 대한 슬픔이 올라오는 것 같아요. 그런가요?

조쉬: (끄덕인다.)

치료사: 그렇다면 슬픔으로 가 보죠……. 당신의 슬픈 자기의 관점을 이야기하도록 초대합시다. 슬픔은 당신의 몸 안에서 어떻게 느껴지나요?

조쉬: 무겁고, 가라앉는 느낌이요, 바로 여기서. (그의 배를 가리킨다.)

치료사: 그 슬픈, 무거운, 가라앉는 느낌이 당신 안에 점점 커지는 것을 상상해 보세요. 어떤 느낌들이 올라올까요?

조쉬: 이건 최악이에요. 전 이런 걸 하지 않아요.

치료사: 제가 여기서 도울게요, 조쉬. 당신은 할 수 있어요. 슬픈 상태의 당신이 어떻게 느끼나요?

조쉬: (울면서) 그저 절망감을 느껴요. 날 봐요, 여기 앉아서 아기처럼 우네요. 무력하고, 제가 할 수 있는 건 아무것도 없는 것처럼 느껴져요.

치료사: 많은 슬픔이 거기 있군요, 그렇지요? 슬픔, 그리고 무력감. 당신의 슬픈 자기는 이 모든 것에 대해서 어떻게 생각하지요? 어떤 생각이 떠오르나요?

조쉬: (울면서) 제가 가족들을 잃어가고 있고, 내 잘못이라고요, 그들이 저를 사랑하지 않고,

그들은 제가 없는 것이 더 나을 거라고요. 제 딸과 아들이 나를 부끄러워한다고요.

치료사: (조용히 끄덕이며) 으흠.

조쉬: 내가 끔찍한 아빠처럼 느껴져요. 제가 그들에게 잘못된 것만 가르치는 것처럼요. 그들이 저를 부끄럽게 여기고, 저와 같이 있는 것을 부끄럽게 여기는 것 같이요.

치료사: 이 슬픈 자기가 완전한 통제권을 가진다면, 무엇을 하고 싶을까요? 그는 무엇을 할까요?

조쉬: 그냥 포기해. 그냥 드러누워, 죽어. 그러면 그들은 나를 잊을 수 있을 거고 그들의 삶을 살아나갈 수 있겠지.

치료사: (침묵)

조쉬: (잠시 쉬었다가, 눈을 문지르고, 한숨을 쉰다.)

치료사: 해냈어요, 조쉬. 당신은 스스로 그걸 느끼도록 두었어요.

조쉬: 도움이 되든 아니든…….

치료사: 저는 아주 중요하다고 생각해요. 그건 큰 용기가 필요했어요. 우리가 얘기했던 게 그거예요, 자비의 용기. (잠시 멈춘다.) 이제 마지막 의자로 옮겨가도 되겠어요? (제스처를 취한다.)

조쉬: 물론이요.

치료사: 이 의자에는 당신의 친절하고, 지혜롭고, 용기 있고, 자비로운 자기가 앉습니다. 잠시 후에, 우리는 천천히 호흡을 하고 자비로운 자기를 이 방으로 초대할 겁니다. 하지만 먼저, 다른 정서적 자기들을 돌아봅시다. (제스처를 취하며) 화난 자기, 불안한 자기, 슬픈 자기에게 그들의 관점을 나눠 주어서 감사함을 전합시다. 그들 덕분에 우린 당신의 분노, 불안, 슬픔을 잘 이해할 수 있었어요. (멈춘다.)

조쉬: (호흡이 느려지고, 의자들을 돌아본다.)

치료사: 이제 이 자기가 더 친숙해질 겁니다. 우리가 여기서 연습했고 당신에게 숙제로도 내주었죠. 진정 리듬 호흡을 하는 시간을 좀 가져 볼까요. 편안하게 이완하면서, 자비가 떠오르도록 준비해 봅시다. (1분간 침묵한다.)

조쉬: (눈을 감고, 호흡을 느리게 한다.)

치료사: 당신 안에서 자비로운 특성들이 일어나는 것을 느끼도록 하세요…… 괴로움에 대해 작업하고, 당신 자신과 다른 이들을 돕고자하는 친절한 동기…… (침묵) 깊이 들여다보고 다양한 관점에서 이해할 수 있는 지혜…… (침묵) 닥쳐오는 어떤 것이든 다룰 수 있다는 자신감과 용기…… (침묵) 준비가 되면, 눈을 뜨고, 이러한 자비로운 특성들을 당신 안으로 데려옵니다.

조쉬: (눈을 뜬다.)

치료사: 이제, 자비로운 자기의 이야기를 들어볼 겁니다만, 전 조금 설정을 해 놓고 싶네요. 우리는 모두 이렇듯 화나고, 불안하고, 슬픈, 다양한 버전의 자신들을 가지고 있죠. 그런데 우리는 어떤 부분이 책임을 맡을지 결정할 수 있습니다. 우리가 배에 타고 바다에 나와 있다고 상상해 보세요. 우리가 삶에서 풍랑을 만나는 것과 같이, 큰 폭풍이 온다고 상상해 보세요. 천둥이 치고, 비가 내리고, 물이 배의 측면을 철썩거립니다. 이 정서적인 자기들은 (의자들을 가리키며) 배의 승객들입니다. 그들은 두렵고, 겁에 질려 있으며, 그들이 할 줄 아는 유일한 것들을 하고 있습니다. 당신의 화난 자기는 격노하고 비난합니다. 불안한 자기는 떨고 있고 걱정합니다. 슬픈 자기는 한쪽 구석에 쭈그리고 좌절합니다. 그들은 각자 최선을 다하고 있지만, 우리를 안전한 곳으로 인도할 능력이 없습니다. 그리고 여기에 당신, 자비로운 자기가 있습니다. 친절하고, 지혜롭고, 자신감 있는 버전의 당신인 자비로운 자기가 배의 선장이라고 상상해 보세요. 당신은 배 위에서 많은 시간을 보냈고, 폭풍은 종종 일어난다는 것을 알고 있습니다. 그리고 당신은 무얼 할지 알고 있습니다. 당신은 어떻게 배가 안전해지도록 할지 알고 있고, 도움이 필요할 때 어떻게 선원들에게 요청할지 압니다. 이 자비로운 선장은 또한 친절합니다. 당신은 승객들이 (제스처를 하며) 얼마나 공포스러워할지 이해하며, 그들이 각자 최선을 다하고 있음을 압니다.

조쉬: (끄덕인다.)

치료사: 다른 승객들을 보면서, 폭풍 같은 상황에 놓인 당신의 다른 버전들을 보면서 그들이 겁에 질릴 수 있다는 것이 이해되나요?

조쉬: 물론 그렇죠.

치료사: 그것이 어떻게 느껴지나요?

조쉬: 그들이 안됐어요. 그들은 겁먹었고, 뭘 해야 할지 몰라요. 그리고 그들이 할 줄 아는 것들은 도움이 안 됩니다.

치료사: 그렇다면 친절하고, 지혜롭고, 용감한 선장인 당신은 무얼 할 건가요? 그들을 어떻게 안심시키나요? 뭐라고 말할 건가요?

조쉬: 저는 그들에게 괜찮아질 거라고 말할 겁니다. 걱정하지 말라고, 제가 처리하겠다고요.

치료사: 그걸 들으면 그들이 어떻게 느낄까요?

조쉬: 아마 조금 낫겠지요.

치료사: 이제 당신의 현재 상황을 생각해 봅시다. 당신은 카렌과 언쟁을 했죠. 당신의 화난 자기는 그녀에게, 그리고 당신에게 격노하고 그저 뛰쳐나가고 싶어합니다. 당신의 불안한 자기는 용서를 구하고 싶어하지만 두렵고, 그렇게 했을 때 거절당할까 두렵습니다. 당신의 슬픈 자기는 포기할 태세로, 끔찍한 남편이자 아버지라고 느끼며, 어떤 것도 소용없다고 느낍니다. 그들에게 뭐라고 말할 건가요? 어떻게 안심시킬 건가요?

조쉬: 그들에게 세상이 끝난 것은 아니라고 말할 겁니다. 마음 깊은 곳에서, 전 카렌, 클로이, 에이든과 함께하고 싶다는 걸 알아요. 그리고 그들은 저와 함께하길 원합니다. 저에게 그렇게 말했어요. 비록 서로를 닦달할 때도 있지만, 전에 그랬던 것보다는 훨씬 줄었죠. 어젯밤에도 전 계속하지 않고 그만두었습니다. 카렌은 제가 노력하고 있다는 걸 알고, 고마워하고 있어요. 그녀는 지난주에 내가 상담에 가고, 그걸 유지하고 있어서 자랑스럽다고 말했어요.

치료사: 그렇다면 당신은 모두 다 잃은 것이 아니라고, 상황은 나아지고 있다고 안심시킬 건가요?

조쉬: (끄덕인다.) 실제로 나아지고 있어요. 우리는 정말 좋은 주말을 보냈어요. 호수에 가고, 수영을 하고, 물고기를 잡았죠. 요 근래 가장 좋은 시간들이었고, 전 한 번도 화내지 않았어요.

치료사: 당신은 보통 호수에서 화가 나나요?

조쉬: 음, 에이든은 어린 아이라서 항상 낚싯줄이 엉키게 하거나 미끼를 잃어버려요. 예전

에 저는 짜증이 났었고, 에이든이 더 주의를 기울일 필요가 있다고 훈계를 하여 모든 것이 얼어붙게 만들었죠. 이번에는 신경조차 쓰이지 않았어요. 전 스스로에게 저도 엉켜 버리게 할 때가 있고, 에이든은 그저 어린 애일 뿐임을 상기시켰어요. 일부러 그러는 것은 에이든은 아니잖아요.

치료사: 훌륭하군요, 조쉬. 그것이 바로 자비의 모습이에요. 다른 사람의 관점에서 이해해 보려고 노력하고, 도움이 되고자 하는 것이죠.

조쉬: 음, 그 일로 잔뜩 흥분하는 것보다는 훨씬 나았어요.

치료사: 어젯밤의 상황으로 돌아갈 수 있다면, 그리고 당신의 자비로운 자기 관점에서 작업해 볼 수 있다면 무언가 다르게 해 볼 건가요?

조쉬: 그럴 거예요. 먼저, 애초에 흥분하지 않도록 노력할 겁니다. 그리고 아내가 의도적으로 나를 비난하려고 했던 것은 아니라는 걸 나 자신에게 상기시키려고 하겠죠. 아내는 아마 잔디가 점점 자라는 걸 알아차렸을 거고, 언제쯤 깎을 수 있을지 알고 싶었을 거예요.

치료사: 만일 당신이 흥분을 하게 되었고, 논쟁이 불거졌다면 어땠을까요? 그 후에 당신의 자비로운 자기는 다르게 행동했을까요?

조쉬: 네. 전 사과를 하고, 아내에게 가능한 한 빨리 처리하겠다고 말할 겁니다. 그리고 조금 참고 저를 기다려 달라고 부탁할 거예요. 전 아내가 그렇게 할 수 있다고 생각해요. 제가 정말 노력하고 있다는 걸 알기만 한다면요.

이 삽화는 다중 자기 연습의 몇 가지 특징적인 측면들을 보여 주고 있다. 치료사는 내담자가 다양한 정서적 '자기들'의 관점으로 들어가도록 안내하고, 신체적인 감각부터 시작하여 이러한 감정들과 연관된 느낌, 생각, 동기를 탐색하도록 한다. 호흡 연습을 통해 전환이 수월해지고, 미식축구에 관한 농담을 주고받으며 분위기가 조금 가벼워진다. 치료사는 하나의 정서적 자기로부터 다른 자기로 부드럽게 이동하기 위해 내담자의 이야기에서 자연스러운 전환점을 찾았고, 마음의 '팔레트 세척제'를 사용함으로써 다른 자기로의 관점의 전환을 용이하게 만들 수 있었다.

때로 내담자들은 위협적이거나 친숙하지 않게 느끼는 정서적 '자기'의 탐색을 주저할 수 있다. 조쉬가 슬픈 자기의 관점으로 들어가는 것을 망설일 때, 치료사는 격려하며 자신이 지지하고 있음을 내담자에게 알리며 안심시킨다. 이후에도 치료사는 내담자가 이와 같은 취약한 관점으로 들어가도록 의지를 강화시키고, 계속되는 작업으로 연결한다("그것이 자비의 용기입니다."). 또한 치료사는 다양한 자기들 사이의 상호작용을 통해("화난 자기는 당신에 대해 어떻게 느끼나요?") 자기-비난의 역동을 탐색한다. 이러한 탐색은 시간이 허락한다면 더 심화하여 진행할 수 있다("당신의 슬픈 자기와 불안한 자기는 화난 자기에 대해 어떻게 느끼나요?").

마지막으로, 치료사는 '배의 선장' 은유와 다양한 연상을("그들을 어떻게 안심시킬 건가요?") 통해 자비로운 자기로의 전환을 위한 준비를 하는 데에 충분한 시간을 사용했다. 치료사는 내담자가 이전의 치료 작업을 통해 자비로운 자기의 관점과 얼마나 깊이 연결할 수 있는가에 따라, 자비로운 관점을 촉진하는 데 보다 적극적일 수도 있고, 그렇지 않을 수도 있다. 자비로운 관점을 촉진할 때는 내담자를 대신하여 '적합한 말을 해' 주기보다는 특정한 감정적인 지향을 담은 질문을 제시하는 것이 좋다("그들이 얼마나 두려울지 이해하나요? 그들을 어떻게 안심시킬 수 있을까요?"). 잘 진행된다면, 내담자의 문제 상황에 대한 전환이 일어나면서, 조쉬가 했던 것처럼, 자비로운 관점을 제공할 준비가 된다. 이후 자비로운 관점을 가져와 문제 상황에 대한 내담자의 느낌과 미래에 보다 도움이 되는 방식으로 유사한 상황을 다룰 수 있는 방법에 대해 이야기하게 한다. (이 사례에서는 아니지만) 치료사가 할 수 있는 또 다른 방식은 자비로운 자기가 다른 자기들에게 직접 말하도록 하여, 그들을 안심시키고 도움을 제공하는 것이다.

연습 마무리 짓기

이 연습(과 다른 모든 연습들)을 정리하며 마무리 짓는 것은 중요하다. 우리는 연습이 내담자에게 어떻게 경험되었고, 무엇을 배웠는가를 탐색할 필요가 있다. 만일 내담자가 특정한 자기의 관점에 들어가는 것을 어려워했거나 다른 문제가 있었다면, 우리는 이를 인정하고 격려를 제공할 수 있다—이 연습은 무척 어려운 일입니다! 이런 상황은 치료사가 자신의 자비로운 자기의 관점을 끌어오기에 좋은 시점이다. 치료사는 연습의 어려움에 대해 동감하고 공감하면서 내담자의 느낌을 탐색하고, 내담자가 이 경험의 의미를 이해하도록 도울 수 있는 최선의 방법을 찾는다. 마무리 단계에서 유용한 몇 가지 질문들은 다음과 같다.

- 당신에게 이 연습이 어땠나요?
- 정서적인 자기들과 연결될 수 있었나요? 어떤 것이 쉬웠고, 또 어려웠나요?
- 한 자기에서 다른 자기로 전환하는 것이 가능했나요? 그러면서 어떤 어려움이 있었나요?
- 자비로운 자기의 관점에서 이 감정들을 볼 때 어땠나요?
- 각각의 자기의 반응들이 어떤 의미인지 이해할 수 있었나요?
- 이 연습에서 무엇을 배웠고 앞으로의 우리 작업에서 해 볼 수 있는 것은 무엇일까요?

자비로운 자기 작업을 할 때, 우리는 어려움을 인정하고 성취를 축하하면서 노력을 강화하는 것을 강조한다. 핵심은 내담자가 자신의 감정과 상황 모두에 자비를 일으키도록 시도하고 돕는 데 있다.

요약

이 책의 마지막 부분에 다중 자기 연습을 배치한 이유는 이 연습이 CFT의 전 과정을 아우르는 많은 주제들을 통합하고 있기 때문이다. 불편한 감정과 상황을 피하는 대신에, 내담자들은 두려운 경험들을 판단이 아닌 따뜻한 태도를 갖고 자비롭게 대함으로써 그것들을 진실로 이해할 수 있도록 도움받는다. 내담자들은 이러한 감정들에 빠져 갇히지 않고도 그것들을 느낄 수 있다는 사실을 배움으로써 자신감을 키울 수 있고, 이러한 감정들이 자신 안에서 일어나는 것이 어떤 의미를 갖는가를 숙고할 수 있다. 정서적인 갈등을 탐색함으로써 내담자들은 다양한 감정들이 다른 감정들을 촉발하는 방식에 대해 배울 수 있다. 예를 들어, 사람들은 슬픔을 피하기 위해 분노로 전환하거나, 분노, 슬픔, 두려움이 일어날 때 불안을 경험할 수 있다. 내담자들은 이러한 감정들이 '배를 조종'할 능력은 없지만, 자신의 중요한 일부라는 것을 받아들이고 관계 맺는 방법을 배운다. 마지막으로, 이 연습은 내담자들이 어려운 감정과 그것을 촉발시키는 상황을 효과적으로 다루는 데 도움이 되는 자비로운 자기의 관점을 강화하도록 돕는다.

CFT Made Simple 15장

제3의 물결에 합류하기: CFT를 당신의 치료에 통합하기

지금은 정신건강 전문가에게 흥미진진한 시대이다. 최근 수십 년 동안 우리는 인간 행동에 대한 새로운 이해를 획기적으로 빠르게 성취해 오고 있다. 비록 빙산의 일부만을 살펴보았지만, 신경과학, 행동과학 그리고 정서에 관한 연구들이 급속히 증가함으로써 인간의 기능에 대한 진정한 통합적 이해가 가능해졌다. CFT는 인간이란 무엇인가에 대한 진화적이고 통합된 이해를 제시하고자 하며, 사람들이 자신의 어려움을 따뜻함과 수용으로 대하고 효과적으로 해결하도록 돕기 위해 이러한 과학을 강력하고 실용적인 방법으로 변환하려고 한다.

CFT 치료사는 어떠한 사람인가

이 책을 쓰면서, 나는 다른 치료와 구별되는 CFT의 특징을 강조하려고 노력했다. 특히 이 책과 같은 '개요서(Made Simple)'에서는 치료의 기본 요소 외의 보다 상세한 내용을 포함하는 것을 지면이 허락하지 않는다. 이러한 이유로 나는 CFT와 완전히 일치하더라도 다른 접근에서(예: Kristin Neff와 Chris Germer의 훌륭한 마음챙김 자기–자비 프로그램, Neff & Germer, 2013) 잘 설명하고 있는 자비 개입은 이 책에서 다루지 않기로 결정했다. 이 책 안에 있는 다양한 사례들을 읽으면서 당신은 다음과 같은 의문을 가질 수도 있다. "CFT 치료사는 환자에게 노출 치료를 사용할까?" "사회기술 훈련, 활동 스케줄링, 행동 활성화는 어떠한가?" "CFT 치료사는 내담자가 자신의 가치를 탐색하도록 시도하나?" 이 모든 질문에 대한 대답은 전적으로 "그렇다!"이다.

CFT 치료사들이 가진 핵심 가치는 좋은 과학을 무시하지 않는다는 것이다. 이는 CFT가 이론적이고 실제적인 관점 모두에서 끊임없이 진화하고 있다는 것을 의미한다. 예를 들어, 지난 몇 년 동안 우리는 다미주 신경이론(polyvagal theory)에 대한 Stephen Porges의 훌륭한 연구와(예: Porges, 2011) 부교감 신경계의 놀라운 작용을 보여 주는 다른 연구들을 고려하면서 호흡과 신체 작업에 더 많은 중점을 두어 왔다. 우리는 기억 재통합의 새로운 과학을(Monfils, Cowansage, Klann, & LeDoux, 2009; Schiller et al., 2010) 고려하여 노출 치료 과정 안에 자비로운 자기 작업을 적용하는 방법을 개발했다(Kolts, Parker, & Johnson, 2013). 내 친구이자 동료인 Dennis Tirch, Benji Schoendorff 그리고 Laura Silberstein은 CFT의 자비를 수용-전념치료(ACT)의 이론적 관점과 통합하는 작업을 했다(Tirch, Schoendorff, & Silberstein, 2014). 나 또한 CFT에서 위협 체계의 보다 정밀한 프로세스를 이해하기 위해 관계구성틀 이론(Hayes, Barnes-Holmes, & Roche, 2001)의 함의에 점점 더 흥미를 느끼고 있다.

'자비'라는 단어를 들었을 때, **경험주의**(empiricism)를 꼭 떠올릴 필요는 없다. 하지만 CFT 관점에서 볼 때, 우리가 할 수 있는 가장 자비로운 일 중 하나는 인간 고통의 근원과 역동을 실제로 더 잘 이해하고, 이를 완화하고 예방하는 데 도움이 되는 효과적인 방법을 연구하고 개선하기 위해 최선을 다하는 것이다. 자비는 단지 도움이 되고자 하는 느낌이 아니라, **효과적으로 돕는 것**에 관한 것이다. 이러한 방식으로, 과학은 자비에 있어 핵심이 되며, CFT 치료사는 좋은 과학에 기초해 있다면 어떠한 방법이라도 활용하려 할 것이다. 따라서 CFT를 배운다고 해서 당신이 이미 작업에 활용하고 있는 방법들을 포기할 필요는 없다.

하지만 바꾸어야 할 것이 있다면 그것은 당신이 그러한 방법들을 실행하는 방식이다. CFT는 자비에 기초해 있기 때문이다. 자비에 대한 강조는 치료사가 내담자와 관계하는 방식 그리고 내담자가 자신과 타인과 관계하는 것을 돕는 방식을 포함한 치료의 모든 측면에 반영되어야 한다. CFT는 기본 정서 체계에 대한 이해에 바탕을 두고 있으며, 이것은 CFT가 항상 따뜻함을 포함하고(내담자와 작업하는 과정에서 표현되는), 내담자가 자신의 경험을 수치심보다는 이해와 친절로 대하고, 스스로 안전감을 만들어 낼 수 있게 도우며, 실제로 두려워하는 것들에 접근하고 작업할 수 있는 정서적 용기를 계발하는 데 중점을 둔다는 의미이다. ACT와 마찬가지로, CFT는 우리를 불편하게 하는 느낌과 경험에서 벗어나는 것이 아니다. 이는 우리를 괴롭게 하는 것이라 할지라도 우리의 마음과 세상에 존재하고 있는 것들을 **향해** 효과적이고 자비로운 방식으로 다가가서 작업하는 것이다. CFT에서는 무엇을 하든 항상 따뜻함, 이해, 안전감 그리고 용기에 중점을 둔다.

CFT와 다른 모델들

이 책을 쓰면서, 나의 의도는 치료사들을 CFT로 전향하게 하는 것이 아니라, 당신이 현재 어떤 치료 양식을 사용하고 있더라도 치료사로서 당신의 역량을 발전시키는 데 도움이 될 수 있는 자비로운 관점과 이해 그리고 기법을 제공하는 것이다. 알아차렸겠지만, CFT는 다른 치료 접근들과 많은 공통

점을 갖고 있다. CFT와 ACT, DBT, EFT와 같은 접근 사이의 공통적인 근거 중 일부에 대해서는 이미 논의했지만, 다양한 치료 배경을 가진 사람들 또한 CFT와 다른 모델들과의(갑자기 떠오른 것이지만, 애착 치료 접근, 심리도식치료, 새로운 정신역동적 접근과 같은) 유사점을 발견할 수도 있을 것이다. 나는 내담자들이 따뜻하고 자비롭게 자신과 자신의 문제, 그리고 다른 사람들과 관계할 수 있도록 돕는 데 있어, 많은 다른 전통의 치료자들이 자신의 현재 치료 방식을 심화시킬 수 있는 어떤 것을 이 책에서 발견하기 바란다.

CFT가 이론적으로 다른 접근들과 연결되는 지점을 고려해 볼 때, 불편한 생각과 감정을 제거하기보다는 불편한 생각과 감정과의 관계를 바꾸고, 마음챙김을 배양하며, 적응적이고 의미 있는 삶을 살도록 사람들을 돕는 것에 우선순위를 둔다는 점에서(단순히 증상을 감소시키는 것과 비교하여) 나는 CFT가 행동 치료의 '제3의 물결'에 속한다고 여긴다. 약간 더 확장한다면, 나는 또한 CFT가 일반적으로 맥락적 행동 과학(CBS) 영역 내의 ACT나 기능분석 치료(FAP)와 같은 치료들과 같은 선상에 있는 치료 접근으로 본다. CBS의 철학적 핵심인 기능적 맥락주의는 생각과 감정 그리고 동기까지도 포함할 수 있는 행동의 기능이 그것이 일어나는 맥락 내에서 이해되어야 한다는 점을 강조한다. 인간 기능을 이해함에 있어, CFT는 '맥락'의 의미를 엄격한 행동적 용어로부터 의미를 확장해 우리 삶에서 감정, 동기 그리고 행동 표현이 일어나는 방식을 형성하는 진화론적 맥락뿐만 아니라 감정, 인지 그리고 행동에 영향을 미치는 신경학적 맥락도 포함한다.

이것은 관점에 따라 CFT 접근의 강점이 될 수도 약점이 될 수도 있다. 이것은 확실히 상충적이다. 나는 감정과 동기의 진화된 기능을 고려하고, 뇌와 신체에서 감정이 작동하는 방식에 대한 신경과학적 기초를 이해하는 것이 내담자들이 직면한 문제에 수치심을 느끼지 않도록 돕는 데 엄청나게 큰 힘을 갖는다고 생각한다. 감정이 자신의 방식대로 일어나는 이유를 이해하는 것은—우리가 이런 과정을 설계하지 않았기 때문에 이것은 우리의 잘못이 아니다

―사람들이 자신의 경험에 대해 스스로를 비난하는 것을 멈추고 이러한 경험을 효과적으로 다룰 수 있도록 돕는 데 있어 매우 강력한 방법이 될 수 있다.

그러나 정직한 CFT 치료사라면, 엄격한 경험주의의 관점에서 이러한 설명을 도출하는 것에는 희생이 따른다는 점을 인정해야 한다. 행동주의자들은 감정과 동기의 진화론적 기원과 진화된 기능에 대한 존재론적 진술이 상당 부분 경험적 관찰과 배치된다고 말할 것이다. 이것은 꽤 공정한 비판이다.

이러한 문제를 스스로 평가하면서, 나는 상충되는 주장이 그만한 가치가 있다고 결론 내렸다. 나는 우리가 계속해서 과학의 진보를 주시한다면, 행동주의적 맥락뿐 아니라 진화와 신경학적 맥락에서 감정과 동기의 기능과 역동을 함께 고려하는 것의 이점은 이러한 절충적 관점을 정당화해 줄 수 있으며, 또한 이렇게 하는 것이 감정과 동기를 이해하는 최선의 방법이라고 생각한다. 달라이 라마가 "과학이 불교의 일부 측면을 반증한다면, 불교도 바뀌어야 한다."라고 말한 것은 잘 알려진 사실이다. 나는 이것이 CFT에 대해서도 마찬가지여야 하며, 경험적 기반을 갖추고자 하는 어떠한 접근에도 적용되어야 하는 말이라고 생각한다. 어떤 치료 접근이 견고하고 관찰 가능한 과학을 통해 확립된 신조를 넘어서는 범위까지 확장되려면, 그 접근은 새로운 데이터에 근거하여 변경될 수 있어야 한다(물론, 모든 접근들이 새로운 데이터에 근거해서 변화를 받아들이기를 희망한다). 독단주의는 아무에게도―적어도 우리의 환자에게는―도움이 되지 않는다. 반면, 겸손은 인간의 고통을 제거하고 예방하기 위한 더 나은 일을 하는 데 있어 지속적으로 개선될 수 있는 접근법을 약속한다.

당신의 치료실로 CFT를 가져오기

나는 당신이 CFT에서 유용한 것들을 발견하고, 배운 것을 당신의 치료 현장에 적용할 수 있기를 희망한다. 이를 위한 한 가지 방법은 한 임상 사례를 선택하여 내가 이 책에서 제시한 과정을 따라 치료를 시도해 보는 것이다. 나는 이 책에서 관계, 이해, 마음챙김 자각, 그리고 자비의 배양을 포함하는 다양한 단계들을 통합하고자 했다. 이것이 너무 많다는 느낌이 들면, 여기서 발견한 요소들 중 당신이 치료에서 일반적으로 행하는 것이 아닌 한두 가지 요소를 당신의 치료에서 시도해 보기 바란다. 다음의 내용은 CFT를 당신의 치료에 통합하고자 할 때 도움이 되는 몇 가지 제안들이다.

치료사로서 당신이 하고 있는 역할을 고려하라

우리는 CFT 치료사가 수행하는 다양한 역할들—교사, 안내를 통한 발견 과정의 촉진자, 안전 애착 기지, 그리고 자비로운 자기의 모델—에 대해 논의했다. 우리는 치료 상황에서 우리가 수행하고 있는 역할과 그 역할을 수행하는 최선의 방법은 무엇인가에 대해 생각할 수 있다. 우리는 치료적 관계의 맥락에서 어떤 기능을 수행하고 있으며, 치료 목표와 방향을 촉진하기 위해 우리의 존재를 어떻게 사용해야 하는가? 치료사로서의 자신의 역할에 조금 더 주의를 기울이고, 자신이 취하고 있는 역할이 '지금 나는 무엇을 해야 하는가?'라는 질문에 대한 명확한 답을 주는가를 숙고해 보라. 이런 방식으로, 우리는 자비로운 자기 연습에서 하는 것처럼 치료 회기 밖에서 치료 작업에 관해 성찰해 볼 수도 있다. 예를 들어, 내담자가 우리에게 커브볼을 던질 때, 우리는 교사, 촉진자, 안정 기지, 혹은 자비로운 모델의 관점에서 '지금 일어나고 있는 것을 어떻게 이해해야 하지?' '나는 어떻게 반응해야 하나?'와 같은 질문을 숙고해 볼 수 있다.

필요할 때 진화 모델을 사용하라

우리가 진화에 대해 심도 있게 논의할 필요는 없다. 실제로, 이런 논의는 일반적인 상황에서는 도움이 되지 않는다. 하지만 사람들이 위협이나 충동 혹은 안전감을 느낄 때 몸과 마음에서 일어나는 다양한 것들을 이해하도록 돕는 것은 유용할 수 있다. 위협 감정을 자신을 보호하기 위해 진화된 것으로 생각해 보는 것은 내담자들이 자신이 왜 이러한 감정에 자주 '갇히는가'를 이해하는 데 도움을 준다. 이러한 감정들이 주의, 사고, 정신적 이미지를 지각된 위협의 근원에 협소화시키는 것은 자연스러운 일이며, 이러한 일이 일어나는 것은 분명 내담자의 잘못이 아니다. 스스로 안전감을 만들어내서 이 과정을 변화시킬 수 있다는 것을 학습함으로써(보다 유연한 주의와 추론, 성찰적 사고와 친사회적 경향을 촉진함으로써), 이러한 감정들과 작업하고자 하는 내담자들의 동기는 커질 수 있다. 내담자가 무엇을 해야 하고, 왜 또는 어떻게 그 행동이 도움이 될지를 이해하도록 돕는 것은 새로운 작업에 대한 자발성을 구축하는 데 매우 효과적이다.

소크라테스식 대화법을 사용하여 자기에 대한 공격을 약화시켜라

진화 모델의 사용 여부와는 상관없이, 우리는 소크라테스식 대화법을 사용하여 내담자들이 자신의 내적 경험에 대해 스스로를 수치스럽게 느끼는 것이 아니라, 그들이 선택하거나 설계하지 않은, 그래서 문자 그대로 그들의 잘못이 아닌 삶의 많은 측면이 있다는 것을 자각하도록 도울 수 있다.

- "그 감정에 대한 당신의 경험은 무엇인가? 화를 내고/두려워하며/억울 하도록 당신이 선택했는가? 아니면 그런 느낌이 그냥 당신의 마음과 몸 에서 일어났는가?"
- "당신은 언제 당신이 _____ 을 배웠는가? 어떤 경험이 당신이 그 렇게 하도록 가르쳤는가?"
- "당신의/그녀의/그의 배경에 대해 우리가 알고 있는 것을 고려한다면,

당신/그녀/그가 이런 방식으로 느끼고/생각하고/경험하는 것은 어떤 의미가 있는가?"

• "당신 안의 자기-비난자는 언제 어떤 이유로 당신을 공격하는가? 그때의 느낌은 어떠한가? 당신 자신을 공격하도록 자극하는 것은 무엇인가? 그것을 멈추기 위해 당신은 무엇을 하는가?"

이와 같은 질문들은 내담자들이 자신이 선택하거나 설계하지 않은 것들로 인해 스스로를 공격하는 경향을 줄이고, 삶의 맥락에서 자신의 경험과 행동을 이해할 수 있도록 도울 수 있다. 다른 말로 하면, 이 질문들은 내담자들이 자신의 삶을 좀 더 나은 방향으로 만드는 것에 대해 자비롭게 책임을 질 수 있는 무대를 마련해 준다.

마음챙김의 촉진자로 세 개의 원을 활용하라

자신의 생각과 감정을 마음챙김의 방식으로 관찰하고 수용하는 데 어려움을 겪는 내담자들은 때로 세 개의 원이 가진 단순성으로부터 도움을 받을 수 있다. 내가 본 많은 내담자들은 생각을 관찰하거나 감정을 인식하는 것을 매우 어려워했지만, 이러한 생각과 감정들이 세 개의 원 중 어디에서 활성화되는가는 쉽게 이해할 수 있었다. 세 개의 원이 우리의 마음과 몸을 조직하는 방식에 대한 이해는(예: 위협 감정은 주의와 사고를 협소화하고 초점화하는 경향이 있으며, 안전감은 성찰적이고 유연하며 친사회적인 경향으로 이끈다), 내담자가 '나는 어느 원 안에 있는가?'를 인식하는 데 매우 강력한 도움이 된다. 앞에서 언급한 바와 같이, 치어리더 코치였던 나의 한 학생은 이를 기억할 수 있는 명쾌한 방법을 생각해냈다. "잘 모르겠으면, 원을 그려라!"

내담자와의 상호작용에서 세 개의 원을 활용하라

치료실에서도 '원 그리기'를 할 수 있다. 나는 치료 계획을 세우고 치료에서 발생하는 문제와 작업하는 데 있어 세 개의 원을 사용하는 것이 도움이 된다는 것을 알게 되었다. 예를 들어, 내가 생각하는 대략적인 치료 목표는 안전 대 추동 대 위협의 비율이 3:2:2 정도가 되게 하는 것이다. 치료 환경에 관한 나의 목표는 내담자들이 안전감을 경험하게 함으로써 스스로 안전감을 창조하는 방법을 배울 수 있게 하는 것이다. 좋은 치료는 내담자들이 자신의 삶을 변화시키기 위한 노력을 고무하고 동기부여할 수 있도록 추동 체계를 촉진하는 것이다. 마지막으로, 실제 문제와 작업할 경우 치료에서 상당한 위협이 경험될 수 있다. 그러나 핵심은 균형을 유지하는 것이다. 치료에서 위협 경험은 의도적으로 유발될 수 있으며, 치료사는 이와 자비롭게 작업한다. 치료는 단순히 안전감만을 키우는 것이 아니다. 우리는 다양한 감정 경험과 동기들이 당면한 상황에 맞게 일어나고 유발될 수 있는 유연하고 유동적인 균형을 추구한다. 이와 함께, 우리는 지각된 위협과 적절하게 작업하고, 치료 목표를 달성하기 위한 동기를 활성화하고 유지하며, 편안함이 경험되고 의미와 가치의 문제를 성찰할 수 있는 안전감의 맥락을 창조하고자 한다.

세 개의 원은 치료에서 어려움이 발생하거나 치료 관계가 바라는 대로 나아가고 있지 않을 때도 유용하게 활용할 수 있다. 때로 의도치 않게 치료사가 내담자에게 위협의 단서가 될 수도 있다. 여기서 역전이 문제를 생각해 볼 수 있다. 치료사의 위협 체계나 추동 체계가 내담자의 행동에 의해 촉발되거나, 내담자가 치료사의 과거 조건화를 자극할 수 있을 것이다. 치료사는 또한 새로운 치료 계획에 흥분해서 추동 체계에 사로잡힌 채 내담자의 상태에 무관심할 수도 있다. 치료가 난관에 봉착하거나 치료 관계에 문제가 발생할 경우, 치료사 스스로 혹은 내담자와 함께 세 개의 원을 사용하여 상황을 검토해 보는 것이 때로 문제의 실마리와 방향을 찾는 데 도움을 줄 수 있다.

- 나는 내담자의 어떤 원을 촉진하고 있는가? 나는 어떤 원이 촉발되기를 원하는가?
- 어떤 원이 주도적으로 나에게 일어나고 있는가?
- 이러한 상황과 작업할 때 나와 내담자 모두가 균형을 유지하는 데 도움이 되는 것은 무엇인가?

때로는 벌어지고 있는 상황에 단순히 이름을 붙이고 여유를 가지면서 회기 안에서 어떤 일이 일어나고 있는가에 대한 과정 차원의 토론을 하는 것이 큰 도움이 된다. 세 개의 원은 자비로운 방식으로 이 작업을 할 수 있도록 도울 수 있다. "우리의 위협 원들이 서로 부딪히고 있는 것처럼 보여요. 실제 삶의 문제를 다룰 때 이런 일이 일어나곤 하지요. 잠시 시간을 갖고 진정 리듬 호흡을 한 후에 어떻게 하기를 바라는지 생각해 보았으면 해요."

자비로운 자기의 관점을 활용하라

자비로운 자기 연습의 한 가지 좋은 점은 이 친절하고, 지혜로우며, 용기 있는 관점이 확립되면, 이것을 치료의 다른 측면을 촉진하는 기준점으로 사용할 수 있다는 것이다. 몇 가지 사례를 살펴보자.

기준점(anchor-point)으로서의 자비로운 자기

행동 활성화가 정서 변화에 미치는 의미 있는 영향에 대한 인식이 점점 더 커지고 있다. 내담자를 가치에 기반한 목표의 방향으로 움직이게 하는 것만으로도(ACT의 주요 초점) 대단히 강력한 정서 변화를 이끌어 낼 수 있으며, 불안이나 우울 문제에 대한 가장 좋은 치료 프로토콜들은 내담자가 피하려고 하는 삶의 문제들을 다룰 수 있도록 돕는 행동 활성화 작업을 포함한다. 이 작업은 회피 행동이 몸에 배어 있고, 습관적으로 행동을 미루며, 매우 우울하고, 동기와 관련된 문제를 갖고 있는 내담자들에게는 어려운 일일 수 있다. 스스로 '최고의 동기부여자'의 역할을 해야 한다고 생각하는 치료사들은 의도치 않게 강압적인 치료 환경을 만들어 내담자들을 무력화시킬 수 있을 뿐 아니라, 그들을 행동하게 하려는 치료사의 노력에 대해 저항을 불러일으킬 수도 있다. 그러나 이러한 내담자들이 자비로운 자기의 관점과 연결될 때, 이러한 관점은 동기부여자의 역할을 치료사로부터 내담자에게로 전환시키는 데 도움이 된다. "당신의 자비로운 자기는 당신이 무엇을 해야 하는지 알고 있나요?" "만약 그 친절하고, 지혜로우며, 용기 있는 당신의 자비로운 자기가 여기에 있다면, 어떤 숙제를 내줄 것 같은가요?" 이러한 질문은 내담자들이 회피와 저항의 관점으로부터 실제로 자신이 할 필요가 있는 행동에 대한 통찰적인 지혜의 관점으로 전환할 수 있게 도와줄 수 있다. 이것은 또한 내담자들이 자비로운 자기의 관점으로 전환하고, 이 관점에서 행동함으로써 스스로에게 힘을 실어 주도록 도울 수 있다.

노출 치료에서의 자비로운 자기

역사적으로 노출 치료는 우리가 사용할 수 있는 가장 효과적인 치료 방법 중 하나이지만, 임상가들이 가장 회피하는 방법이기도 하다. 두려운 기억과 상황에 접촉하는 것은 내담자들에게는 혐오스러운 경험이 될 수 있기 때문에, 내담자가 노출 연습에 참여하도록 동기부여하는 것은 내담자와 임상가 모두에게 쉽지 않은 일이다. 그러나 다양한 문제들의 핵심 치료 요소로서 노출을 지지하는 대단히 많은 문헌들이 존재한다.

CFT에서 자비로운 자기는 노출 치료에 참여하게 하는 동기부여자로써 그리고 내담자와 치료사 모두가 노출 치료에 참여하는 것을 더 편안하게 만드는 수단으로써 사용될 수 있다. 우선, "당신의 자비로운 자기는 우리가 무엇을 해야 하는지 알고 있나요?"라는 질문은 노출 치료에 대한 동기를 부여하는 데 도움이 될 수 있다. 많은 내담자들은 목표를 향해 나아가기 위해 해야 할 일은 두려움에 직면하는 것임을 직관적으로 알고 있다(또는 소크라테스식 탐색을 통해 알게 된다).

또한 자비로운 자기 작업을 노출 치료에 통합하는 연구를 수행한 몇 가지 연구는 유망한 (아직 출간되지는 않았지만) 예비적 결과를 보여 주고 있다(Kolts, Parker, & Johnson, 2013). 수년에 걸쳐 여러 이론가들은 노출 치료 프로토콜에 심상적 요소들을 추가해 왔다. 최근, 기억 재통합에 대한 흥미로운 최신 연구에 따르면(예: Monfils, Cowansage, Klann, & LeDoux, 2009; Schiller et al., 2010) 노출 과정 동안 일정한 시간 제약을 사용하거나 공포스럽지 않은 새로운 요소를 추가함으로써, 노출은 새로운 학습을 가능하게 할 뿐 아니라 원래의 공포 기억의 변화 또한 이끌어 낼 수 있다는 것을 보여 준다. 이 연구자들은 공포 기억에 대한 초기의 심상적 재노출에 따라 대략 10분 정도 '재통합 창'이 열리는 것으로 보이며, 이 시간 동안 공포 기억 자체를 어느 정도 변화시킬 수 있다는 것을 관찰했다. 이 시간 동안, 기억을 '다시 쓰기' 할 수 있는 새로운 요소들이 도입됨으로써 공포는 더 이상 표현되지 않는다(Schiller et al., 2010).

CFT에서 이러한 작업은 내담자가 처음에 공포 기억을 불러일으키게 함으로써 수행될 수 있다. 예를 들어, 내담자는 어떤 급성의 트라우마 기억이나 오래된 트라우마 기억 중에서 특별히 공포스러웠던 장면인 '핫 스팟'을 떠올릴 수 있다. 재통합 문헌에 따르면, 공포 기억의 초기 회상과 그 기억이 새로운 정보를 통해 업데이트될 수 있는 지점 간에는 대략 10분의 시간이 있다. 우리는 이 시간 동안 내담자가 자비로운 자기의 관점으로 전환하도록 하는데, 진정 리듬 호흡 1분, 마음챙김 호흡 5분, 그리고 자비로운 자기 연습을 5분에서 7분 정도 실시한다(Kolts, Parker, & Johnson, 2013). 그런 다음 내담자에게 노출 치료의 표준 방식으로 공포 기억으로 돌아가도록 지시한다. 이때 현재 일어나는 기억의 감각적 측면과 느낌과 생각 모두에 집중하게 한다. 기억이 생생해지면 호흡을 느리게 하고, 자비로운 자기의 관점으로 전환하여 자신이 자비로운 자기로서 현재의 상황에 존재하고 있다고 상상하게 한다. 내담자의 자비로운 자기는 기억 속에 있는 취약한 자신을 관찰하고, 그러한 자신의 두려워하는 모습에 대해 자비를 느끼며, 가장 도움이 될 수 있는 방식으로 지지와 위안을 제공한다. 초점은 따뜻하고 친절한 느낌과 고통스러운 자신을 도우려는 소망을 일으켜서 취약한 자신에게 지지와 용기를 제공하는 것이다. "당신은 취약한 당신의 버전을 어떻게 도울 수 있나요?" "당신은 취약한 자기가 무엇을 이해하기를 바라나요?" "당신은 취약한 자기를 돕고 격려하기 위해 어떻게 할 건가요?"

계속해서 내담자는 자비로운 자기의 관점(현재 기억의 맥락 속에 있는)과 취약한 자기의 관점 사이를 오가도록 안내된다. 내담자는 그 상황 속으로 돌아가 여전히 남아있는 그 사건의 모든 두려운 측면들과 접촉하지만, 또한 거기에는 미래의 친절하고, 지혜로우며, 용기 있는 자신의 자비로운 자기가 함께한다. 자비로운 자기는 친절, 격려, 지지 그리고 이를 통해 당신이 만들어 낼 미래의 자기가 될 수 있다는 확신까지도 제공한다. 내담자의 고통을 평가하기 위해 주관적인 고통 평정치를 기준점으로 사용하고, 두 가지 버전의 자기 사이를 오가면서 치료가 진행된다.

이러한 변형된 노출 치료의 효과는 연구를 통해 체계적으로 평가되어야 하지만, 이 방식은 기억 재통합에 관한 최근의 과학적 연구와 일치하며, 예비적 연구들은 이러한 방식의 치료 개입이 전통적인 노출 치료에서 얻을 수 있는 치료 이득과 유사한 정도로 내담자의 고통과 회피를 유의하게 감소시킬 수 있음을 보여 주는 것 같다. 이러한 몇 가지 연구 사례들은 기억 재통합 연구와 일치하는 일화적 증거를 또한 보여 주는데, 이것은 내담자들이 다음과 같이 말하는 것과 같다. "기억은 여전히 거기에 있어요. 그렇지만 늘 거기에 있었던 두려움 대신에, 지지가 되는 그래서 외롭지 않은 어떤 경험이 거기에 있어요."(Kolts, Parker, & Johnson, 2013)

CFT Made Simple

결론

나는 당신이 CFT를 일관성 있는 치료 접근으로서 공식적으로 배우고자 했든, 아니면 현재 치료 접근에 몇 가지 새로운 기법과 관점을 더하고자 이 책을 선택했든 간에 당신이 활용할 만한 어떤 것을 발견했기를 바란다. 자비는 내담자가 수치심을 극복하고 자신의 어려움을 따뜻함, 용기, 격려, 그리고 더 나은 삶을 위한 헌신으로 작업할 수 있도록 도울 수 있는 강력한 수단을 제공한다.

나는 단계적인 과정과 연습을 통해 CFT를 조직하고 보여 주고자 시도했다. 즉, 치료적 관계 안에 구현된 역할, 진화 · 정서 신경과학 · 애착 · 행동과학의 이해에 기초한 인간 조건에 대한 자비로운 이해, 마음챙김 자각의 배양, 자비와 자비로운 힘의 목적 지향적인 계발의 단계들이다. CFT가 가장 최선의 기능을 할 때, 이러한 다양한 단계들은 서로를 심화하고 강화할 것이다. 특정 연습과 기법을 선택하여 개별적으로 사용할 경우에도, 나는 당신이 이러한 모든 단계들을 고려하여 그것들을 전체 치료 과정에 어떻게 짜 넣을 것인가를 생각해 보기를 권고한다.

시작할 때와 같이, 우리 자신의 입장료에 대해 다시 생각해 보면서 마무리를 해 보자. 우리가 인간으로 살아가고자 한다면, 고통과 괴로움을 피할 수 없다. 우리 모두는 어려움, 실망, 도전과 슬픔을 겪을 것이다. 우리가(그리고 내담자들이) 이런 것들을 만나기를 원하지 않는다는 것은 이해할 만한 일이다. 우리는 우리를 불편하게 만드는 것들을 거부하고 회피하는 것을 더 좋아한다. 그러나 삶의 불편함은 거부되거나 회피되지 않는다. 오히려 우리가 삶의 불편함을 최소화하려고 애쓰면 그것들이 줄 수 있는 깊은 의미들로부터 우리 스스로를 차단하게 만든다. 우리는 편안함을 유지하기 위한 끝없는 노력으로 점철된 삶을 구축할 수도 있고, 우리에게 매우 중요하고 의미와 안전, 충만과 기쁨으로 채우는 목표와 관계를 추구하는 삶을 계획할 수도 있다. 그러나 우리는 이 두 가지 중 어떤 것도 성공할 수 없다.

자비는 친절과 지혜, 용기를 갖고 우리를 두렵게 하는 것들을 향해 주의를 돌리고 그것들을 다룰 수 있는 방법을 알려 준다. 불편을 회피하려는 시도를 멈출 때, 우리는 고통을 향해 몸을 돌릴 수 있으며 그것을 깊게 바라볼 수 있다. 이를 통해 우리는 고통을 일으키는 원인과 조건 그리고 그것을 개선할 수 있는 방법까지도 이해하게 될 수 있다.

무엇보다도, 자비는 용기를 포함한다. 비통을 허용할 용기이다. 요점은 이렇다. 우리의 가슴은 어찌되었든 깨질 것이다. 나쁜 일은 우리 삶에서 언젠가 일어나며 우리 모두는 이런 일을 다룰 수 있는 방법을 발견해야 한다. 기억하라, 이것은 인간의 삶을 갖기 위한 입장료라는 것을. 질문은 이와 같다. 나쁜 일이 일어날 때 우리는 무엇을 할 수 있는가? 우리는 스스로를 닫아버릴 수도, 열 수도 있을 것이다.

우리가 삶이라는 놀라운 선물을 갖기 위한 대가로 고통과 비통을 받아들인다면 무슨 일이 일어날 것인가? 우리가 친절하고, 지혜롭고, 용기 있으며, 자비로운 자기로서 할 수 있는 것을 생각해 본다면 어떠한가? 우리가 스스로를 돌보고, 서로 지지하고 한마음으로 다른 사람들과 연결하면서, 우리의 삶과 세계를 긍정적으로 변화시키려는 용기 있는 작업에 참여한다면 어떤 일이 일어나겠는가? 우리에게 중요한 것을 향하도록 스스로를 지키고, 내담자들 또한 같은 것을 행하도록 도우며, 계속 나아가는 것, 이것이 자비이다.

후기: 자비로운 마음을 열기

이 책은 자비중심치료(CFT)의 훌륭한 입문 안내서이다. CFT는 자기-친절, 타인에 대한 자비, 마음챙김, 가치-기반 행동과 같은 주제에 관심을 두는 맥락주의적 인지행동치료 그룹에 속한다. 이와 같은 새로운 형태의 치료들이 사용하는 특정 이론과 기법들은 다양하지만, 그들은 명백히 서로 연결되어 있다. 이런 이유로, 나는 CFT의 전문가는 아니지만 이 책의 짧은 후기를 쓰도록 요청받는 영예를 안게 되었다. 따라서 내가 초점을 두려고 하는 것은 이 새로운 치료법들의 상호 연결성에 관한 것이다.

나는 일반적으로는 증거-기반 치료가, 특정해서 말한다면 인지행동치료가 증상의 제거나 증후군과 연관된 치료 기법의 유망한 패키지로서보다는, 문제들을 해결하고 인류의 번영을 증진시키는 증거-기반의 과정과 절차를 포괄하는 방법으로 조만간 자리매김할 것이라 예측한다. 이러한 변화가 일어날 때, 나는 과정-지향의 맥락적 치료 형태가 증거-기반 변화 원리들과 자비의 연관성을 더 크게 강조할 것이라고 기대한다. 자비는 진화, 학습, 정서, 인지 그리고 문화를 포함하는 기초 과학 영역의 관점에서 연구되고 있다. 따라서 내 의견으로는, CFT의 핵심 비전은 앞으로도 오랜 기간 이 분야에서 가치를 지닐 것이다.

이런 종류의 책들을 통해 치료사들은 이런 주제들이 치료에서 얼마나 중심적인 요소인가를 빠르게 인식할 수 있다. 이런 주제들이 중요한 이유는 현대 세계 자체 때문이기도 하다. 인간의 마음은 현대의 삶을 위해 진화되지 않았다. 끊임없이 이어지는 이미지와 소리를 쏟아내는 현대 기술은 화약고와 같은 인간 언어를 만들어 냈다. 상상 가능한 모든 것이 언어의 흐름 속에 있다. 상업적인 대중 매체의 편향으로 인해 용기, 사랑, 연결을 전달하는 메시지는 고통, 공포, 비난을 퍼뜨리는 메시지들에 의해 압도된다. 폭력적인 것이 주도하며 고통이 팔린다.

사실상, 소음이 미치지 않는 곳은 없다. 나의 몇 피트 옆에 텔레비전 리모콘이 있다. 내 아이폰은 겨우 몇 인치 떨어져 있다. 나는 지금 랩탑 컴퓨터를 타이핑하고 있으며, 신문은 의자 옆 마루 위에 놓여 있다. 의자에서 엉덩이를 들썩이지 않고서도 다음과 같은 소식들을 당신에게 말해 줄 수 있다; 샌드위치 가게 서브웨이를 대표하던 남성이 아동 성추행으로 감옥에 가게 되었다[1]; 뉴스 통신 기자 James Foley가 참수된 지 일 년이 지났다[2]; 남아가 운전 중이던 아버지의 폭행으로 사망했다; 이번 7월은 역사상 가장 더운 달이었다; 한 토크쇼 진행자가 불법 이민자에게 거주할 텐트를 주고 그들을 하인으로 임대하고 싶다는 말을 했다: 58세의 라틴계 노숙자가 Donald Trump의 이민 정책을 지지하는 남성들에 의해 두들겨 맞고 오줌 세례를 받았다.

이것들은 단지 하루에 들려온 소식들이다. 제대로 시작하려면 끝이 없을 것이다.

인간은 협동적인 영장류이며, 소속되고자 하는 욕망과 타인으로부터 정신적인 영향을 받는 성향이 뼛속과 언어 체계와 문화 속에 아로새겨져 있다. 협동하고 타인을 돌보는 능력은 우리가 문명사회를 건설한 원동력이다. 그것은 또한 우리가 텔레비전과 아이폰, 랩탑과 신문을 갖게 한 이유이기도 하다.

우리는 이런 능력을 낭만시해서도 당연한 것으로 여겨서도 안 된다. 타인

---

1) [역자 주] 서브웨이(Subway)의 전직 대변인이었던 Jared Fogle이 아동 포르노물 수집과 미성년자와의 성관계로 징역 15년형을 받은 사건을 말한다.

2) [역자 주] James Foley는 시리아 내전의 프리랜서 종군기자로 활동했으며, 이후 시리아 북서부에서 납치되어 미국의 이라크 공습에 대한 보복으로 이슬람 국가에 의해 희생당한 첫 번째 미국인이다.

을 향한 자비를 갖기 위해서, 우리는 그들의 관점을 수용할 필요가 있고 감정적으로 힘들 때 그것을 다룰 수 있어야 한다. 동시에, 다중선택이론을 통해 우리는 집단 간 경쟁이 인류가 협동적으로 진화하는 데 영향을 미쳤다는 것을 알 수 있다. 현대의 상호 연결된 세계에서, 자비와 배려를 함양하기 위해서는 더 이상 내 집단만을 '위하고' 외부인은 '적대시하는' 방식에 의존할 수 없다. 지금 우리에게는 '인류'라고 부르는 훨씬 더 큰 집단에 대한 돌봄이 필요하다. 이것은 우리 모두에게 주어진 과업이다.

CFT의 핵심 비전이 여기에 있다면, 그것은 이러한 비전을 진지하게 떠맡고자 하는 증거-기반 치료사들에게 달려 있다. 이것이 의미하는 것은 맥락주의적 형태의 CBT에 의해 만들어진, 변화의 과정에 대한 보다 명확한 예측을 위해 깊이 연구하고, 그것을 자비와 관련된 구체적인 방법들과 연결하는 것이다. 우리는 자비가 일반적인 의미에서 중요하다는 것을 알아야 하는 것이 아니라, 그것이 특정 영역에서 왜 중요하며 어떻게 하는 것이 최선인가를 알 필요가 있다. 이와 같은 상세한 지식을 얻기 위해서는 충분한 시간 동안 많은 사람들의 상당한 노력과 협동이 요구될 것이다. 임상적인 주제로서 자비에 관심을 가진 사람들이나 CFT를 훈련하려는 사람들의 참여가 필요하다.

이러한 모든 이유들로 인해, 이 책은 매우 커다란 도움이 될 것이다. 이 책은 보다 큰 치료 공동체에 CFT의 아이디어들을 공개하고 있다. 이를 통해 이 책에서 다루는 주제들과 방법들에 대한 관여와 관심은 지속적으로 확장되고 성장할 것이다. 현대 세계에서, 자비는 다른 어떤 것보다 우리에게 중요한 일이다.

—Steven C. Hayes

네바다 대학교(리노 캠퍼스) 재단 교수

ACT의 공동 창설자이며,

『마음에서 빠져나와 삶 속으로 들어가라』[3]의 저자

---

3) [역자 주] 원제는 『Get Out of Your Mind and Into Your Life』이며, 2010년에 학지사에서 번역, 출간되었다.

부록:
복사해서
사용할 수 있는
양식들

CFT 사례 개념화 작업지

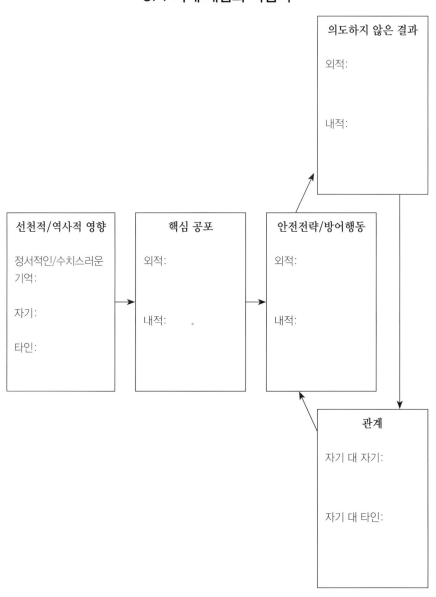

이 작업지는 Paul Gilbert와 Compassionate Mind Foundation(http://www.compassionatemind.co.uk) 의 작업에 기반하여, Russell Kolts에 의해 CFT Made Simple(본서)에서 개발되었다. 임상 혹은 훈련 목 적으로 이 양식을 자유롭게 복제하고 배포할 수 있다.

위협 감정 모니터링 양식

이 과제의 목적은 여러분이 자신의 분노를 촉발하는 상황과 자신의 반응 방식에 익숙해지고, 자비로운 대안 행동을 만드는 것을 배울 수 있도록 돕기 위한 것입니다. 일주일 중에 분노나 불안과 같이 위협 감정을 경험했던 때를 떠올려 보십시오.

상황/촉발 요인:

_____

_____

_____

감정:

_____

_____

_____

생각:

_____

_____

_____

행동(나는 무엇을 했는가?):

_____

_____

_____

결과(상황이 어떻게 되어갔는가?):

나의 자비로운 자기는 어떻게 말하는가?

나의 자비로운 자기라면 어떻게 했을 것 같은가?

이 작업지는 Russell Kolts에 의해 CFT Made Simple(본서)에서 개발되었다. 임상 혹은 훈련 목적으로 이 양식을 자유롭게 복제하고 배포할 수 있다.

위협 감정 모니터링 양식 채우기

상황/촉발 요인: 일어난 일을 간단히 적는다(당신의 위협 반응을 촉발했던 상황). 어떤 위협이 일어났는가? 그 일이 일어난 맥락 또한 기술한다(내가 늦었는데, 내 앞에 있던 사람들은……). 흔히, 우리를 흥분시키는 상당히 일관된 '촉발 요인들'이 있다. 자신의 구체적인 촉발 요인이 무엇인지를 아는 것이 중요하다(나는 어떤 종류의 경험들에서 위협감을 느끼는가). 이를 통해 이런 경험에 직면했을 때 작업하는 방법을 배울 수 있다.

감정: 그 상황에서 어떤 감정이 올라왔는가? 구체적인 용어를 사용하라(분노, 짜증, 불안, 외로움, 당혹감, 수치심, 두려움, 슬픔, 흥분).

생각: 마음속에서 어떤 단어나 이미지가 떠 올랐는가?(예: 그녀는 나를 이따위로 대할 수 없어! 또는 나는 이 상황을 감당할 수 없어.) 당신의 생각이 위협 체계를 흥분시키는가 아니면 진정시키는가?

행동: 당신은 무엇을 했는가? 당신이 취한 행동은 무엇인가?

결과: 상황이 어떻게 되어 갔는가? 이 상황에서 무엇이 도움이 되었는가? 도움이 되었던 당신의 행동은 무엇인가? 그 상황을 다루기 위해 당신이 할 수 있었던 최선의 방식은 무엇이었는가?

나의 자비로운 자기는 어떻게 말하는가? 당신의 지혜롭고, 친절하며, 자신감 있고, 자비로운 자기는 이 상황을 어떻게 이해하고 접근할 것 같은가?

나의 자비로운 자기라면 어떻게 했을 것 같은가? 당신의 자비로운 자기는 이 상황에서 어떻게 행동할 것 같은가?

자비로운 편지 쓰기를 위한 지시문

이 연습은 자비로운 자기를 계발하기 위해 설계된 연습이다. 우리는 어려운 경험들과 작업할 수 있는 용기를 발견하도록 도울 수 있는 정신적인 패턴을 구축하고 강화하기를 바란다. 이를 통해 우리는 자신을 수용하며, 타인들과 공유할 수 있는 우리 안의 평화로운 느낌을 만들어 낼 수 있다. 자신에게 편지 쓰기는 자비롭게 생각하고 행동하는 법을 배우는 데 도움을 줄 수 있다. 이 연습에서 당신은 어려운 문제들에 대해 쓰겠지만, 자비로운 자기의 관점에서 쓰도록 해야 한다. 당신은 자신에게 일반적인 형식의 편지를 쓸 수도 있지만, 특별히 어려운 상황에 대해서 자신을 지지하는 편지를 작성할 수도 있다.

- 우선, 펜과 종이를 꺼낸다. 특별한 일기장이나 노트북을 선택할 수도 있다.
- 몇 분간 진정 리듬 호흡을 한다. 자신을 이완시키고 일어나는 경험에 머문다.
- 이제 자신의 자비로운 자기의 관점으로 이동한다. 자신의 최선의 모습-가장 고요하고, 가장 현명하고, 가장 배려하고, 가장 자신감 있고 용기 있는-을 상상하면서, 자비로운 자기와 연결한다. 자신이 친절함, 강함, 확신으로 가득 차 있음을 느껴 본다. 자신을 현명하고, 이해하며 타인을 돕는데 헌신하는 자비로운 사람으로 상상한다. 현명한 존재로서 당신의 태도, 목소리 톤, 느낌은 어떨지 상상한다.
- 우리가 조금이라도 자비로운 마음에 머물 때, 개인적인 삶의 경험을 지혜롭게 사용해 볼수 있다. 우리는 삶이 어렵다는 것을 알고 있다. 우리는 어려운 상황에 놓여있는 자신과 타인들의 관점을 깊게 인식할 수 있으며, 그들이 느끼고 행동하는 방식이 어떤 의미를 갖는가를 이해하려고 한다. 우리는 힘과 지지를 보내며, 따뜻하고, 판단하지 않으며, 비난하지 않는 태도를 가지려고 한다. 잠시 호흡을 한 후 지혜롭고, 이해하며, 확신에 찬, 자비로운 자기를 느껴본다-당신의 일부인 자비로운 자기가 편지를 쓸 것이다.
- '내가 이것을 제대로 하고 있나?' 혹은 '나는 자비로운 자기가 일어나는 것을 느끼지 못해'와 같은 자신을 의심하는 생각이 들 때, 이런 생각들은 마음이 만들어 내는 일상적인 코멘트라는 것을 알아차리고, 할 수 있는 최선을 다해 편지를 쓰면서 무엇이 경험되는가를 관찰한다. 옳은 것도 그른 것도 없다... 당신은 당신의 자비로운 자기와 함께 작업하면서, 단지 연습하고 있을 뿐이다. 편지를 쓸 때, 할 수 있는 한 많이 감정적으로 따뜻하고 이해심 있는 태도를 갖는다.

- 편지를 쓰는 동안, 자신의 고통을 이해하고 수용하도록 스스로를 허용해 본다. 예를 들어, 나는 슬프고 **고통을 느낀다. 나의 고통은 이해할만하다 왜냐하면** ……과 같은 글로 시작할 수 있다.
- 고통의 이유들을 적어본다—자신의 고통이 가진 의미를 알아차린다. 그 다음 계속해서... **나는** ……**의 의미를 알고 싶다.**
- 자비로운 편지 쓰기의 핵심은 우리가 다룰 필요가 있는 것들과 작업하는 자신을 돕기 위해 이해하고 배려하며 따뜻한 태도로 대화를 나누는 것이다.

처음 자비로운 편지를 썼을 때, 열린 마음으로 그것을 자세히 검토하고 그 편지가 실제로 당신을 향한 자비를 담고 있는가를 살펴본다. 만약 그렇다면, 편지 안에서 다음과 같은 특징을 찾을 수 있는가 살펴보라.

- 편지는 관심, 진실한 배려와 격려를 표현하고 있다.
- 편지는 당신의 고통과 요구에 민감하다.
- 편지는 당신이 경험하는 감정과 직면하고 더 인내할 수 있도록 돕는다.
- 편지는 당신이 겪고 있는 감정, 어려움, 딜레마를 더 잘 이해하도록 돕는다.
- 편지는 판단적이지 않고 비난하지 않으며, 당신이 안전하고 수용받는 느낌을 갖도록 돕는다.
- 진심으로 따뜻하고, 이해하며, 돌보는 느낌이 편지를 채우고 있다.
- 편지는 당신이 더 나아지기 위해 가질 필요가 있는 행동에 대해 생각하도록 한다.
- 편지는 당신이 더 좋아지기 위해 노력을 해야 할 이유를 되새겨준다.

이 지시문은 Russell Kolts에 의해 CFT Made Simple(본서)에서 개발되었다. 임상 혹은 훈련 목적으로 이 양식을 자유롭게 복제하고 배포할 수 있다.

자비 연습 일지

일자	연습 유형과 연습 시간	소감 – 무엇이 도움이 되었나?
월요일		
화요일		
수요일		
목요일		
금요일		
토요일		
일요일		

이 작업지는 Russell Kolts에 의해 CFT Made Simple(본서)에서 개발되었다. 임상 혹은 훈련 목적으로 이 양식을 자유롭게 복제하고 배포할 수 있다.

참고문헌

Ainsworth, M. D. S. (1963). The development of infant-mother interaction among the Ganda. In B. M. Foss (Ed.), *Determinants of Infant Behavior, Vol. 2*, 67-112. New York: Wiley.

Andrews, B., Brewin, C. R., Rose, S., & Kirk, M. (2000). Predicting PTSD symptoms in victims of violent crime: the role of shame, anger, and childhood abuse. *Journal of Abnormal Psychology, 109*, 69-73.

Andrews, B., & Hunter, E. (1997). Shame, early abuse, and course of depression in a clinical sample: a preliminary study. *Cognition and Emotion, 11*, 373-381.

Andrews, B., Quian, M., & Valentine, J. (2002). Predicting depressive symptoms with a new measure of shame: the Experiences of Shame Scale. *British Journal of Clinical Psychology, 41*, 29-33.

Ashworth, F., Gracey, F., & Gilbert, P. (2011). Compassion focused therapy after traumatic brain injury: theoretical foundations and a case illustration. *Brain Impairment, 12*, 128-139.

Baumeister, R. F., Bratslavsky, E., Finkenauer, C., & Vohs, K. D. (2001). Bad is stronger than good. *Review of General Psychology, 5*, 323-370. doi:10.1037//1089-2680.5.4.323.

Beaumont, E., & Hollins Martin, C. J. (2013). Using compassionate mind training as a resource in EMDR: a case study. *Journal of EMDR Practice and Research, 7*, 186-199.

Beck, A. T. (1976). *Cognitive Therapy and the Emotional Disorders*. New York:

International Universities Press.

Beck, A. T., Davis, D. D., & Freeman, A. (2014). *Cognitive Therapy of Personality Disorders* (3rd ed.). New York: Guilford Press.

Bowlby, J. (1988). *A secure base: clinical applications of attachment theory*. London: Routledge.

Bowlby, J. (1982). *Attachment and loss: Vol. 1*. Attachment. London: Hogarth Press and the Institute of Psycho-Analysis. (Original work published 1969.)

Bowlby, J. (1973). *Attachment and loss: Vol. 2*. Separation: anxiety and anger. New York: Basic Books.

Braehler, C., Gumley, A., Harper, J., Wallace, S., Norrie, J., & Gilbert, P. (2013). Exploring change processes in compassion focused therapy in psychosis: results of a feasibility randomized controlled trial. *British Journal of Clinical Psychology, 52*, 199-214.

Burns, D. D. (1980). *Feeling good: the new mood therapy*. New York: New American Library.

Carvalho, S., Dinis, A., Pinto-Gouveia, J., & Estanqueiro, C. (2013). Memories of shame experiences with others and depression symptoms: the mediating role of experiential avoidance. *Clinical Psychology and Psychotherapy*, doi:10.1002/cpp.1862. [epub ahead of print].

Cozolino, L. J. (2010). *The Neuroscience of Psychotherapy: Healing the Social Brain*. New York, NY: Norton.

Depue, R. A., & Morrone-Strupinsky, J. V. (2005). A neurobehavioral model of affiliative bonding: implications for conceptualizing a human trait of affiliation. *Behavioral and Brain Sciences, 28*, 313-349.

Eells, T. D. (2010). *Handbook of Psychotherapy Case Formulation* (2nd ed.). New York: Guilford Press.

Feeney, B. C., & Thrush, R. L. (2010). Relationship influences upon exploration in adulthood: the characteristics and function of a secure base. *Journal of Personality and Social Psychology, 98*, 57-76. doi: 10.1037/a00169691.

Fonagy, P., & Luyten, P. (2009). A developmental, mentalization-based approach to the understanding and treatment of borderline personality disorder. *Development and Psychopathology, 21*, 1355-1381.

Frederickson, B. L., Cohn, M. A., Coffey, K. A., Pek, J., & Finkel, S. (2008). Open hearts build lives: positive emotions, induced through loving-kindness meditation, build consequential resources. *Journal of Personality and Social Psychology, 95*, 1045-1062.

Fung, K. M., Tsang, H. W., & Corrigan, P. W. (2008). Self-stigma of people with schizophrenia as predictor of their adherence to psychological treatment. *Psychiatric Rehabilitation Journal, 32*, 95-104.

Gale, C., Gilbert, P., Read, N., & Goss, K. (2014). An evaluation of the impact of introducing compassion-focused therapy to a standard treatment programme for people with eating disorders. *Clinical Psychology and Psychotherapy, 21*, 1-12.

Germer, C. K. (2009). *The Mindful Path to Self-Compassion*. New York: Guilford Press.

Gilbert, P. (2014). The origins and nature of compassion focused therapy. *British Journal of Clinical Psychology, 53*, 6-41.

Gilbert, P. (2010). *Compassion Focused Therapy: The CBT Distinctive Features Series*. London: Routledge.

Gilbert, P. (2009a). *The Compassionate Mind*. London, UK: Constable & Robinson; Oakland, CA: New Harbinger.

Gilbert, P. (2009b). *Overcoming Depression: A Self-Help Guide to Using Cognitive Behavioral Techniques* (3rd ed.). New York: Basic Books.

Gilbert, P. (2002). Body shame: a biopsychosocial conceptualization and overview, with treatment implications. In P. Gilbert & J. Miles (Eds.), *Body Shame: Conceptualisation, Research, and Treatment*, 3-54. London: Brunner.

Gilbert, P. (2000). The relationship of shame, social anxiety, and depression: the role of the evaluation of social rank. *Clinical Psychology and Psychotherapy,*

1, 174-189.

Gilbert, P. (1998). What is shame? Some core issues and controversies. In P. Gilbert & B. Andrews (Eds.), *Shame: Interpersonal Behavior, Psychopathology, and Culture*, 3-36. New York: Oxford University Press.

Gilbert, P. (1989). *Human Nature and Suffering*. Hove: Lawrence Erlbaum Associates.

Gilbert, P., & Choden. (2013). *Mindful Compassion*. London: Constable & Robinson.

Gilbert, P., & Irons, C. (2005). Focused therapies and compassionate mind training for shame and self-attacking. In P. Gilbert (Ed.), *Compassion: Conceptualisations, Research, and Use in Psychotherapy*, 263-325. London: Routledge.

Gilbert, P., McEwan, K., Catarino, F., Baiao, R., & Palmeira, L. (2013). Fears of happiness and compassion in relationship with depression, alexithymia, and attachment security in a depressed sample. *British Journal of Clinical Psychology, 53*, 228-244.

Gilbert, P., McEwan, K., Matos, M., & Rivas, A. (2011). Fears of compassion: development of three self-report measures. *Psychology and Psychotherapy: Theory, Research, and Practice, 84*, 239-255.

Gilbert, P., & Proctor, S. (2006). Compassionate mind training for people with high shame and self-criticism: overview and pilot study of a group therapy approach. *Clinical Psychology and Psychotherapy, 13*, 353-379.

Gillath, O., Shaver, P. R., & Mikulincer, M. (2005). An attachment-theoretical approach to compassion and altruism. In P. Gilbert (Ed.), *Compassion: Conceptualisations, Research, and Use in Psychotherapy*. London: Routledge.

Goss, K. (2011). *The Compassionate-Mind Guide to Ending Overeating: Using Compassion-Focused Therapy to Overcome Bingeing and Disordered Eating*. Oakland, CA: New Harbinger; London: Constable & Robinson.

Goss, K., & Allan, S. (2009). Shame, pride, and eating disorders. *Clinical*

Psychology and Psychotherapy, 16, 303-316.

Greenberg, L. S., Rice, L. N., & Elliot, R. (1993). *Facilitating Emotional Change: The Moment-by-Moment Process.* New York: Guilford Press.

Greenberg, L. S., & Watson, J. C. (2006). *Emotion-Focused Therapy for Depression.* Washington, D.C.: American Psychological Association.

Hackmann, A., Bennett-Levy, J., & Holmes, E. A. (2011). *Oxford Guide to Imagery in Cognitive Therapy* (Oxford Guides in Cognitive Behavioural Therapy). Oxford: Oxford University Press.

Harris, R. (2013). *Getting Unstuck in ACT: A Clinician's Guide to Overcoming Common Obstacles in Acceptance and Commitment Therapy.* Oakland, CA: New Harbinger.

Hayes, S. C., Barnes-Holmes, D., & Roche, B. (Eds.) (2001). *Relational Frame Theory: A Post-Skinnerian Account of Human Language and Cognition.* New York, NY: Kluwer Academic/Plenum Publishers.

Hayes, S. C., Strosahl, K. D., & Wilson, K. G. (1999). *Acceptance and Commitment Therapy: An Experiential Approach to Behavior Change* (1st ed.). New York, NY: Guilford Press.

Henderson, L. (2010). *The Compassionate-Mind Guide to Building Social Confidence: Using Compassion-Focused Therapy to Overcome Shyness and Social Anxiety.* Oakland, CA: New Harbinger; London: Constable & Robinson.

Hofmann, S. G., Grossman, P., & Hinton, D. E. (2011). Lovingkindness and compassion meditation: potential for psychological interventions. *Clinical Psychology Review, 31*, 1126-1132.

Hofmann, S. G., Sawyer, A. T., Witt, A. A., & Oh, D. (2010). The effect of mindfulness-based therapy on anxiety and depression: a meta-analytic review. *The Journal of Consulting and Clinical Psychology, 78*, 169-183.

Holman, G., Kanter, J., Tsai, M., & Kohlenberg, R. J. (2016). *Functional Analytic Psychotherapy Made Simple.* Oakland, CA: New Harbinger.

Hoyt, W. T. (1996). Antecedents and effects of perceived therapist credibility: a meta-analysis. *Journal of Counseling Psychology*, 430–447.

Judge, L., Cleghorn, A., McEwan, K., & Gilbert, P. (2012). An exploration of group-based compassion focused therapy for a heterogeneous range of clients presenting to a community mental health team. *International Journal of Cognitive Therapy*, 5, 420–429.

Kabat-Zinn, J. (1994). *Wherever You Go, There You Are: Mindfulness Meditation in Everyday Life*. New York: Hyperion.

Kaleem, J. (2013). Surprising number of Americans don't believe in evolution. *The Huffington Post*. Retrieved from http://www.huffingtonpost.com/2013/12/30/evolution-survey_n_4519441.html

Kannan, D., & Levitt, H. M. (2013). A review of client self-criticism in psychotherapy. *Journal of Psychotherapy Integration*, 23, 166–178.

Kelly, A. C., & Carter, J. C. (2014). Self-compassion training for binge eating disorder: a pilot randomized controlled trial. *Psychology and Psychotherapy: Theory, Research, and Practice*. doi:10.1111/papt.12044.

Kim, S., Thibodeau, R., & Jorgenson, R. S. (2011). Shame, guilt, and depressive symptoms: a meta-analytic review. *Psychological Bulletin*, 137(1), 68–96.

Knox, J. (2010). *Self-Agency in Psychotherapy: Attachment, Autonomy, and Intimacy* (Norton Series in Interpersonal Neurobiology). New York: Norton.

Kohlenberg, R. J., & Tsai, M. (1991). *Functional Analytic Psychotherapy: A Guide for Creating Intense and Curative Therapeutic Relationships*. New York: Plenum.

Kolts, R. L. (2012). *The Compassionate-Mind Guide to Managing Your Anger: Using Compassion-Focused Therapy to Calm Your Rage and Heal Your Relationships*. Oakland, CA: New Harbinger; London: Constable & Robinson.

Kolts, R. L. (2013, December). *Applying CFT in Working with Problematic Anger: The 'True Strength' Prison Program*. Paper presented at the 2nd Annual Conference on Compassion-Focused Therapy, London.

Kolts, R. L., & Chodron, T. (2013). *Living with an Open Heart: How to Cultivate*

Compassion in Everyday Life. (US title: *An Open-Hearted Life: Transformative Lessons on Compassionate Living from a Clinical Psychologist and a Buddhist Nun*). London: Constable and Robinson; Boston: Shambhala.

Kolts, R. L., Parker, L., & Johnson, E. (2013, December). *Initial Exploration of Compassion-Focused Exposure: Making Use of Reconsolidation*. Poster presented at the 2nd Annual Conference on Compassion-Focused Therapy, London.

Laithwaite, H., O'Hanlon, M., Collins, P., Doyle, P., Abraham, L., Porter, S., & Gumley, A. (2009). Recovery after psychosis (RAP): a compassion focused programme for individuals residing in high security settings. *Behavioral and Cognitive Psychotherapy, 37*, 511-526.

Leahy, R. L. (Ed.). (2006). *Roadblocks in cognitive-behavioral therapy: Transforming challenges into opportunities for change*. New York: Guilford Press.

Leaviss, J., & Uttley, I. (2014). Psychotherapeutic benefits of compassion-focused therapy: an early systematic review. *Psychological Medicine*, doi:10.1017/S0033291714002141.

LeDoux, J. (1998). *The Emotional Brain*. London: Weidenfeld and Nicolson.

Lee, D. A. (2005). The perfect nurturer: a model to develop a compassionate mind within the context of cognitive therapy. In P. Gilbert (Ed.), *Compassion: Conceptualisations, Research, and Use in Psychotherapy*, 263-325. London: Routledge.

Lee, D. A., & James, S. (2011). *The Compassionate-Mind Guide to Recovering from Trauma and PTSD: Using Compassion-Focused Therapy to Overcome Flashbacks, Shame, Guilt, and Fear*. Oakland, CA: New Harbinger; London: Constable & Robinson.

Liotti, G., & Gilbert, P. (2011). Mentalizing, motivation, and social mentalities: theoretical considerations and implications for psychotherapy. *Psychology and Psychotherapy: Theory, Research, and Practice, 84*, 9-25.

Linehan, M. M. (1993). *Cognitive-Behavioral Treatment of Borderline Personality Disorder*. New York: Guilford Press.

Lucre, K. M., & Corten, N. (2013). An exploration of group compassion-focused therapy for personality disorder. *Psychology and Psychotherapy: Theory, Research, and Practice, 86*, 387-400.

Luoma, J. B., Kulesza, M., Hayes, S. C., Kohlenberg, B., & Larimer, M. (2014). Stigma predicts residential treatment length for substance use disorder. *The American Journal of Drug and Alcohol Abuse, 40*, 206-212. doi:10.3109/0095 2990.2014.901337.

Maclean, P. D. (1990). *The Triune Brain in Evolution: Role of Paleocerebral Functions*. New York: Plenum Press.

Martin, D. J., Garske, J. P., & Davis, K. M. (2000). Relation of the therapeutic alliance with outcome and other variables: a meta-analytic review. *Journal of Consulting and Clinical Psychology, 68*, 438-450.

Mascaro, J. S., Rilling, J. K., Negi, L. T., & Raison, C. L. (2013). Compassion meditation enhances empathic accuracy and related neural activity. *SCAN, 8*, 48-55.

Mikulincer, M. & Shaver, P. R. (2007). *Attachment in Adulthood: Structure, Dynamics, and Change*. New York: Guilford Press.

Mikulincer, M. & Shaver, P. R. (2005). Attachment security, compassion, and altruism. *Current Directions in Psychological Science, 14*, 34-38.

Mikulincer, M., Gillath, O., Halevy, V., Avihou, N., Avidan, S., & Eshkoli, N. (2001). Attachment theory and reactions to others' needs: evidence that activation of the sense of attachment security promotes empathic responses. *Journal of Personality and Social Psychology, 81*, 1205-1224.

Monfils, M-H., Cowansage, K. K., Klann, E., LeDoux, J. E. (2009). Extinction-reconsolidation boundaries: key to persistent attenuation of fear memories. *Science, 324*, 951-955, doi:10.1126/science.1167975.

Neff, K. D. (2011). *Self-Compassion: Stop Beating Yourself Up and Leave Insecurity*

Behind. New York: William Morrow.

Neff, K. D. (2003). The development and validation of a scale to measure self-compassion. *Self and Identity, 2*, 223–250.

Neff, K. D., & Germer, C. K. (2013). A pilot study and randomized controlled trial of the mindful self-compassion program. *Journal of Clinical Psychology, 69*, 28–44.

Panksepp, J. (1998). *Affective Neuroscience: The Foundations of Human and Animal Emotions*. New York: Oxford University Press.

Panksepp, J., & Biven, L. (2012). *The Archaeology of Mind: Neuroevolutionary Origins of Human Emotions*. New York: Norton.

Pepping, C. A., Davis, P. J., O'Donovan, A., & Pal, J. (2014). Individual differences in self-compassion: the role of attachment and experiences of parenting in childhood. *Self and Identity, 14*, 104–117. doi:10.1080/15298868.2014.95505.

Persons, J. B., Davidson, J., & Tompkins, M. A. (2000). *Essential Components of Cognitive-Behavior Therapy for Depression*. Washington, D.C.: American Psychological Association.

Pinto-Gouveia, J., & Matos, M. (2011). Can shame memories become a key to identity? The centrality of shame memories predicts psychopathology. *Applied Cognitive Psychology, 25*, 281–290.

Porges, S. W. (2011). *The Polyvagal Theory: Neurophysiological Foundations of Emotions, Attachment, Communication, and Self-Regulation*. New York: Norton.

Pos, A. E., & Greenberg, L. S. (2012). Organizing awareness and increasing emotion regulation: revising chairwork in emotion-focused therapy for borderline personality disorder. *Journal of Personality Disorders, 26*, 84–107.

Ramnerö, J., & Törneke, N. (2008). *The ABCs of Human Behavior: Behavioral Principles for the Practicing Clinician*. Oakland, CA: New Harbinger; Reno, NV: Context Press.

Rector, N. A., Bagby, R. M., Segal, Z. V., Joffe, R. T., & Levitt, A. (2000). Self-criticism and dependency in depressed patients treated with cognitive therapy or pharmacotherapy. *Cognitive Therapy and Research, 24,* 571-584.

Rüsch, N., Corrigan, P. W., Wassel, A., Michaels, P., Larson, J. E., Olschewski, M., Wilkniss, S., & Batia, K. (2009). Self-stigma, group identification, perceived legitimacy of discrimination and mental health service use. *British Journal of Psychiatry, 195,* 551-552.

Rüsch, N., Lieb, K., Göttler, I., Hermann, C., Schramm, E., & Richter, H. (2007). Shame and implicit self-concept in women with borderline personality disorder. *American Journal of Psychiatry, 164,* 500-508.

Salkovskis, P. M. (1996). The cognitive approach to anxiety: threat beliefs, safety-seeking behavior, and the special case of health anxiety and related obsessions. In P. M. Sarkovskis (Ed.), *Frontiers of Cognitive Therapy,* 48-74. New York: Guilford Press.

Salzberg, S. (1995). *Lovingkindness: The Revolutionary Art of Happiness.* Boston: Shambhala.

Schiller, D., Monfils, M-H., Raio, C. M, Johnson, D. C., LeDoux, J. E., & Phelps, E. A. (2010). Preventing the return of fear in humans using reconsolidation update mechanisms. *Nature, 463,* doi:10.1038/nature08637.

Schore, A. N. (1999). *Affect Regulation and the Origin of the Self: The Neurobiology of Emotional Development.* Hillsdale, NJ: Lawrence Erlbaum & Associates, Inc.

Segal, Z. V., Williams, J. M. G., & Teasdale, J. D. (2001). *Mindfulness-Based Cognitive Therapy for Depression: A New Approach to Preventing Relapse.* New York: Guilford Press.

Shahar, B., Carlin, E. R., Engle, D. E., Hegde, J., Szepsenwol, O., & Arkowitz, H. (2012). A pilot investigation of emotion-focused two-chair dialogue intervention for self-criticism. *Clinical Psychology and Psychotherapy, 19,* 496-507. doi:10.1002/cpp.762.

Siegel, D. J. (2012). *The Developing Mind: How Relationships and the Brain*

Interact to Shape Who We Are (2nd ed.). New York: Guilford Press.

Sirey, J. A., Bruce, M. L., Alexopoulas, G. S., Perlick, D., Friedman, S. J., & Meyers, B. S. (2001). Stigma as a barrier to recovery: perceived stigma and patient-rated severity of illness as predictors of antidepressant drug adherence. *Psychiatric Services, 52*, 1615-1620.

Skinner, B. F. (1953). *Science and Human Behavior*. New York: Macmillan.

Sroufe, L. A., & Waters, E. (1977). Attachment as an organizational construct. *Child Development, 48*, 1184-1199.

Tangney, J. P., Wagner, P., & Gramzow, R. (1992). Proneness to shame, proneness to guilt, and psychopathology. *Journal of Abnormal Psychology*, *101*, 469-478.

Teasdale, J. D., & Barnard, P. J. (1993). *Affect, Cognition and Change: Remodelling Depressive Affect*. Hove, UK: Psychology Press.

Teyber, E., & McClure, F. H. (2011). *Interpersonal Process in Therapy* (6th ed.). Belmont, CA: Brooks/Cole.

Tirch, D. (2012). *The Compassionate-Mind Guide to Overcoming Anxiety: Using Compassion-Focused Therapy to Calm Worry, Panic, and Fear*. Oakland, CA: New Harbinger; London: Constable & Robinson.

Tirch, D., Schoendorff, B., & Silberstein, L. R. (2014). *The ACT Practitioner's Guide to the Science of Compassion: Tools for Fostering Psychological Flexibility*. Oakland, CA: New Harbinger.

Törneke, N. (2010). *Learning RFT: An Introduction to Relational Frame Theory and Its Clinical Application*. Oakland, CA: New Harbinger; Reno, NV: Context Press.

Tsai, M., Kohlenberg, R. J., Kanter, J., Kohlenberg, B., Follette, W., & Callaghan, G. (2009). *A Guide to Functional Analytic Psychotherapy: Awareness, Courage, Love and Behaviorism*. New York: Springer.

Wallin, D. J. (2007). *Attachment in Psychotherapy*. New York: Guilford Press.

찾아보기

인명

내용

저자 소개

Russell L. Kolts 박사는 공인된 임상 심리학자이자 동부 워싱턴 대학교의 심리학 교수로서, 지난 17년간 재직하였다. Kolts 박사는 분노 관리를 위한 자비로운 마음 안내서 『The Compassionate-Mind Guide to Managing Your Anger』를 포함한 많은 책과 학술 논문의 저자 또는 공동 저자이며, 문제가 되는 분노(problematic anger) 치료에 자비중심치료를 적용한 선구자이기도 하다. 국제적으로 알려진 CFT 전문가로서, 그는 자비와 CFT에 관한 훈련과 워크숍을 정기적으로 진행하고 있으며, TEDx 토크에 출연하기도 했다.

서문의 저자 Paul Gilbert 박사는 우울증, 수치심, 자기-비난에 관한 연구로 세계적인 명성을 가진 연구자이자 CFT의 개발자이다. 그는 영국 더비 대학교의 정신건강연구소 소장이며, 『The Compassionate Mind』, 『Mindful Compassion』, 『Overcoming Depression』을 포함하여 많은 학술 논문과 책들의 저자 또는 공동 저자이다.

후기의 저자 Steven C. Hayes 박사는 네바다 재단 교수이자 네바다 대학교 심리학과의 임상 훈련 디렉터이다. 41권의 책과 600여 편에 달하는 과학적 논문의 저자로서, 그의 학문적 경력의 초점은 인간 언어와 인지의 본질에 대한 분석, 그리고 그것을 인간 고통의 완화와 인간 번영의 개선을 이해하기 위해 적용하는 데 맞춰져 있다. Hayes 박사는 행동과 인지 치료 협회(Association for Behavioral and Cognitive Therapy)와 맥락적 행동과학 협회(Association for Contextual Behavioral Science)의 회장을 역임했다. 그의 연구는 여러 차례 상을 받았는데, 여기에는 행동 분석의 발전을 위한 협회(Society for the Advancement of Behavior Analysis)로부터 받은 응용 분야에 기여한 과학자 상(Impact of Science on Application Award)과 행동과 인지 치료 협회가 수여한 공로상(Lifetime Achievement Award)이 포함된다.

역자 소개

박성현(Park Sunghyun)
가톨릭대학교 심리학 박사
서울불교대학원대학교 상담심리학과 부교수
상담심리사 1급, 명상지도전문가
역서: 자비중심치료(공역, 학지사, 2014), 자비의 심리학(공역, 학지사, 2014)
논문: 자애명상의 심리적 과정 및 효과에 관한 혼합연구(2016), 초기불교의 사띠와 현대
　　　심리학의 마음챙김(2010)

조현주(Cho Hyunju)
고려대학교 심리학 박사
영남대학교 심리학과 교수
임상심리전문가, 상담심리사 1급, 명상지도전문가
역서: 자비중심치료(공역, 학지사, 2014), 마음챙김과 자비(공역, 학지사, 2020)
논문: 자기비난 체험과정에 대한 현상학적 연구(2019), 심리치료 및 상담과 마음챙김 명
　　　상의 접점과 활용방안(2019)

문정신(Moon Jeongshin)
서울불교대학원대학교 상담심리학 박사
삼성물산 패션 심리상담실 심리상담사
상담심리사 1급, 청소년상담사 2급, CMA(Certified Movement Analyst)
논문: 폭식을 경험하는 성인 여성들을 위한 신체중심 자기자비 증진 프로그램에 관한 혼
　　　합연구(2019)

류석진(Ryu Seokjin)
영남대학교 심리학 박사
동국대학교(경주캠퍼스) 학생상담센터장
상담심리사 2급
논문: 사회불안에 대한 오프라인 및 온라인 마음챙김-자비 프로그램(MLCP)의 효과(2019)

임상가를 위한
자비중심치료 가이드북

CFT Made Simple
A Clinician's Guide to Practicing Compassion-Focused Therapy

2021년 10월 10일 1판 1쇄 인쇄
2021년 10월 15일 1판 1쇄 발행

지은이 • Russell L. Kolts
옮긴이 • 박성현 · 조현주 · 문정신 · 류석진
펴낸이 • 김진환
펴낸곳 • ㈜ **학지사**

04031 서울특별시 마포구 양화로 15길 20 마인드월드빌딩
대표전화 • 02-330-5114 팩스 • 02-324-2345
등록번호 • 제313-2006-000265호

홈페이지 • http://www.hakjisa.co.kr
페이스북 • https://www.facebook.com/hakjisa

ISBN 978-89-997-2518-0 93180

정가 19,000원

출판 · 교육 · 미디어기업 학지사

간호보건의학출판 **학지사메디컬** www.hakjisamd.co.kr
심리검사연구소 **인싸이트** www.inpsyt.co.kr
학술논문서비스 **뉴논문** www.newnonmun.com
교육연수원 **카운피아** www.counpia.com